绿色金融对中国经济增长的影响机理

The Influence Mechanism of
Green Finance on China's Economic Growth

张伟伟　高锦杰　著

社会科学文献出版社
SOCIAL SCIENCES ACADEMIC PRESS (CHINA)

摘　要

　　绿色可持续发展、高质量平衡增长已经成为当前中国经济发展的重要目标之一，污染企业的绿色转型、产业结构绿色化、绿色技术创新是经济绿色、平衡、高质量发展的核心。绿色金融已经成为推动绿色高质量发展的重要工具。在企业层面，绿色金融能否通过融资约束、绿色技术创新对环保企业与污染企业的经营绩效和绿色技术创新行为产生影响？在产业层面，绿色金融的实施对产业结构生态化的影响如何？绿色金融是否会制约污染产业发展，促进环保产业发展，进而推动产业结构生态化？在宏观层面，绿色金融的实施对经济增长的传导机制与影响效果如何？绿色金融是否会通过绿色技术创新和产业结构生态化提高经济增长的效率与质量？在区域层面，绿色金融对区域经济增长是否存在异质性？在金融工具层面，信贷类和证券类绿色金融工具是否对区域经济增长存在不同作用效果？以上问题的答案可以揭示绿色金融对企业生产经营、产业生态化发展、经济高质量增长、区域经济平衡发展的作用机制及作用效果，为绿色金融政策的制定与完善提供理论依据。基于此，本书选择"绿色金融对中国经济增长的影响机理"问题进行深入系统的理论与实证研究。

　　第一章介绍了选题的背景与意义，分别从绿色金融的内涵、绿色金融与企业绩效的关系、绿色金融与产业结构的关系、绿色金融与技术创新的关系、绿色金融与经济增长的关系等方面对文献进行梳理与评述。

第二章分别对绿色金融、绿色产业、环保产业、产业结构及经济增长等概念进行了详细界定，并对绿色金融理论、绿色发展理论、经济增长理论进行了详细介绍，以此为本书研究的理论基础。第三章以绿色金融的外部性为前提，通过构建成本—收益函数探讨绿色金融对企业生产经营的影响，以及构建 DSGE 模型分析绿色金融对经济增长的冲击，系统地分析了绿色金融作用于经济增长的传导机制，认为绿色金融通过产业结构生态化和绿色技术创新共同作用于经济增长。第四章和第五章分别对绿色金融和经济增长的发展现状及水平测度进行了细致分析，其中采用指标体系构建和熵权法相结合的方法对绿色金融发展水平进行测度，采用索洛余值法对经济增长效率进行测度。第六至八章紧紧围绕三条线展开分析，在微观机理层面，主要通过调节效应和中介效应模型分析绿色金融对企业经营绩效的影响，以融资约束和绿色技术创新为调节变量和中介变量，实证比较分析绿色金融对不同性质企业经营绩效的影响效果和影响路径；在传导路径层面，主要通过系统 GMM 模型和中介效应模型分析绿色金融通过产业结构生态化和绿色技术创新两条路径对经济增长的影响效果；在区域异质性层面，主要通过固定效应模型和门限效应模型分析绿色金融影响各区域经济增长的异质性，以及不同绿色金融工具对各区域经济增长影响的异质性。第九章分别从国家、地方政府、金融机构及企业四个层面提出以绿色金融推动经济增长的对策建议。

绿色金融通过绿色信贷、绿色证券及碳金融等方式使市场资金流向绿色产业，从而降低绿色企业融资成本，提高污染项目的生产成本，同时将环境保护理念贯穿整个金融组织的架构设计、管理方式、业务运营等各个环节之中。绿色金融是区域经济可持续发展的重要工具，是我国经济高质量发展的重要动力和有力支持。因此，本书的研究具有重要的学术价值与应用价值。在学术价值方面，本书丰富了现有绿色金融理论的研究内容，弥补了现有文献对绿色金融问题研究的不足，为经济增长提供了新的宏观发展思路。在应用价值方面，本书有利于绿色金融体系的完善与发展，促进产业结构调整和经济绿色转型，推动我国经济高质量增长。

关键词：绿色金融　产业结构生态化　绿色技术创新　区域经济增长

ABSTRACT

Green sustainable development and high-quality balanced growth have become one of the important goals of China's current economic development. Green transformation of polluting enterprises, green industrial structure and green technology innovation are the core of green, balanced and high-quality economic development. Green finance has become an important tool to promote green and high-quality development. At the enterprise level, whether green finance can influence the business performance and green technology innovation behavior of environmental protection enterprises and polluting enterprises through financing constraints and green technology innovation? At the industrial level, what is the impact of the implementation of green finance on the ecological development of industrial structure? Whether green finance will restrict the development of polluting industries, promote the development of environmental protection industries, and then promote the ecological industrial structure? At the macro level, what are the transmission mechanisms and effects of green finance implementation on economic growth? Whether green finance will improve the efficiency and quality of economic growth through green technology innovation and ecological industrial structure? At the regional level, whether there is heterogeneity between green finance and regional economic growth? In terms of financial instruments, whether credit and securities green financial instruments have different effects on regional economic growth? The answers to the above questions can reveal the mechanism and effect of green finance on enterprise production and operation, industrial ecological development, high-quality economic growth and balanced development of regional economy, and provide a theoretical basis for the formulation and improvement of green financial policies. Based on this, this book chooses "the influence mechanism of green finance on China's economic growth" to conduct in-depth and systematic theoretical and empirical research.

The first chapter introduces the background and significance of the topic, and reviews the literature from the connotation of green finance, the relationship between green finance and enterprise performance, the relationship between green finance and industrial structure, the relationship between green finance and technological innovation, and the relationship between green finance and economic growth. The second chapter respectively defines the concepts of green finance, green industry, environmental protection industry, industrial structure and economic growth in detail, and gives a detailed introduction to green finance theory, green development theory, and economic growth theory, which serves as a book The theoretical basis of the research. Chapter 3, based on the externality of green finance, discusses the impact of green finance on the production and operation of enterprises by constructing a cost-return function, and constructs a DSGE model to analyze the impact of green finance on economic growth, and systematically analyzes green finance. Acting as a transmission mechanism for economic growth, it is believed that green finance acts on economic growth through the ecologicalization of the industrial structure and green technological innovation. Chapters 4 and 5 respectively analyze the development status and level measurement of green finance and economic growth. Among them, the indicator system construction and entropy method are used to measure the development level of green finance. Solow Yu Value method measures the efficiency of economic growth. Chapter 6 ~ 8 analyzes three lines closely: At the micro-mechanism level, it mainly analyzes the impact of green finance on business performance through the moderating effect and the mediating effect model, using financing constraints and green technological innovation as the moderating and mediating variables, and empirically comparative analysis of the impact of green finance on the operating performance of companies of different natures. Influence effect and influence path; At the transmission path level, it mainly analyzes the impact of green finance on economic growth through the two paths of industrial structure ecologicalization and green technology innovation through the system GMM model and the intermediary effect model; At the level of regional heterogeneity, the fixed effect model and the threshold effect model are mainly used to analyze the heterogeneity of the influence of green finance on the economic growth of various regions, and the heterogeneity of the influence of different green financial instruments on the economic growth of each region. Chapter 9 proposes countermeasures and suggestions to promote economic growth through green finance from the four levels of the state, local governments, financial institutions and enterprises.

Green finance uses green credit, green securities and carbon finance to make market funds flow to green industries, thereby reducing the financing costs of green enterprises, increasing the production costs of polluting projects, and at the same time integrating the concept of environmental protection throughout the structure design and management of the entire financial organization, business operations and other links. Green finance is an important tool for the sustainable development of the regional economy, and an important driving force and strong support for the high-quality development of my country's economy. Therefore, the research in this book has important academic value and application value. In terms of academic value, this book enriches the existing research content of green finance theory, makes up for the lack of existing literature on green finance issues, and provides new macro development ideas for economic growth. In terms of application value, this book is conducive to the improvement and development of the green financial system, promotes industrial restructuring and economic green transformation, and promotes high-quality economic growth in my country.

Keywords: Green Finance; Ecological Industrial Structure; Green Technology Innovation; Regional Economic Growth

目　录

图目录

表目录

第一章 绪 论

第一节 选题背景：绿色发展、绿色金融 与经济高质量发展

一 绿色可持续发展、高质量平衡增长成为我国经济发展的主要目标

经历了 40 多年的改革开放，我国经济发展取得了骄人业绩：目前已成为全球第二大经济体、全球最具吸引力的 FDI 投资国、全球最具影响力的贸易伙伴。2020 年对新冠肺炎疫情的防控成果以及在疫情中快速启动的中国经济更是体现了中国制度的优越性。中国经济的复苏和《区域全面经济伙伴关系协定》（RCEP）的签署更是给全球经济复苏带来了希望。中国经济发展之所以取得辉煌成绩，其成功经验之一是在"摸着石头过河"的过程中，不断发现问题，并及时解决问题。根据国内外经济环境的变化，应调整或重新制定符合客观现实的发展战略。而当前我国经济增长环境发生了巨大变化，各项重大改革举措持续推出。从国外经济环境看，中美贸易摩擦与各种国际贸易保护行为驱使我国开始从注重出口加工型的世界工厂模式转向关注中国经济的双循环发展模式，同时更加注重与共建"一带一路"国家的经济合作，以及与周边国家贸易伙伴关系的建立。从国内经济环境看，中国经济已经从高速增

长阶段转向高质量发展阶段，社会主要矛盾已经转变为人民日益增长的美好生活需要与不平衡不充分发展之间的矛盾。因此，我国政策决策者确立了中国经济的发展新方向，同时各项改革举措持续推行：经济增长模式从传统的粗放型增长向集约型增长转变，从重经济发展到创新、协调、绿色、开放、共享五大发展理念的树立，从偏好投资、出口和消费的需求调节到注重供给侧结构性改革，从注重经济增长速度与规模扩张向注重经济的高质量增长转变，从区域经济不平衡发展向区域经济平衡发展转变。这些改革举措均是为了应对中国经济环境的变化，是对中国经济发展规律的总结，是中国智慧的结晶。这些改革举措汇集了我国当前及未来很长一段时间内的经济发展目标——绿色可持续发展、高质量平衡增长，这显然已经成为中国发展的重中之重。

二　绿色发展成为时代主题，绿色工业是绿色发展的核心

近年来，中国经济各项指标平稳，重大改革有序推进，经济持续发展和环境保护成为新时期中国发展的重大战略选择。发展绿色经济成为我国经济实现持续健康增长的必然要求，绿色发展已经成为当今社会发展的时代主题。绿色发展是坚持节约资源和加强生态环境保护的新型发展模式。在党的第十八届五中全会上，习近平总书记提出了"创新、协调、绿色、开放、共享"五大发展理念，为"十三五"及我国中长期经济发展提供了引领指导。党的十九大报告全面阐述了绿色发展的时代背景、现状、理念、建设重点和目标，成为我国未来一段时期绿色发展的行动指南。绿色发展不仅包括绿色生产、绿色消费，也包括绿色贸易和绿色投资。绿色生产是绿色发展的核心，尤其是绿色工业是决定能源消耗数量、类型与效率的重要因素；绿色消费从最终使用者的角度影响绿色生产，倒逼绿色工业发展；绿色生产与绿色消费共同决定绿色贸易数量，绿色贸易从地域的角度决定高污染产业的区域转移，影响本地区的最终生产和消费总量；绿色投资将为绿色发展提供资金支持，绿色投资决定绿色行业资本集聚数量，影响企业选址和生产经营决策。绿色工

业也是当前我国绿色产业发展的核心，绿色服务业是绿色发展的方向，绿色农业为绿色工业提供原材料，在绿色发展中占有基础性地位。按照里昂惕夫（Wassily W. Leontief）的产业关联理论和库兹涅茨（Simon Smith Kuznets）的产业发展理论，各个产业之间存在密切关联，并在经济发展的不同阶段呈现不同规律。而绿色发展不仅是人类爱护自然、促进和谐发展的选择，也是尊重和依据自然规律、经济发展规律的体现。因此，绿色发展必须能够适应产业结构变化和发展的规律，最终在促成农业、工业和服务业三大产业各自实现绿色生产的同时，形成三次产业之间的协调发展。

三　绿色金融成为推动我国经济绿色高质量发展的主要动力

绿色发展需要绿色政策、绿色金融与市场体系的综合治理。绿色发展既要面对公共产品领域的市场失灵，采用政府的绿色法规政策进行约束和引导，又要针对产权明晰、政策成本过高或效率低的问题，采用市场的价格机制和收入转移等功能去化解。在绿色市场体系建立之初，政府的绿色法规政策限制与引导是绿色发展的关键，包括政府的绿色采购、官员的绿色考核与追责、企业绿色生产的税收优惠与生产者追责、绿色贸易的关税减免，尤其是对用能权、碳排放等市场交易机制的制度设计，这些将成为绿色发展的核心内容。在绿色市场体系初步建立、绿色金融工具逐渐开发、市场机制在绿色发展中发挥基本作用时，政府的绿色政策支持力度应逐渐下调，在绿色发展中的作用逐渐降低；当绿色市场体系发展完善，市场体系能够合理配置绿色资源并主导绿色发展时，政府作为市场建设者的任务基本完成，可以大幅调整或者取消绿色优惠政策，主要承担市场的监管职能。

现阶段，绿色金融已经成为推动我国绿色经济发展的重要工具。2016年，中国人民银行、财政部等七部委联合印发了《关于构建绿色金融体系的指导意见》，为加快我国绿色金融发展奠定了基础。党的十九大报告提出了构建绿色低碳循环的经济体系、加快生态文明建设等发展理念，并再一次明确强调了发展绿色金融的意义。2019 年 2 月，国家发改委、中国人民银行等七部委发布了《绿色产业指导目录（2019年版)》，积极地推动绿色金融标准化建设。近年来，为促进与环境的和谐发展，国家不断加大对绿色信贷的扶持力度，各银行机构也在国家政策的引领下，积极落实绿色信贷政策。2013～2018 年我国绿色信贷余额呈现明显的增长趋势，绿色信贷余额增幅明显，由 2013 年的 5.2万亿元增加到 2018 年的 9.7 万亿元，截至 2019 年 6 月末，我国绿色信贷规模已超过 10 万亿元。我国绿色债券的发行规模和发行数量持续增加。我国境内外发行贴标绿色产品由 2016 年的 2312.31 亿元增加至2018 年的 2655.69 亿元，增长了 14.85%。2018 年全球发行绿色债券1620 亿美元，中国贴标绿色债券发行金额约占全球的 24.2%，是全球贴标绿色债券第二大发行国。

综上，绿色可持续发展、高质量平衡增长已经成为当前中国经济发展的重要目标之一，污染企业的绿色转型是绿色高质量发展的核心，而绿色金融已经成为推动绿色高质量发展的重要工具。这里不禁会问：在企业层面，绿色金融的实施对企业的影响效果如何？绿色金融能否通过融资约束、绿色技术创新对环保企业与污染企业的经营绩效产生影响？在产业层面，绿色金融的实施对产业结构生态化的影响如何？绿色金融是否会制约污染产业发展，促进环保产业发展，进而推动产业结构生态化？在宏观层面，绿色金融的实施对经济增长的传导机制与影响效果如何？绿色金融是否会通过绿色技术创新和产业结构生态化提高经济增长的效率与质量？在区域层面，绿色金融对区域经济增长是否存在异质性？在金融工具层面，信贷类和证券类绿色金融工具是否对区域经济增长存在不同作用效果？以上问题的答案可以揭示绿色金融对企业生产经营、产业生态化发展、经济高质量增长、区域经济平衡发展的作用机制及作用效果，为绿色金融政策的制定与完善提供理论依据。基于此，本书选择"绿色金融对中国经济增长的影响机理"问题进行深入系统的理论与实证研究。

第二节　选题意义：理论研究与实践应用的融合

本书具有重要的学术价值与应用价值。在学术价值方面，本书丰富了现有绿色金融理论的研究内容，弥补了现有文献对绿色金融问题研究的不足，为经济增长提供了新的宏观发展思路。在应用价值方面，本书所做研究在一定程度上有利于绿色金融体系的完善与发展，促进产业结构调整和经济绿色转型，推动我国经济的高质量增长。

一　学术价值

第一，弥补现有文献对绿色金融问题研究的不足，丰富现有绿色金融理论的研究内容。现有文献对绿色金融问题的研究，往往关注绿色金融对企业、产业或是对经济增长某一方面问题的影响，现有研究成果并未形成一个完整的理论框架，无法解析绿色金融对经济增长的作用机理及其关联效果。而本书从微观、中观和宏观三个层面系统分析了绿色金融对企业、产业及宏观经济的影响机理，并将绿色金融对企业、产业、经济增长的影响有机结合，形成了层级递进和较为完整的绿色金融影响经济增长的理论分析框架。在理论研究的基础上，本书通过构建面板模型实证考察了绿色金融对企业融资和生产经营、经济增长传导机制，以及区域经济异质性的现实影响，实证分析佐证了前文的理论分析，并为后文对策建议的提出提供了依据。显然，本书弥补了现有相关文献的不足，同时丰富了现有绿色金融理论的研究内容。

第二，为区域绿色经济发展路径设计提供理论依据。以往对区域绿色经济发展路径的研究，多是从全国层面设计宏观发展思路，在理论与实证分析过程中，并未区分不同地区在产业结构与技术接受能力方面的差别，也并未鉴别不同绿色工具对不同区域经济增长影响的异质性，以至于在设计区域绿色经济增长宏观发展思路时缺少理论依据，也不符合地区发展现实。而本书系统考察了绿色金融对区域经济增长的传导机制，并结合区域经济差异实证考察了绿色金融对区域经济增长的实际影响：一方面，通过建立静态面板模型考察了绿色金融对区域经济增长的异质性；另一方面，通过建立动态面板模型实证验证了信贷类和证券类绿色金融工具对区域经济增长影响的差异性。这些科学结论必将为相关政策制定及制度设计提供理论参考，在结合各地区产业结构与技术接受能力的基础上，为区域绿色经济增长设定符合地方实际的新的宏观发展思路。

二　应用价值

第一，有利于推动绿色金融体系建设，促进产业结构生态化发展。本书的最终目标是理论服务于实践，既通过理论与实证研究，揭示绿色金融对区域经济增长的作用机理与影响效果，给出地区绿色金融发展对策，促进产业结构生态化发展。本书从政府、金融机构、企业等层面设计了促进地区绿色金融发展的具体举措：政府部门通过对金融制度的顶层设计，积极建立与完善多元化的绿色金融体系；银行等金融机构通过绿色工具和绿色信贷等方式促进绿色金融发展；企业通过发行绿色股票和绿色债券有效融入绿色技术创新和绿色产品研发的实践中。各项绿色金融发展举措的实施将推动资本流向低碳、节能、环保等产业，从降低资金使用成本和缓解企业融资约束等方面支持绿色产业发展，进而推动我国各地区产业结构的生态化发展。

第二，便于启动新的经济增长点，促进地区经济高质量增长。绿色金融通过绿色信贷、绿色证券及碳金融等方式使市场资金流向绿色产业，从而降低绿色企业融资成本，提高污染项目的生产成本，同时将环境保护理念贯穿整个金融组织的架构设计、管理方式、业务运营等各个环节之中。绿色金融是区域经济可持续发展的重要工具，是我国经济高质量发展的重要动力和有力支撑。本书研究服务于区域绿色金融体系建设，通过区域绿色金融发展引导社会资金投向与社会福利最大化相一致的绿色项目，克服绿色生产中资本短缺瓶颈，进而培育新的绿色产品，为经济增长创造新的动力源泉，推动我国产业绿色升级，使传统高消耗的粗放型经济增长模式转变为创新驱动型的绿色经济增长模式，进而推动地区经济高质量增长。

第三节 文献综述

关于绿色金融的研究始于20世纪六七十年代，早期研究关注绿色金融的概念界定与水平测度等内容。2016年，在中国人民银行等七部委联合发布的《关于构建绿色金融体系的指导意见》和G20峰会公报中，均对绿色金融的内涵给出了权威定义，对绿色金融定义及其工具的争论也逐渐偃旗息鼓。近期研究开始侧重于实证考察绿色金融对企业、银行及经济增长的影响问题。根据本书的研究内容，对相关文献进行了梳理，具体内容如下。

一 有关绿色金融内涵的相关文献

1. 绿色金融理念的提出

针对气候变暖、资源匮乏及环境污染等问题，联合国在1980年初首次提出"绿色"理念，并号召构建"绿色"体系，以实现经济可持续增长。在理论层面，20世纪60年代的太空舱经济理论中便已涵盖"绿色"思想，具体而言，有稳定经济、绿色经济以及生态经济。[①] 随着人们对经济发展、资源减少、环境污染等问题的认知水平逐步提升，处理好经济增长与环境污染之间的均衡性，已然成为经济研究领域中非

---

① Daly, H. E., and Cobb, Jr. J. B. *For the Common Good: Redirecting the Economy toward Community, the Environment, and a Sustainable Future* (Boston: Beacon Press, 1994), pp. 443 – 507; Pearce, D., Markandya, A., and Barbier, E. *Blueprint for a Green Economy* (London: Earthscan Publications, 1989); Sustainable Development Strategy Research Group of Chinese Academy of Science (SDSRG). *China Sustainable Development Strategy of Green Development and Green Innovation* (Beijing: Science Press, 2010).

常受关注的议题，在此基础上提出了绿色增长、绿色转型、绿色发展等新型理念。① 现阶段普遍认同的"绿色"理念是在 2011 年由经合组织（OECD）提出的绿色增长理念，也就是"在提升经济发展水平的过程中，需关注环境保护、生物多样性、资源再生性等"②；Janicke 强调绿色转型理念是指"合理界定要素价格，采取相匹配的税收策略，带动低碳产业、绿色经济平稳运行，推动高污染及高能耗行业加快转型，进一步实现可持续发展，建立现代工业体系"③。

从早期的研究可以看出，在绿色理念中并未考虑金融发展问题，大部分学者更多侧重于实体经济的发展，以 Grossman 和 Krueger 提出的环境库兹涅茨曲线最为典型④。随着环保理念的日益兴起，一系列执行标准也随之健全。如何在金融体系内融入绿色发展理念，即发展绿色金融，成为社会各界及学者们较为看重的议题。⑤ 绿色金融，即环境金融、可持续金融，该理念的提出源于资源匮乏及污染逐步严重背景下的实体经济绿色投资动力不足与投资渠道受阻。⑥ 面对环境污染持续恶化

---

① Hammer, S., Kamal-Chaoui, L., Robert, A., et al. *Cities and Green Growth: A Conceptual Framework* (Paris: OECD Publishing, 2011); Wang, E., Liu, X., Wu, J., et al. "Green Credit, Debt Maturity, and Corporate Investment—Evidence from China." *Sustainability* 11 (2019): 583 – 602.

② Lee, C. M., and Chou, H. H. "Green Growth in Taiwan—An Application of the OECD Green Growth Monitoring Indicators." *The Singapore Economic Review* 63 (2018): 249 – 274.

③ Janicke, M. "'Green Growth': From a Growing Eco-industry to Economic Sustainability." *Energy Policy* 48 (2012): 13 – 21.

④ Grossman, G. M., and Krueger, A. B. "Economic Growth and the Environment." *The Quarterly Journal of Economics* 110 (1995): 353 – 377.

⑤ Yang, X. "Environmental Risk Management of Bank in America." *World Market* 1 (1997): 32 – 33.

⑥ Lindlein, P. *Mainstreaming Environmental Finance into Financial Markets—Relevance, Potential and Obstacles* (Springer Berlin Heidelberg, 2012); Berensmann, K., and Lindenberg, N. "Green Finance: Actors, Challenges and Policy Recommendations." *German Development Institute Briefing Paper* (2016): 34 – 57; Gilbert, S., and Zhou, L. "The Knowns and Unknowns of China's Green Finance." The Global Commission on the Economy and Climate, ed., *The Sustainable Infrastructure Imperative: Financing for Better Growth and Development* (London and Washington, D. C.: New Climate Economy, 2017).

的窘境，企业有责任在生产中规避环境污染问题，而金融机构有责任进行选择性投资，带动绿色产业平稳发展，投入必要的资金。对于棕色、黑色等产业可设定相应的融资条件，在社会中形成绿色金融。企业的生产经营有保护环境的责任，金融机构采取绿色投资，借助资金投向，促使公司做到绿色生产。①

2. 绿色金融的概念界定

随着绿色金融发展理念的不断深化，绿色金融的概念得以不断完善。全球首家环境银行于 1970 年在西德诞生，标志着金融部门绿色金融实践的开始。早期对绿色金融的解释几乎与环境金融等价，将其笼统地认为是促进环境保护和资源节约的金融活动。② 如国际开发性金融俱乐部（International Development Finance Club，IDFC）认为："所谓的绿色金融指的是向可持续发展、环境保护以及减少污染等项目提供资金支持，旨在促进循环经济的发展，包括促进清洁能源和减少温室气体排放以及其他环境目标的金融业务。"③ 20 世纪末，国际社会加大了对气候变化问题的关注度，特别是以二氧化碳为代表的温室气体排放问题，并有针对性地设计了碳配额等碳金融工具。一些学者开始将绿色金融与气候金融、碳金融相互替代，将绿色金融理解为降低碳排放和减少气候变化的金融活动。④ 21 世纪初期，随着"赤道原则"的发布并逐渐在全球普及，有的学者侧重于从绿色投资层面来解析绿色金融。⑤ 联合国环境规划署下辖的金融行动机构（UNEP FI）将绿色金融与绿色投资两者进

① Soundarrajan, P., and Vivek, N. "Green Finance for Sustainable Green Economic Growth in India." *Agricultural Economics* 62 (2016): 35–44.

② Banga, J. "The Green Bond Market: A Potential Source of Climate Finance for Developing Countries." *Journal of Sustainable Finance & Investment* 9 (2019): 17–32.

③ 巴曙松、杨春波、姚舜达:《中国绿色金融研究进展述评》,《金融发展研究》2018 年第 6 期, 第 3~11 页。

④ 天大研究院课题组:《中国绿色金融体系: 构建与发展战略》,《财贸经济》2011 年第 10 期, 第 38~46、135 页。

⑤ 邓丽君:《碳中和绿色转型、绿色投资与生态环境质量》,《统计与决策》2021 年第 18 期, 第 55~58 页。

行了区分，认为绿色金融不仅指向环境保护部门进行的投资，也包含绿色投资不包括的其他融资项目，如融资项目准备、项目的土地收购等。[①] 更多研究者强调金融机构在绿色金融实践中的突出作用，认为绿色金融便是金融机构将生态环保理念考虑在投资决策内，积极引导资金流向资源节约型和环境保护型产业，加大对环境治理和清洁能源项目的投资。[②]

近年来，绿色资金的规模不断扩大，各类金融工具层出不穷，绿色金融在实践中也逐步建立了相关体系，对绿色金融的解释更加健全。殷剑峰和王增武强调，绿色金融涵盖两层含义：首先，在能耗及污染量保持不变的基础上，应将资金主动投向能耗小、污染低的行业；其次，积极促进环保建设及相关技术创新，减少能耗及污染量的一系列金融服务。[③] 社会各界普遍将 2016 年作为绿色金融发展元年。2016 年 8 月，在以中国人民银行为代表的七部委共同印发的《关于构建绿色金融体系的指导意见》中，将绿色金融界定为：为促进环境改善，积极应对气候变暖、资源匮乏等现实问题而进行的一系列经济活动，不断引导资金投向环保、节能、清洁等领域，具体包括绿色信贷、绿色证券、绿色保险、绿色投资和碳金融等绿色金融工具。2016 年 10 月，在 G20 峰会上进一步强调绿色金融是为环境带来正向效益并促进可持续发展的一种投融资行为，其目标是缓解生态污染、减少二氧化碳等气体排放、优化资源配置、减缓气候变暖。

3. 绿色金融的测度

由于绿色金融这一概念诞生的时间较短，且其含义较为丰富，学术

[①] Jeucken, M. H. A. "The Changing Environment of Banks." *Greener Management International* 27 (2013): 24 – 38.

[②] 普华永道：《〈国际财报准则第 8 号——经营分部〉再审视（二）》，《财会信报》2015 年 7 月 27 日，第 3 版；麦均洪、徐枫：《基于联合分析的我国绿色金融影响因素研究》，《宏观经济研究》2015 年第 5 期，第 23～37 页；马骏：《中国绿色金融的发展与前景》，《经济社会体制比较》2016 年第 6 期，第 25～32 页。

[③] 殷剑峰、王增武：《中国的绿色金融之路》，《经济社会体制比较》2016 年第 6 期，第 43～50 页。

界还未形成统一的测量方法。理论上，一些学者侧重于分析影响绿色金融发展的主要因素。杜莉和张鑫认为，金融制度、金融政策、金融产品及金融市场等是影响绿色金融发展的主要因素。[①] 马骏从机构建设、方针政策、基础设施和法律机制等层面总结出绿色金融发展的核心要素。[②] 杜莉和韩丽娜分别从微观、中观和宏观的视角深入剖析了影响绿色金融发展的主要因素。[③] 就绿色金融的多维度要素构成来说，目前大部分学者从资金供给的层面评估一国或地区的绿色金融整体发展水平，Li 和 Hu、Clark 等参照银行业普遍使用的"赤道原则"，从银行机构总量、占比、绿色贷款规模等几个因素，测算一国的绿色金融发展水平[④]；黄建欢等、王静从污染治理的角度，采用银行贷款总额占地方污染治理总额的比重来衡量各地区的绿色金融发展水平[⑤]；宁伟和佘金花、何凌云等、邵川分别从绿色信贷余额和绿色信贷比两个层面评估了银行业的绿色金融发展水平[⑥]。此外，还有部分学者从指标体系构建的角度分析绿色金融的发展水平，李晓西等将绿色信贷、绿色保险、绿色投资、绿色证券、碳金融等作为一级指标体系，构建了绿色金融综合评

---

① 杜莉、张鑫：《绿色金融、社会责任与国有商业银行的行为选择》，《吉林大学社会科学学报》2012 年第 5 期，第 82～89 页。

② 马骏：《论构建中国绿色金融体系》，《金融论坛》2015 年第 5 期，第 18～27 页。

③ 杜莉、韩丽娜：《论碳金融体系及其运行架构》，《吉林大学社会科学学报》2010 年第 5 期，第 55～61 页。

④ Li, W., and Hu, M. "An Overview of the Environmental Finance Policies in China: Retrofitting an Integrated Mechanism for Environmental Management." *Frontiers of Environmental Science & Engineering* 8 (2014): 316 – 328; Clark, R., Reed, J., and Sunderland, T. "Bridging Funding Gaps for Climate and Sustainable Development: Pitfalls, Progress and Potential of Private Finance." *Land Use Policy* 71 (2018): 335 – 346.

⑤ 黄建欢、吕海龙、王良健：《金融发展影响区域绿色发展的机理——基于生态效率和空间计量的研究》，《地理研究》2014 年第 3 期，第 532～545 页；王静：《我国绿色金融发展驱动因素与进展研究》，《经济体制改革》2019 年第 5 期，第 136～142 页。

⑥ 宁伟、佘金花：《绿色金融与宏观经济增长动态关系实证研究》，《求索》2014 年第 8 期，第 62～66 页；何凌云、吴晨、钟章奇：《绿色信贷、内外部政策及商业银行竞争力——基于9家上市商业银行的实证研究》，《金融经济学研究》2018 年第 1 期，第 91～103 页；邵川：《绿色信贷、风险管理与产业结构调整优化》，《江汉论坛》2020 年第 10 期，第 12～19 页。

价指标体系，并测算了我国绿色金融的发展水平，结果表明，我国绿色金融的发展在各地区存在明显的差异[①]；董晓红和富勇在衡量绿色金融发展水平时，重点从绿色信贷、绿色基金、碳金融等维度构建了综合评价指标体系，结果表明，绿色信贷的权重占比最大[②]；傅亚平和彭政钦同样从绿色信贷、证券、保险和投资角度构建了绿色金融发展综合体系，结果发现，我国东部地区的绿色金融发展水平较高，中西部地区的绿色金融发展相对落后[③]。

二 有关绿色金融影响企业绩效的相关文献

关于绿色金融对企业绩效的影响是学者们的研究热点，相关研究分别就绿色金融对绿色企业和污染企业的影响进行了深入剖析。其中，在绿色金融对绿色企业绩效的影响方面，学者们大多主张绿色金融能为企业带来更多的资本支撑。涂永前和田军华指出，现阶段绿色金融发展的核心是提升金融资源的使用效率，也就是促使金融部门建立必要的绿色思想，把资金投向绿色产业。[④] Ghisetti 等发现，绿色金融通过产生相应的规模、结构、技术等效应，为绿色企业带来运营资本。[⑤] 连莉莉比较了绿色金融对绿色企业及"两高"企业的影响，结果表明，绿色金融能大幅度削减绿色企业的融资支出，在此基础上促使绿色企业的发展实力稳步增强。[⑥] 牛海鹏等从债务融资的角度，利用双重差分法评估绿色信

---

① 李晓西、夏光、蔡宁：《绿色金融与可持续发展》，《金融论坛》2015 年第 10 期，第 30～40 页。

② 董晓红、富勇：《绿色金融与绿色经济耦合发展空间动态演变分析》，《工业技术经济》2018 年第 12 期，第 94～101 页。

③ 傅亚平、彭政钦：《绿色金融发展、研发投入与区域经济增长——基于省级面板门槛模型的实证》，《统计与决策》2020 年第 21 期，第 120～124 页。

④ 涂永前、田军华：《我国碳金融发展的障碍与出路》，《南方金融》2012 年第 11 期，第 89～91 页。

⑤ Ghisetti, C., Mancinelli, S., Mazzanti, M., et al. "Financial Barriers and Environmental Innovations: Evidence from EU Manufacturing Firms." *Climate Policy* 17 (2017): 131–147.

⑥ 连莉莉：《绿色信贷影响企业债务融资成本吗？——基于绿色企业与"两高"企业的对比研究》，《金融经济学研究》2015 年第 5 期，第 83～93 页。

贷政策的实施效果，结果表明，绿色信贷政策显著提高了绿色上市公司的融资便利性，增强了对绿色上市公司的信贷支持，但绿色信贷政策对融资成本的影响并不明显。[1] Berensmann 和 Lindenberg 认为，绿色金融不仅能为企业的绿色投资提供必要的资金支持，还能为绿色企业发展提供充足的资金。[2] Volz 同样强调，绿色金融在发展的过程中，重点是协助公司落实"绿色"机制要求，换言之，应逐步放弃高污染、高能耗的项目，积极发展环保、生态类项目，建立新型发展机制。[3] 然而，部分学者指出规模较小的绿色企业仍旧面临融资难题。Venkatesh 和 Lavanya、Allet 和 Hudon 发现，为中小企业提供服务的金融机构因规模及风险规避水平不突出，很难推进绿色金融发展，因而阻碍了中小绿色企业的发展。[4]

从绿色金融对污染企业的影响来看，学者们一致认为绿色金融抑制了污染企业的发展。连莉莉指出，随着绿色金融的不断发展，高污染型企业的融资成本将不断提高。[5] 刘婧宇等通过构建 CGE 模型发现，无论是从短期还是长期来看，绿色金融均使得污染企业的投资及产出有所降低。[6] 苏冬蔚和连莉莉、陈琪在研究中参照《绿色信贷指引》，通过准自然实验评估绿色信贷对污染企业产生的影响，发现绿色信贷的实施对

[1] 牛海鹏、张夏羿、张平淡：《我国绿色金融政策的制度变迁与效果评价——以绿色信贷的实施研究为例》，《管理评论》2020 年第 8 期，第 3~12 页。

[2] Berensmann, K., and Lindenberg, N. "Green Finance: Actors, Challenges and Policy Recommendations." *German Development Institute Briefing Paper* (2016): 34 – 57.

[3] Volz, U. "Fostering Green Finance for Sustainable Development in Asia." *ADBI Working Paper* 10 (2018): 814 – 839.

[4] Venkatesh, J., and Lavanya, M. R. K. "Enhancing SMES Access to Green Finance." *International Journal of Marketing, Financial Services & Management Research* 1 (2012): 22 – 37; Allet, M., and Hudon, M. "Green Microfinance: Characteristics of Microfinance Institutions Involved in Environmental Management." *Journal of Business Ethics* 126 (2015): 395 – 414.

[5] 连莉莉：《绿色信贷影响企业债务融资成本吗？——基于绿色企业与"两高"企业的对比研究》，《金融经济学研究》2015 年第 5 期，第 83~93 页。

[6] 刘婧宇、夏炎、林师模、吴洁、范英：《基于金融 CGE 模型的中国绿色信贷政策短中长期影响分析》，《中国管理科学》2015 年第 4 期，第 46~52 页。

重度污染企业具有明显的融资惩罚及投资抑制作用。① 谢乔昕和张宇同样认为绿色信贷政策对重度污染企业经营绩效的促进作用相对较弱。② 宁金辉和苑泽明根据与环境污染责任保险（简称"环责险"）相关的投保名单考察了绿色保险是否影响重度污染企业的经营效果，结果表明，环责险和公司的日常业绩之间存在正比例关系，可产生明显的治理作用，但该作用大多分布在绿色金融整体水平较高的地区。③ Gilbert 和 Zhou 认为，绿色金融可逐步把环境污染产生的负外部性予以内生化，对污染较高的公司在融资上形成一定的限制，进一步影响该类公司的快速发展。④ 王凤荣和王康仕主张绿色金融的推行有助于逐步创建环境信息披露体系，并建立资源分配模式，以此阻碍高污染公司的投融资活动。⑤ Wang 等指出，绿色金融能够促使金融机构改善高污染公司的授信方案，从而影响污染型企业的融资结构及整体发展。⑥

三　有关绿色金融影响产业结构的相关文献

目前关于绿色金融影响产业结构的研究，大多关注理论层面。其中，Weber 认为，绿色金融是产业结构改善和产业效率提高的助推器。⑦

---

① 苏冬蔚、连莉莉：《绿色信贷是否影响重污染企业的投融资行为?》，《金融研究》2018年第12期，第123～137页；陈琪：《中国绿色信贷政策落实了吗——基于"两高一剩"企业贷款规模和成本的分析》，《当代财经》2019年第3期，第118～129页。

② 谢乔昕、张宇：《绿色信贷政策、扶持之手与企业创新转型》，《科研管理》2021年第1期，第124～134页。

③ 宁金辉、苑泽明：《环境污染责任保险对企业投资效率的影响——基于绿色信贷的研究》，《大连理工大学学报》（社会科学版）2020年第4期，第48～57页。

④ Gilbert, S., and Zhou, L. "The Knowns and Unknowns of China's Green Finance." The Global Commission on the Economy and Climate, ed., *The Sustainable Infrastructure Imperative: Financing for Better Growth and Development* (London and Washington, D. C.: New Climate Economy, 2017).

⑤ 王凤荣、王康仕：《"绿色"政策与绿色金融配置效率——基于中国制造业上市公司的实证研究》，《财经科学》2018年第5期，第1～14页。

⑥ Wang, E., Liu, X., Wu, J., et al. "Green Credit, Debt Maturity, and Corporate Investment—Evidence from China." *Sustainability* 11 (2019): 583–602.

⑦ Weber, O. "Sustainability Benchmarking of European Banks and Financial Service Organizations." *Corporate Social Responsibility and Environmental Management* 12 (2005): 73–87.

Galetti 等强调绿色金融发展缓慢将阻碍绿色产业的发展，进而延缓产业结构优化进程。[①] 严成樑认为，绿色金融通过对环境友好型产业、能源节约型产业的资金倾斜，推动产业结构优化调整。[②] 马骏认为，绿色金融可带动产业结构逐步优化，因此主张建立新的产业模式。[③] 陈伟光和胡当更加关注绿色信贷的资金导向及信息催化效应，最终发现绿色信贷对产业结构优化具有正向影响。[④] 李晓西指出，绿色金融的发展不仅能为产业结构优化带来助力，而且还能引导资金投向更加绿色环保的产业，带动经济发展水平的提升。[⑤] 龙云安和陈国庆表明，绿色金融之所以能带动产业升级，是因为它可借助金融作为杠杆，实现资金融通，为绿色产业的平稳运行保驾护航，并引导消费者注重绿色消费理念。[⑥] 马彪等强调绿色金融可通过资金导向影响不同行业的融资规模，有利于提高绿色产业的产出，进而对产业结构优化升级产生积极影响。[⑦] 徐胜等也认为，绿色金融通过对现有资源和资本的优化配置，进而使产业结构升级有显著效果，而产业结构的升级可引导生产要素投向生产率较高的行业，最终带动经济发展质量不断提升。[⑧]

　　近年来，越来越多的学者更加侧重于实证研究，结果发现，绿色金融对产业结构具有显著影响。袁晓玲等采用静态面板数据模型详细分析

[①] Galetti, M., Lanza, A., and Pauli, F. "Reassessing the Environmental Kuznets Curve for CO_2 Emissions: A Robustness Exercise." *Ecological Economics* 57 (2006): 152 – 163.

[②] 严成樑：《产业结构变迁、经济增长与区域发展差距》，《经济社会体制比较》2016年第4期，第40~53页。

[③] 马骏：《论构建中国绿色金融体系》，《金融论坛》2015年第5期，第18~27页。

[④] 陈伟光、胡当：《绿色信贷对产业升级的作用机理与效应分析》，《江西财经大学学报》2011年第4期，第12~20页。

[⑤] 李晓西：《绿色金融盈利性与公益性关系分析》，《金融论坛》2017年第5期，第3~11页。

[⑥] 龙云安、陈国庆：《"美丽中国"背景下我国绿色金融发展与产业结构优化》，《企业经济》2018年第4期，第11~18页。

[⑦] 马彪、林琳、吴俊锋：《供给侧结构性改革中产能、金融支持与经济波动关系研究》，《产业经济研究》2017年第5期，第12~24页。

[⑧] 徐胜、赵欣欣、姚双：《绿色信贷对产业结构升级的影响效应分析》，《上海财经大学学报》2018年第2期，第59~72页。

了绿色信贷对产业结构优化产生的影响，结果表明，绿色信贷能够积极引导银行等机构开展绿色金融业务，由此带动产业结构优化升级。[①] 魏丽莉和杨颖运用耦合协调度模型分析了我国西北地区的绿色金融和产业结构的关联性，最终证实了二者的关系将从长期持续的拮抗阶段转向磨合阶段。[②] 紧接着，钱水土等借助灰色关联模型发现，绿色信贷对第三产业的作用最突出，能有效带动产业升级。[③] 李毓等通过构建固定效应模型，最终发现绿色信贷对产业结构优化升级具有明显的推动作用，此外，东部及西部地区推行的绿色信贷政策，对产业结构优化升级产生的效果明显不同。[④] 高锦杰和张伟伟采用系统 GMM 模型实证考察了绿色金融对我国产业结构生态化的影响，结果发现，绿色金融通过对环保产业和污染产业的差异化影响，推动产业结构生态化。[⑤]

四　有关绿色金融影响技术创新的相关文献

经济增长理论表明，技术进步可为经济增长带来极大的助力，而健全的金融机制能协助技术进步，并进一步作用于经济增长。[⑥] 因此，多数学者认为绿色金融对绿色技术创新具有促进作用。Chu 等发现绿色信贷

[①] 袁晓玲、李浩、邸勍：《环境规制强度、产业结构升级与生态环境优化的互动机制分析》，《贵州财经大学学报》2019 年第 1 期，第 73～81 页。

[②] 魏丽莉、杨颖：《西北地区绿色金融与产业结构耦合协调发展的历史演进》，《兰州大学学报》（社会科学版）2019 年第 5 期，第 24～35 页。

[③] 钱水土、王文中、方海光：《绿色信贷对我国产业结构优化效应的实证分析》，《金融理论与实践》2019 年第 1 期，第 1～8 页。

[④] 李毓、胡海亚、李浩：《绿色信贷对我国产业结构升级影响的实证分析——基于中国省级面板数据》，《经济问题》2020 年第 1 期，第 37～43 页。

[⑤] 高锦杰、张伟伟：《绿色金融对我国产业结构生态化的影响研究——基于系统 GMM 模型的实证检验》，《经济纵横》2021 年第 2 期，第 105～115 页。

[⑥] Tadesse, S. "Financial Development and Technology." *Journal of Development Economics*, *Elsevier* 74 (2007): 429～447；姚耀军：《中国金融发展与全要素生产率——基于时间序列的经验证据》，《数量经济技术经济研究》2010 年第 3 期，第 68～80、161 页；钱水土、周永涛：《金融发展、技术进步与产业升级》，《统计研究》2011 年第 1 期，第 68～74 页；孙志红、李娟：《经济新常态下我国金融发展质量的测度与分析》，《数学的实践与认识》2017 年第 12 期，第 38～48 页。

通过为企业提供研发创新资金，鼓励企业在绿色、低碳、环保等领域进行科技创新方面的投入，继而促进绿色技术创新。[1] 陈超逸认为，绿色金融的发展一方面有助于传统经济增长模式向绿色经济增长模式转变，另一方面能为新能源、节能环保等领域的技术创新提供助力，为经济潜在增长保驾护航。[2] 孟科学和严清华利用随机最优控制分析法并结合仿真研究发现，绿色金融是企业生态创新结构优化的必要条件而非充分条件，并且通过缓解企业绿色资金约束以及调节企业生态创新认识、创新风险与收益结构来发挥作用。[3] 俞岚、张云辉和赵佳慧指出，由于技术进步的存在，绿色金融通过技术进步对产业结构优化的中介作用效果比单独作用于产业结构优化的直接效应更为突出[4]；余丹提出绿色技术的创新依赖必要的创新机制，在这一过程中绿色金融能起到良好的促进作用，带动创新机制的建立[5]。刘海英等发现，当绿色信贷规模不大时，将对绿色技术创新产生一定阻碍，当其逐步提高并超过一定数值后，会促进绿色技术进步。[6] 此外，也有一些学者持相反的观点，认为绿色金融会抑制技术进步，古小东、张学海和郑现伟指出绿色金融的发展会导致高能耗、高污染产业缺乏用于技术改进的资金，阻碍其开展绿色技术创新活动。[7]

[1] Chu, W. S., Chun, D. M., and Ahn, S. H. "Research Advancement of Green Technologies." *International Journal of Precision Engineering and Manufacturing* 15 (2014): 937 – 977.

[2] 陈超逸：《绿色金融对宏观经济的影响及碳税合理性水平研究》，硕士学位论文，华东理工大学商学院，2017。

[3] 孟科学、严清华：《绿色金融与企业生态创新投入结构优化》，《科学学研究》2017 年第 12 期，第 1886 ~ 1895 页。

[4] 俞岚：《绿色金融发展与创新研究》，《经济问题》2016 年第 1 期，第 78 ~ 81 页；张云辉、赵佳慧：《绿色信贷、技术进步与产业结构优化——基于 PVAR 模型的实证分析》，《金融与经济》2019 年第 4 期，第 43 ~ 48 页。

[5] 余丹：《绿色技术离不开绿色金融的有效支撑》，《人民论坛》2018 年第 18 期，第 86 ~ 87 页。

[6] 刘海英、王殿武、尚晶：《绿色信贷是否有助于促进经济可持续增长——基于绿色低碳技术进步视角》，《吉林大学社会科学学报》2020 年第 3 期，第 96 ~ 105、237 页。

[7] 古小东：《绿色信贷制度的中外比较研究》，《生态经济》2012 年第 8 期，第 49 ~ 52 页；张学海、郑现伟：《河北省绿色金融促进产业转型升级的问题与对策》，《经济论坛》2017 年第 6 期，第 24 ~ 25、46 页。

同样地，戚湧和王明阳也认为绿色金融会显著增加企业的生产成本①；王懋雄发现高污染企业单位产品的利润率较低，碳排放交易制度使得高污染企业每年需要支付高额的费用以购买碳排放权，最终导致企业缺乏用于技术创新的资金②。

五　有关绿色金融影响经济增长的相关文献

在传统理论分析方面，学者们指出绿色金融能够促进绿色投资进而带动经济增长。马骏以"十三五"期间空气治理活动为例，发现未来几年脱硫脱硝设备、天然气运输设备、天然气发电设备、环境监测仪器等产品的市场规模将超过 5000 亿元，投资规模的扩大也会带动经济发展。③ 王遥等发现绿色金融可带动绿色投资规模扩大，借此促进经济增长。④ 王修华和刘娜也认为，绿色金融以投资促进了当前与未来经济的增长。⑤ 李晓西指出，绿色金融是金融长期运行的趋势，主动推行绿色金融能稳步增加不同省（区、市）绿色产业资金供给量，在此基础上作用于区域经济增长。⑥ 王康仕、马妍妍和俞毛毛的研究表明，绿色投资可为经济增长提供助力，产生新的增长点，通过推动绿色产业发展，为经济发展积累必要的潜力。⑦ 类似地，柴晶霞从消费和投资两个视角

---

① 戚湧、王明阳：《绿色金融政策驱动下的企业技术创新博弈研究》，《工业技术经济》2019 年第 1 期，第 3 ~ 10 页。
② 王懋雄：《基于碳足迹的绿色金融发展路径探索》，《西南金融》2018 年第 12 期，第 64 ~ 68 页。
③ 马骏：《论构建中国绿色金融体系》，《金融论坛》2015 年第 5 期，第 18 ~ 27 页。
④ 王遥、潘冬阳、张笑：《绿色金融对中国经济发展的贡献研究》，《经济社会体制比较》2016 年第 6 期，第 33 ~ 42 页。
⑤ 王修华、刘娜：《我国绿色金融可持续发展的长效机制探索》，《理论探索》2016 年第 4 期，第 99 ~ 105 页。
⑥ 李晓西：《绿色经济与绿色发展测度》，《全球化》2016 年第 4 期，第 110 ~ 111 页。
⑦ 王康仕：《工业转型中的绿色金融：驱动因素、作用机制与绩效分析》，博士学位论文，山东大学经济研究院，2019；马妍妍、俞毛毛：《绿色信贷能够降低企业污染排放么？——基于双重差分模型的实证检验》，《西南民族大学学报》（人文社科版）2020 年第 8 期，第 116 ~ 127 页。

分析了绿色金融对经济增长的作用机理，最终发现消费及投资对经济增长的拉动作用都和绿色金融存在密切关联性。[①]

在绿色金融对经济增长影响的实证研究方面，既有研究成果多是持肯定观点，Zhang 等以哥伦比亚为研究对象，探讨了绿色金融对经济增长的影响，发现该国的绿色金融模式可以同时兼顾私人投资和清洁金融机制，可以推动清洁技术和清洁能源发展，进而有效促进经济增长。[②] 裴育等以浙江湖州为研究对象，采用面板 VAR 模型分析了绿色信贷对经济增长的影响，研究结果表明，绿色金融对该地的经济增长具有显著的正向促进作用。[③] 孙焱林和陈微运用面板自回归模型在探究绿色金融与经济增长的关系时发现，绿色金融的发展可以有效促进地区经济增长。[④] 谢婷婷和刘锦华基于我国省级区域面板数据并运用动态面板 GMM 模型证实了绿色信贷促进经济增长主要是通过提高技术创新水平实现的。[⑤] 此外，也有一些学者认为绿色金融发展对经济增长的影响相当复杂，在个别阶段可能有不利影响。宁伟和佘金花指出绿色金融的推广会对经济增长产生一定的负面影响。[⑥] 韩立岩等认为，绿色金融的发展在短期内会在一定程度上抑制经济的增长。[⑦] 刘莎和刘明基于我国西北各省的投入产出数据，通过编制环境质量指标体系考察绿色金融发展对经

---

① 柴晶霞：《绿色金融影响宏观经济增长的机制与路径分析》，《生态经济》2018 年第 9 期，第 56～60 页。

② Zhang, M., Li, Z. H., Huang, B. R. et al. "A Characteristic Analysis of the Emergence, E-volution and Connotation of Green Urban Development." *Ecological Economics* 5（2016）：205－210.

③ 裴育、徐炜锋、杨国桥：《绿色信贷投入、绿色产业发展与地区经济增长——以浙江省湖州市为例》，《浙江社会科学》2018 年第 3 期，第 45～53、157 页。

④ 孙焱林、陈微：《研发强度与战略性新兴产业成长性研究——基于门限面板模型》，《工业技术经济》2017 年第 5 期，第 30～35 页。

⑤ 谢婷婷、刘锦华：《绿色信贷如何影响中国绿色经济增长?》，《中国人口·资源与环境》2019 年第 9 期，第 83～90 页。

⑥ 宁伟、佘金花：《绿色金融与宏观经济增长动态关系实证研究》，《求索》2014 年第 8 期，第 62～66 页。

⑦ 韩立岩、尤苗、魏晓云：《政府引导下的绿色金融创新机制》，《中国软科学》2010 年第 11 期，第 12～18 页。

济增长的影响，结果发现，绿色金融与经济增长之间的关系基本符合
EKC 假说。[1]

六　文献述评

综合而言，国内外学者对绿色金融影响经济增长的研究日益深入，
并得出了一系列结论，为本书的研究提供了相应的参考。但相关研究在
以下方面仍显薄弱。一是在绿色金融对企业影响的研究中，多是简单地
将企业划分为环保企业与污染企业。而在金融机构的绿色金融实践中，
金融机构一般根据项目污染程度采取相应的信贷政策，政府同样会根据
绿色产品的清洁程度给予相应奖励。此外，企业规模、企业产权性质等
因素也将影响企业在面临绿色金融时所采取的生产决策。因此，将企业
粗略地划分为环保企业与污染企业，不能充分体现绿色金融对企业的影
响，只有将企业样本根据绿色程度、污染程度、企业规模、企业产权性
质进行更加细致的划分，才能充分体现绿色金融对企业这一微观经济主
体的影响。二是在绿色金融对地区经济影响的研究中，多数研究并未考
虑区域的异质性问题。现实中，不同区域的金融资源不尽相同，而金融
资源分布差距将拉大地区经济增长差距。[2] 此外，东中西部地区的金融
市场发展水平不同，东部地区股票债券市场较为完善，而中西部地区主
要依赖信贷市场融资，此时不同类型的绿色金融工具对经济增长的影响
会存在显著的区域异质性。因此，在对绿色金融影响区域经济增长的分
析中，应该结合地区金融市场发展特征、技术吸纳能力等因素去考察不
同绿色金融工具对地区经济增长影响的异质性。三是在绿色金融对经济
增长影响的研究中，多是注重绿色金融对经济增长总量和人均经济增长
水平的影响。现实中，绿色金融对经济增长的影响是通过产业结构和技

---

① 刘莎、刘明：《绿色金融、经济增长与环境变化——西北地区环境指数实现"巴黎承诺"有无可能？》，《当代经济科学》2020 年第 1 期，第 71～84 页。

② 周兴云、刘金石：《我国区域绿色金融发展的举措、问题与对策——基于省级政策分析的视角》，《农村经济》2016 年第 1 期，第 103～107 页。

术创新进而对经济增长产生综合影响的，这种影响不仅仅体现在地区经济增长速度上，更体现在地区经济增长效率上。因此，需要综合经济增长的多项衡量指标评价绿色金融对地区经济增长的影响。四是现有文献多是基于考察与验证绿色金融的某项功能，尚未有文献梳理出绿色金融影响经济增长的微观机制，也未有文献清晰地阐述绿色金融影响经济增长的传导路径及区域异质性。本书认为三者之间是一个有机整体，绿色金融通过影响环保企业与污染企业的生产经营行为，进而作用于环保产业与污染产业，最终通过影响这两类产业发展从而作用于经济增长。鉴于此，本书将绿色金融影响经济增长的微观机理、传导路径及区域异质性有机结合，从理论与实证两方面系统解析绿色金融对经济增长的影响。在绿色金融影响经济增长的微观机理中，本书将根据绿色程度、污染程度、企业规模、企业产权性质细化绿色金融对各类企业的影响。在绿色金融影响经济增长的传导机制中，本书将综合考察绿色金融对各种经济增长指标的影响，并详细解析绿色金融通过产业结构生态化及绿色技术创新这两条路径对经济增长的影响。在绿色金融影响经济增长的区域异质性分析中，本书将结合各地区金融市场发展特征、技术吸纳能力等因素去考察不同绿色金融工具对地区经济增长影响的异质性问题，以期丰富相关文献，并为区域绿色金融政策的制定提供依据。

第四节 研究思路、内容及方法

一 研究思路

本书的研究思路如图 1.1 所示。本书通过梳理国内外绿色金融与经济增长的相关文献，分别对绿色金融、绿色产业、环保产业、污染产业、经济增长及区域平衡发展等概念进行了界定，并以外部性理论、绿色发展理论、经济增长理论、平衡增长理论、不平衡增长理论为研究基础，以绿色金融的外部性为前提，分析绿色金融的基本功能及其对经济

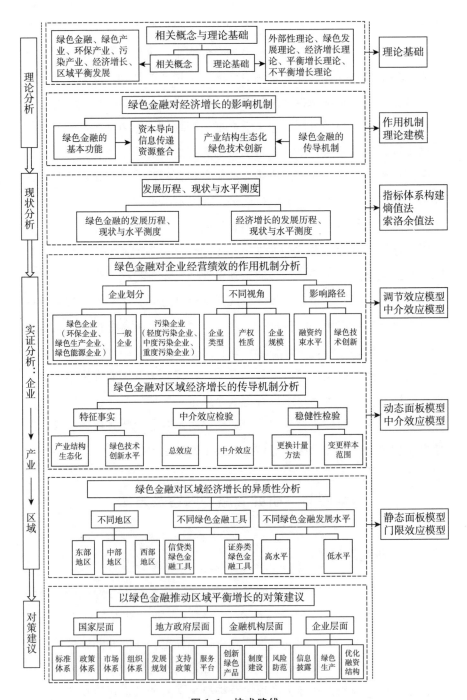

图 1.1　技术路线

增长影响的传导机制。在现状分析部分，分别对绿色金融和经济增长的发展历程、现状及水平测度进行了详细解析，结果发现，我国绿色金融发展总体水平呈上升趋势，东部地区的绿色金融发展水平最高、中部地区次之、西部地区最低；我国经济增长总体平稳向好，产业结构不断优化升级。在实证分析中，紧紧围绕三条线展开分析，在微观层面，主要通过调节效应和中介效应模型分析绿色金融对企业经营绩效的影响，以融资约束和绿色技术创新为调节变量和中介变量，实证比较分析了绿色金融对不同性质企业的经营绩效的影响效果和影响路径；在中观层面，主要通过中介效应模型分析绿色金融通过产业结构优化和绿色技术创新两条路径对经济增长的影响效果；在宏观层面，主要通过门限效应模型分析绿色金融影响各区域经济增长的异质性。最后，根据前文的理论分析与实证检验，分别从国家、地方政府、金融机构及企业四个层面提出以绿色金融推动区域平衡增长的对策建议。

二 研究内容

本书的主要研究内容分为五部分（共九章），具体内容安排如下。

第一部分（第一章）为绪论部分。绪论部分对整本书起到提纲挈领的作用，它主要阐述了四方面内容：一是介绍了选题的背景与意义；二是分别从绿色金融的内涵、绿色金融与企业绩效的关系、绿色金融与产业结构的关系、绿色金融与技术创新的关系、绿色金融与经济增长的关系等方面对文献进行梳理与评述；三是详细介绍了本书的研究方法和主要内容；四是对本书的创新和不足之处进行说明。

第二部分为本书的理论分析部分（第二章和第三章）。本部分主要对绿色金融影响企业生产、产业结构演变及经济增长的途径与原理进行了系统分析，为后文的实证研究与对策建议提供理论基础。具体内容包括三方面：一是对绿色金融、绿色产业、污染产业、产业结构、经济增长等相关概念进行界定；二是回顾了与本书相关的基础理论，重点包括外部性理论、庇古税和科斯定理、波特假说、环境库兹涅茨假说等绿色金融理论，古典经济增长、新古典经济增长、内生经济增长等经济增长理论，以及由经济增长引发的与资源耗竭和生态环境恶化问题相关的绿色发展理论；三是在上述基础理论的基础上，以绿色金融的外部性为前提，通过构建成本—收益函数探讨绿色金融对企业生产经营的影响，以及构建 DSGE 模型分析绿色金融对经济增长的冲击，系统地分析了绿色金融作用于经济增长的传导机制，认为绿色金融通过产业结构生态化和绿色技术创新共同作用于经济增长。

第三部分是本书的现状分析部分（第四章和第五章）。此部分主要介绍了我国绿色金融与经济增长的发展现实，为后文的实证分析奠定了现实基础。在对绿色金融的分析中，主要包括三方面内容。一是根据与绿色金融相关的政策文件，将我国绿色金融发展历程分为萌芽阶段（1995～2006 年）、初步发展阶段（2007～2015 年）和深化发展阶段（2016 年至今）三个阶段，同时回顾了各阶段绿色金融的发展情况。在绿色金融发展的萌芽阶段，国家开始重视信贷政策在环境保护中的作用；在初步发展阶段，越来越多的上市银行制定了绿色发展方案，并将绿色信贷指标纳入公开发布的社会责任报告中；在深化发展阶段，因强有力的"自上而下"政策的推动，我国绿色金融获得了极快的发展。二是从六类绿色金融工具层面分析了我国绿色金融的发展现状，就发展规模而言，绿色信贷余额逐年增长，由 2013 年的 5.2 万亿元增加至 2018 年的 9.7 万亿元，绿色债券的发行规模和发行数量分别由 2016 年的约 2300 亿元和 61 只上涨至 2019 年的超过 3600 亿元和 163 只，绿色基金在 2020 年首期总规模达到 885 亿元，绿色保险的投保企业已由 2014 年的约 5000 家增加至 2017 年的 16000 多家，碳金融的交易量也在不断增加[①]；就投资领域而言，绿色信贷资金主要流向绿色交通运输项目和生态环保项目，绿色证券资金主要用于环保、城市轨道交通、节能

---

① 马中、周月秋、王文主编《中国绿色金融发展研究报告 2019》，中国金融出版社，2019，第 31～61 页。

节水等项目；就地区差异而言，从总量来看，东部地区的绿色信贷、绿色证券以及碳金融的发展规模显著高于中部、西部地区，但从增长速度来看，绿色证券的增长速度在东部地区最快、中部地区次之、西部地区最慢，绿色信贷的增长速度在西部地区最快、中部地区次之、东部地区最慢。三是以绿色信贷、绿色证券、绿色保险、绿色投资和碳金融五个维度构建绿色金融评价指标体系，测算出 2010～2018 年我国各地区的绿色金融综合发展情况，结果表明，我国绿色金融发展水平总体呈上升趋势，且东部地区的绿色金融发展水平最高、中部地区次之、西部地区最低。在对经济增长的分析中，主要包括三方面内容。一是回顾了我国经济增长所经历的非均衡增长阶段（1978～1998 年）、促进欠发达地区增长阶段（1999～2016 年）和均衡增长阶段（2017 年至今）。其中，在非均衡增长阶段，我国实施了开放经济特区、沿海开放城市以及沿海经济开放区等发展战略；在促进欠发达地区增长阶段，我国实施了中部崛起、西部大开发和东北振兴等发展战略；在均衡增长阶段，我国采取了京津冀协同发展、长江经济带发展、粤港澳大湾区建设等发展战略。二是从三个层面分别考察了我国经济增长的情况，就经济增长规模和速度而言，我国经济增长总体平稳向好，GDP 由 1978 年的 3593 亿元增长至 2019 年的 89.16 万亿元，呈现井喷式增长，年均经济增长率在 10% 以上，始终高于世界 GDP 增长率；就经济增长结构而言，我国产业结构不断优化升级，三次产业结构由 1978 年的 27.7∶47.7∶24.6 调整到 2019 年的 7.1∶38.6∶54.3，由 "二一三" 向 "三二一" 转变；就区域间经济增长不平衡而言，我国地区间经济增长差距逐渐拉大，其中投资差距对经济增长不平衡差距的贡献率在波动中先降后升，消费差距对经济增长不平衡的贡献率在轻微波动中不断上升。三是采用索洛余值法测算出 2010～2018 年我国各地区的经济增长效率，结果表明，我国经济增长效率总体呈现上升趋势，且经济增长效率在东部、中部、西部地区呈现逐渐递减的特征。

第四部分是本书的实证分析部分（第六至八章）。本部分分别考察了绿色金融对企业、经济增长传导机制、区域经济增长异质性的影响。在对企业影响的分析中，主要包含四方面内容。一是分析了绿色企业和污染企业的发展情况，绿色企业和污染企业的产值均逐年增加，但是绿色企业的发展速度明显高于污染企业的发展速度。二是分别以融资约束和绿色技术创新为调节变量，构建调节效应模型，实证比较分析绿色金融对绿色企业与污染企业经营绩效的影响受调节变量的作用效果，结果表明，融资约束和绿色技术创新在绿色金融对绿色企业经营绩效的影响过程中均起到了正向调节作用，而融资约束在绿色金融对污染企业经营绩效的影响过程中起到了负向调节作用，绿色技术创新在绿色金融对污染企业经营绩效的影响过程中起到了正向调节作用，且绿色技术创新的调节效果要显著好于融资约束的调节效果。三是按照企业类型、产权性质以及企业规模等标准实证检验绿色金融对不同性质企业的非对称影响，结果表明，就绿色企业而言，绿色金融对国有大规模的环保企业具有更为显著的正向促进作用；而对非国有以及小规模的绿色生产企业和绿色能源企业的影响为正向的，但并不显著。就污染企业而言，绿色金融对国有大规模的重度污染企业的影响较为显著，也表现为正向促进作用；而对非国有小规模的中、轻度污染企业的影响为正，但并不显著。四是分别以融资约束及绿色技术创新为中介变量，探讨绿色金融影响绿色企业和污染企业经营绩效的路径机制，结果表明，无论是环保企业还是重度污染企业，绿色金融均通过改善企业融资约束、提高绿色技术创新水平两条路径进而促进企业经营绩效的提升。在经济增长传导机制的实证研究中，主要包括三方面内容。一是分析产业结构生态化和绿色技术创新的发展情况，环保产业的快速发展与重度污染产业的逐渐收缩，提升了我国产业结构的生态化水平，另外，我国绿色技术创新的发展也在不断增强。二是通过构建动态面板数据模型检验绿色金融与经济增长之间的关系，结果表明，绿色金融对经济增长具有明显的促进作用。三是通过构建中介效应模型检验绿色金融通过产业结构生态化及绿色技术创新两条途径对经济增长的影响，结果表明，绿色金融确实能够通过提高产业结构生态化水平及绿色技术创新水平进而促进经济增长。在区域经济增长的异质性分析中，主要包括三方面内容。一是通过构建静态面板数据模型分析绿色金融对经济增长的影响，结果发现，绿色金融发展水平的提升能够显著推动经济增长率及经济增长效率的提高。二是分析绿色金融对经济增长的区域异质性及不同类型的绿色金融工具对经济增长的异质性，结果表明，绿色金融对东部地区经济增长的影响效果要显著大于中西部地区，且证券类绿色金融工具对东部地区经济增长的影响更为显著，信贷类绿色金融工具对中西部地区经济增长的影响更加明显。三是分别以产业结构生态化和技术吸纳水平为门限变量，通过构建面板门限效应模型分析绿色金融对经济增长的非线性影响，结果表明，以产业结构生态化为门限变量时，存在双门限效应，即绿色金融发展水平低于 0.2518 时，产业结构生态化对经济增长的影响并不显著；当绿色金融发展水平在 0.2518 和 0.3294 之间时，产业结构生态化对经济增长的影响显著为正；当绿色金融发展水平大于 0.3294 时，产业结构优化影响经济增长的显著性明显提高，影响系数也进一步增加。在以绿色技术吸纳水平为门限变量时，存在单门限效应，即当绿色金融发展水平较低（$GF \leqslant 0.3051$）时，技术吸纳水平对经济增长的影响虽然是显著的，但影响程度明显小于绿色金融发展水平较高时的影响程度。

第五部分是对策建议部分（第九章）。本部分从国家、地方政府、金融机构、企业四个层面分别设计了相应对策，具体内容包括：第一，在国家层面，国家统筹设计与完善绿色金融体系，包括完善绿色金融标准体系、政策体系、组织体系、市场体系；第二，在地方政府层面，因地制宜发展绿色金融，具体包括因地制宜制定绿色金融发展规划、制定与完善绿色金融地方支持政策、建立绿色金融地方服务平台；第三，在金融机构层面，发挥金融机构对绿色金融的引导作用，具体包括深化绿色金融发展理念、创新绿色金融产品、完善绿色金融制度建设和运营管理；第四，在企业层面，扩大绿色金融对企业高质量发展的促进作用，企业应主动创新绿色生产方式、提高环境信息披露的主动性与质量、积极发行绿色债券以改善融资期限结构。

三 研究方法

从方法论的角度，本书力图结合研究内容的理论性与研究成果的现实指向性，综合使用归纳总结与逻辑演绎相结合的方法论体系。具体研究方法包括数理模型、实地调研法、PVAR 模型、系统 GMM 模型、调节效应模型、中介效应模型和面板门限模型等。

1. 数理模型

本书构建了理论模型，证明绿色金融对环保企业和污染企业生产经营的影响。首先构建了简化的数理模型，以图形的形式生动地解析了绿色金融对不同企业生产决策的影响，通过烦琐的数理推导从理论层面阐述了绿色金融对经济增长的影响机制，结果表明，绿色金融通过产业结构生态化和绿色技术创新进而推动经济增长。

2. 实地调研法

实地调研法是一种通过实地考察搜集有关问题或现象的资料，并运用科学的统计方法予以分析研究，以了解问题本质，并提出有效建议的研究方法。本书采用实地调研法对我国绿色金融的发展情况进行了深入考察。首先，通过发放问卷和面谈的方式对兴业银行、工商银行、建设银行、农业银行以及中国银行等 21 家金融机构进行了实地调研，获取了各类金融机构当前开展绿色金融的现实情况以及采取的相应政策措施等有关信息；其次，通过发放问卷和电话咨询的方式对80 家环保企业和 200 家污染企业进行了调研，调研结果显示，环保企业在生产资金方面得到的支持有待加强，污染企业的发展受到了银行信贷资金的限制。

3. PVAR 模型

经济理论通常并不足以对变量之间的动态联系提供一个严密的说明，而且内生变量既可以出现在方程的左端又可以出现在方程的右端，使估计和推断变得更加复杂。为了解决这些问题，人们提出了一种用非结构性方法建立各个变量之间关系的面板向量自回归模型（PVAR模型）。本书采用 PVAR 模型挖掘我国的经济增长、绿色金融、人力资本、对外投资、固定资产投资等之间的关系。利用 PVAR 建模，首先要通过 Hausman 检验确定固定效应模型和随机效应模型；而后对 PVAR 模型回归下的解释变量和各个控制变量进行细致分析。结果表明，绿色金融对不同类型的企业经营绩效均具有正向促进作用，但受调节变量和中介变量的影响，绿色金融对各类企业经营绩效的影响具有异质性。

4. 系统 GMM 模型

广义矩估计（GMM）是 Arellano 和 Bond 提出的动态面板模型[1]，以解决变量之间的内生性问题，提高实证分析的有效性。GMM 方法又分为差分 GMM 和系统 GMM，其中差分 GMM 的核心是将水平变量作为差分变量的工具变量进而得到一致估计；而系统 GMM 的核心是将差分方程与水平方程作为一个方程系统，使差分变量和水平变量互为工具变量进行系统估计，从而使参数估计更有效。本书采用系统 GMM 模型检验绿色金融对经济增长的影响，并选择绿色金融、人力资本及市场化水平等内生解释变量的滞后一期项作为工具变量进行回归估计，从结果来看，我国绿色金融的发展已经取得了一定的成效，企业经营绩效明显改善，地区经济增长率和经济增长效率得以提升，但是也有很多问题需要正确对待与适当解决。

5. 调节效应模型

调节效应是交互效应的一种，一般不受自变量和因变量影响，但是可以影响自变量和因变量。本书通过构建调节效应模型检验绿色金融对

---

① Arellano, M., and Bond, S., "Some Tests of Specification for Panel Data: Monte Carlo Evidence and an Application to Employment Equations." *The Review of Economic Studies* 58 (1991): 277 – 297.

企业经营绩效的影响是否受到调节变量的影响，结果显示，以融资约束为调节变量时，绿色金融对重度污染企业经营绩效的影响显著为负，而以绿色技术创新为调节变量时，绿色金融对重度污染企业经营绩效的影响显著为正，二者的综合作用结果亦显著为正，说明绿色金融能够改善企业的经营绩效。

6. 中介效应模型

中介效应模型是温忠麟等提出的[①]，该模型适用于检验解释变量对被解释变量产生影响的内在机制，正是通过这种内在机制，解释变量对被解释变量起到作用。本书通过构建中介效应模型检验绿色金融对经济增长的内在作用机制。具体是根据产业结构生态化和绿色技术创新的发展趋势及特点，对其进行描述性统计以及传导机制分析，最后选择并确定了以产业结构生态化和绿色技术创新为中介变量的中介效应模型。结果显示，绿色金融通过产业结构生态化水平和绿色技术创新水平能够显著促进地区经济增长。

7. 面板门限模型

Hansen 开拓性地提出了面板数据门限回归模型，该模型是将门限变量作为一个未知变量，将其纳入回归模型中建立分段函数，进一步估计和检验各个门限值及门限效应。[②] 面板门限模型无须给定非线性方程的形式，且门限数目由样本数量内生决定，为此可较好地避免人为主观划分带来的偏误。本书分别以产业结构生态化、绿色技术创新为门限变量，采用面板门限模型对绿色金融影响经济增长的异质性进行了深入剖析。结果显示，以产业结构生态化为门限变量时，存在双门限效应；以技术吸纳水平为门限变量时，存在单门限效应。

---

① 温忠麟、张雷、侯杰泰、刘红云：《中介效应检验程序及其应用》，《心理学报》2004年第 5 期，第 614 ~ 620 页。

② Hansen, B. E. "Threshold Effects in Non-dynamic Panels: Estimation, Testing and Inference." *Journal of Econometrics* 93 (1999): 345 – 368.

第五节 主要创新与不足之处

一 创新之处

一是问题选择的创新。本书以现实问题为导向，将研究重点直接指向影响现阶段中国经济高质量增长的重大核心问题。在现阶段，为实现碳达峰、碳中和及美丽中国目标，推动中国经济高质量增长，需要加快中国经济的绿色发展。而绿色金融在推动企业、产业、区域经济增长中发挥着不可替代的重要作用。因此，本书从理论和实证两方面考察绿色金融对我国经济增长的影响机理，并基于经济增长目标提出具有可操作性的对策建议。

二是学术观点和研究视角的创新。本书认为，随着绿色金融的发展，企业监督与环境风险管理等金融功能被凸显出来。绿色金融通过激励企业进行绿色技术创新来推动产业结构生态化与经济高质量增长，而在此过程中，绿色金融对环保企业和污染企业的作用机理并不相同，进而作用于绿色环保产业与污染产业，最终通过影响这两类产业发展从而促进经济增长。从该视角讨论绿色金融影响经济增长的微观机理、传导路径及区域异质性，不仅有助于强化绿色金融对经济增长的促进作用，而且有助于提高企业、产业及区域的绿色发展效率。

二 不足之处

一是在绿色金融影响企业经营决策与经济增长的实证模型设计中，根据被解释变量选取了核心解释变量和控制变量。在现实中，影响企业经营决策与区域经济增长的因素是多种多样的，需要考虑的因素也是方方面面的。如在绿色金融对企业的影响过程中，企业是否开展绿色技术创新，不仅受到企业产权性质、企业规模等因素的影响，也会受到高管团队结构、环境规制、政企关系等因素的影响。同样，在不同绿色金融工具对区域经济增长的异质性影响中，不同地区的环境规制、技术吸纳能力、产业结构均是造成异质性影响的主要因素。本书并未考察上述变量，这虽然与本书想要表述的重点有关，但同时也降低了本书的解释力。

　　二是绿色金融对经济增长的影响机理是一个复杂系统。在现实中，绿色金融将撬动更多的绿色投资，催生出一些新兴绿色产业，进而带动绿色消费的增加，因此，绿色金融也可能通过投资—消费机制推动经济增长。而本书认为绿色金融所引导的投资—消费机制仍然可以被划入绿色产业增长以及所引发的产业结构生态化范畴。此外，在不同绿色金融工具对区域经济增长的异质性影响中，由于数据难以获取，本书并未考察权益类绿色金融工具对区域经济增长的作用效果。

第二章 绿色金融相关概念
与理论基础

概念界定与相关理论为本书的研究奠定了坚实的理论基础。本章主要对绿色金融相关概念和基础理论进行详细介绍。首先对绿色金融、绿色产业、污染产业、产业结构、经济增长等相关概念予以界定。其次，介绍绿色金融和经济增长方面的相关理论，包括外部性理论、庇古税和科斯定理、波特假说、环境库兹涅茨假说等绿色金融理论，古典经济增长、新古典经济增长、内生经济增长等经济增长理论，以及由经济增长引发的与资源耗竭和生态环境恶化问题相关的绿色发展理论。

第一节　相关概念界定

一　绿色金融

绿色金融至今没有形成一个普遍接受的定义，当前的分歧主要体现在支持范畴、实施主体与本质属性等方面（见表 2.1）。但对于绿色金融的服务对象，学界已经达成共识：绿色金融是对环境改善、生态建设、可持续发展提供服务的所有投融资行为的统称。综上所述，本书认为狭义的绿色金融是指银行等金融机构在基于自身可持续发展的同时兼顾环境风险所实施的绿色金融创新和环境风险管理活动。而广义的绿色金融是指一切有助于实现环境改善、提高生态效益、促进可持续发展的金融创新和管理活动，广义的绿色金融囊括了环境金融、低碳金融以及可持续金融活动。它不仅涵盖了狭义的绿色金融，也包括政府、企业等经济主体所采取的有利于促进绿色投融资的金融政策、金融服务、风险管理等有关金融资源的配置活动。

表 2.1　绿色金融的定义

视角		定义
支持范畴	气候金融	气候金融是应对低碳经济及气候变暖的金融策略，也是引导资金流向低碳绿色领域的基础
	环境金融	环境金融是环境经济的关键组成部分，重点探究借助多样化的金融工具维护生物多样性、保护自然环境
	可持续金融	金融可持续发展，即随着经济的持续发展，金融体系处于逐步调整的过程中，进而促使资源实现最优分配，使金融效率得到显著提升，促使金融和经济能够保持健康稳定的发展
实施主体	金融机构	金融机构一方面要考虑自身的可持续发展，另一方面要考虑环境风险，平常的信贷活动中需要对环境因素进行考虑，增加对节能环保项目的投资，减少对污染项目的投资
	政府	绿色金融在微观上涵盖产品的不断创新，在宏观上涵盖政府制定的资源分配机制，如金融规制政策、财政政策及产业规划等
本质属性	金融工具	绿色金融就是丰富和发展各类绿色金融工具，包含绿色信贷、绿色证券、绿色保险以及碳基金、碳远期等
	金融政策	绿色金融本质上属于较为特殊的金融政策，政府及金融单位允许环保类公司拥有相应的优先权，在融资渠道及方式上适当降低约束，从而促进清洁环保企业的可持续发展
	发展战略	绿色金融属于一项比较重要的发展战略，在开展金融业务的过程中，金融业必须坚持可持续发展和保护环境的原则，协助金融业做到可持续发展，推动经济、社会、资源达到协调最优状态

资料来源：王遥、潘冬阳、张笑：《绿色金融对中国经济发展的贡献研究》，《经济社会体制比较》2016 年第 6 期，第 33～42 页；凌欣、鲍文改：《环境金融与生态城市建设》，《中国金融》2016 年第 8 期，第 89～91 页；任辉：《环境保护与可持续金融体系构建》，《财经问题研究》2008 年第 7 期，第 66～70 页；李淑文：《低碳发展视域下的绿色金融创新研究——以兴业银行的实践探索为例》，《中国人口·资源与环境》2016 年第 S1 期，第 14～16 页；杜莉、韩丽娜：《论碳金融体系及其运行架构》，《吉林大学社会科学学报》2010 年第 5 期，第 55～61 页；杜莉、郑立纯：《我国绿色金融政策体系的效应评价——基于试点运行数据的分析》，《清华大学学报》（哲学社会科学版）2019 年第 1 期，第 173～182 页；郑立纯：《中国绿色金融政策的质量与效应评价》，博士学位论文，吉林大学经济学院，2020；樊明太：《建立绿色金融评估机制》，《中国金融》2016 年第 24 期，第 85～94 页。

2016 年，中国人民银行等七部委联合发布《关于构建绿色金融体系的指导意见》，进一步明确绿色金融工具涵盖绿色股票指数、碳金融、绿色基金、绿色保险以及绿色信贷等。本书按照金融工具的属性，将以上绿色金融工具划分为信贷类、证券类、权益类，具体如表 2.2 所示。

表 2.2　绿色金融工具的定义

绿色金融工具		定　义
信贷类绿色金融工具	绿色信贷	绿色信贷是在国家相关部门的指导下，金融机构就信贷结构做出适度的调整，为绿色产业或绿色项目提供必要的资金，对生态环境具有危害性的企业或项目给予一定程度的融资约束
证券类绿色金融工具	绿色证券	绿色证券是指上市企业通过环保机构批准后进行融资和再融资活动。在批准时，环保部门着重检查企业环境绩效表现、披露的信息是否真实，以及进行环保检查等
	绿色保险	绿色保险是指环境污染责任保险，是投保人因为出现污染行为，被有关机构责令赔偿后可获得赔付的一种保险
	绿色基金	绿色基金是指为推动环保项目落实、低碳经济增长等而建立的一种专项投资基金
	绿色股票指数和相关产品	绿色股票指数是根据特定标准对绿色股票进行评选，选取综合评分较高的上市公司为样本，根据其股票价格设计并计算出来的股票指数，用以衡量绿色股票市场的价格走势
权益类绿色金融工具	碳金融	碳金融指为限制温室气体排放等技术和项目的银行贷款、碳排放权交易以及直接投融资等所采取的一种金融活动

资料来源：安同信、侯效敏、杨杨：《中国绿色金融发展的理论内涵与实现路径》，《东岳论丛》2017 年第 6 期，第 92~100 页；邹小芢、胡嘉炜、姚楠：《绿色证券投资基金财务绩效、环境绩效与投资者选择》，《上海经济研究》2019 年第 12 期，第 33~44 页；严湘桃：《对构建我国"绿色保险"制度的探讨》，《保险研究》2009 年第 10 期，第 51~55 页；危平、舒浩：《中国资本市场对绿色投资认可吗？——基于绿色基金的分析》，《财经研究》2018 年第 5 期，第 23~35 页；朱易捷：《我国绿色股票指数发展的研究与思考》，《金融纵横》2018 年第 7 期，第 59~64 页；张伟伟、汪陈：《低碳经济发展的投融资体系建设研究》，《经济纵横》2012 年第 6 期，第 68~71 页。

二　绿色产业

绿色产业是在绿色发展理念指引下产生的一个新生概念，"绿色"

意味着自然的、无污染的状态。"产业"是指能够生产具有密切替代性的产品或服务的企业集合。绿色产业是提供无污染产品的企业集合。早期的研究者将绿色产业界定为在产品生产与消费过程中符合环保要求或实现资源节约的产业总称。[1] 随着绿色发展理念的不断深化与实践活动的开展,学术界对绿色产业内涵的解析也日臻完善,学者们尤为关注绿色技术在绿色产业中发挥的作用,强调产品与服务的绿色标准,并将产品的生产消费过程扩展到全生命周期。[2] 综合上述研究成果,本书指出,狭义的绿色产业实际上就是环保产业。而广义的绿色产业指的是在产品的全生命周期过程中贯穿绿色发展理念,注重采用绿色技术进行环境问题的"末端治理",提供与新能源开发、污染物控制和治理有关,或符合能源资源节约及生产效率提高的生产和服务,实现低能耗、低污染、低排放的企业集合。

三　污染产业

污染产业是与环保产业相对应的概念,目前对污染产业进行内涵界定的文献寥寥无几,其中,唐湘博和刘长庚的研究是最具有代表性的,他们认为污染产业指的是生产设备和工艺落后,产生的污染物较多,且对环保产生一定侵害的企业的总称。[3] 现有文献更加关注环保产业的具体产业构成。本书对污染产业划分标准、划分依据及产业构成的相关文献进行了梳理,具体结果如表 2.3 所示。

从表 2.3 可以看出,学者们主要依据污染削减成本、污染排放强

---

① 刘景林、隋舵:《绿色产业:第四产业论》,《生产力研究》2002 年第 6 期,第 15 ~ 18 页;马林:《内蒙古绿色产业体系构建的基本思路》,《中国人口·资源与环境》2004 年第 6 期,第 5 ~ 10 页。

② 裴庆冰、谷立静、白泉:《绿色发展背景下绿色产业内涵探析》,《环境保护》2018 年第 Z1 期,第 86 ~ 88 页;毛蕴诗、Korabayev Rustem、韦振锋:《绿色全产业链评价指标体系构建与经验证据》,《中山大学学报》(社会科学版)2020 年第 2 期,第 185 ~ 195 页。

③ 唐湘博、刘长庚:《湘江流域重污染企业退出及补偿机制研究》,《经济纵横》2010 年第 7 期,第 107 ~ 110 页。

度、污染排放规模、污染密集指数等标准去鉴别污染产业构成。尽管文献中的划分依据相同，但由于指标选取的计算方法、数据区间的不同，污染产业的划分结果存在显著差异。赵细康、王丽萍等进一步细分了污染产业类型，将其划分为轻度、中度、重度等不同的类别。[①]

表 2.3　污染产业的划分标准及其结果

分类方法	依据	主要行业类别	学者
污染削减成本	污染削减成本占生产总成本的 1.85% 以上的企业归为重度污染产业	C25、C26、C28、C30、C31、C32	Tobey
	污染控制成本支出占总销售额的比重大于 1% 的产业归为重度污染产业	C17、C22、C26、C28、C30、C31、C32	Low 和 Yeat
污染排放强度	产业的污染物排放强度	C22、C26、C33、C30	Lucas 等
	根据工业"三废"排放量计算出总污染排放强度系数（γ_i）： $\gamma_i \geq 0.3278$，为重度污染产业； $0.2 < \gamma_i < 0.3278$，为中度污染产业； $\gamma_i \leq 0.2$，为轻度污染产业	重度污染产业：C44、C30、C31、C25、C26、C32 中度污染产业：C17、C27、C14、C15、C18 轻度污染产业：C38、C33、C19、C29、C23	赵细康
	根据工业"三废"和 SO_2 排放系数计算出污染排放强度（P）： $P \geq 1.0$，为重度污染产业； $0.3654 \leq P < 1.0$，为中度污染产业； $0.2 \leq P < 0.3654$，为轻度污染产业； $P < 0.2$，为清洁产业	重度污染产业：C25、C26、C30、C31、C32、C44 中度污染产业：C6、C26、C29 轻度污染产业：C15、C28、C25 清洁产业：C29、C16	王丽萍等
污染排放规模	重度污染产业指大气污染物在各工业部门总排量中的占比大于 6%	C22、C26、C28、C23、C25	Bartik
	重度污染产业即累计排放的挥发性有机污染物（VOC）在所有产业 VOC 总量中的比重超过 60%	C22、C26、C29、C33、C23、C31	Randy 和 Henderson

---

① 赵细康：《环境保护与产业国际竞争力——理论与实证分析》，中国社会科学出版社，2003；王丽萍、李淑琴、李创：《环境信息披露质量对企业价值的影响研究——基于市场化视角的分析》，《长江流域资源与环境》2020 年第 5 期，第 1110 ~ 1118 页。

分类方法	依据	主要行业类别	学者
污染密集指数	根据工业"三废"排放总量测算产业污染指数，如果某一产业的该项指数超过0.08便是重度污染产业	C44、C31、C17、C26、C22、C9、C30、C25、C14、C28	仇方道和顾云海

注：污染排放强度 = 单位工业产值的污染物排放量；污染排放规模 = 各产业污染物排放量占研究区该污染物排放总量的比重。煤炭开采和洗选业（C6），石油和天然气开采业（C7），黑色金属矿采选业（C8），有色金属矿采选业（C9），非金属矿采选业（C10），开采专业及辅助性活动（C11），其他采矿业（C12），农副食品加工业（C13），食品制造业（C14），酒、饮料和精制茶制造业（C15），烟草制品业（C16），纺织业（C17），纺织服装、服饰业（C18），皮革、毛皮、羽毛及其制品和制鞋业（C19），造纸及纸制品业（C22），印刷和记录媒介复制业（C23），石油、煤炭及其他燃料加工业（C25），化学原料及化学制品制造业（C26），医药制造业（C27），化学纤维制造业（C28），橡胶和塑料制品业（C29），非金属矿物制品业（C30），黑色金属冶炼及压延加工业（C31），有色金属冶炼及压延加工业（C32），金属制品业（C33），通用设备制造业（C34），电气机械及器材制造业（C38），计算机、通信和其他电子设备制造业（C39），仪器仪表制造业（C40），电力、热力生产和供应业（C44），燃气生产和供应业（C45）。

资料来源：Tobey, J. "The Effects of Domestic Environmental Policies on Patterns of World Trade: An Empirical Test." *Kyklos* 43（1990）: 191 – 209; Low, P., and Yeat, A. "Do Dirty Industries Migrate? International Trade and the Environment." Word Bank Discussion Papers, 1992; Lucas, R., Wheeler, D., and Hemamala, H. "Economic Development, Environmental Regulation, and the International Migration of Toxic Industrial Pollution 1960 – 1988." Washington D. C.: World Bank Working Paper, 1992, No. 1062; 赵细康：《环境保护与产业国际竞争力——理论与实证分析》，中国社会科学出版社，2003；王丽萍、李淑琴、李创：《环境信息披露质量对企业价值的影响研究——基于市场化视角的分析》，《长江流域资源与环境》2020 年第 5 期，第 1110 ~ 1118 页；Bartik, T. J. "The Effects of Environmental Regulation on Business Location in the United States." *Growth and Change* 19（1988）: 22 – 44; Randy, B., and Henderson, V. "Effects of Air Quality Regulations on Polluting Industries." *The Journal of Political Economy* 18（2000）: 379 – 421; 仇方道、顾云海：《区域经济与环境协调发展机制——以徐州市为例》，《经济地理》2016 年第 6 期，第 1022 ~ 1025 页。

四　产业结构

产业结构即国民经济各产业之间、内部的构成以及各产业对于总体业态的比重及相互间的发展对比情况。产业结构对经济增长具有重要作用，是其中较为关键的一环，产业结构变动直接影响经济的增长。[①]　通常而言，

---

① 苏东水：《产业经济学》，高等教育出版社，2000，第 223 页。

产业结构的变动指的是产业结构从初级逐渐转化为高级的环节，是产业结构生态化、高级化以及合理化的过程。产业结构优化升级不但为现代经济实现可持续发展提供重要的推动力量，还使资源能够得到科学的、合理的配置，使资源的使用效率得到显著的提升。根据研究需要，本部分将重点介绍产业结构生态化的概念。

产业结构生态化是仿照自然生态的循环体系，构建一种资源消耗低、环境污染少的产业结构，在使资源得以高效循环利用的同时将污染产业可能造成的环境负担减轻到最小的限度。[①] 产业结构生态化要求排放少、环保、节约、高效率运用资源的产业实现平稳推进；高污染产业的发展得到有效抑制，进而促进产业结构向着环保产业方向演进，最终实现整体经济的可持续发展。产业结构生态化不但是一个过程，还是一个结果。实现产业结构生态化不但要求产业结构和区域资源结构能够保持协调发展，还需要对已有的自然条件和资源进行合理的利用，进而取得比较利益，从而使区域能够实现协调发展。此外，各产业类型组成要足够合理，减少污染物，积极推进环保产业发展，逐步降低"两高"产业的比重，在此基础上，可以实现可持续发展以及良性循环。

五　经济增长

1. 经济增长的内涵

经济增长是一个国家和地区长期关注的经济发展问题，理论界一直致力于经济增长的研究。刘易斯认为经济增长便是"国家人均产出实现提升"，库兹涅茨认为经济增长是"实现居民一系列物质及能力需求后，达到的一种提升状态"。在此基础上，学者们在分析经济增长时，通常考虑某国及某地产出量，认为经济增长是产出量的提升。萨缪尔森

---

① 刘力、郑京淑：《产业生态研究与生态工业园开发模式初探》，《经济地理》2001 年第 5 期，第 620～623 页；郭付友、佟连军、刘志刚、赵海杰、侯爱玲：《山东省产业生态化时空分异特征与影响因素——基于 17 地市时空面板数据》，《地理研究》2019 年第 9 期，第 2226～2238 页。

认为经济增长即为一国原有的生产可能性边界逐渐移动到外围，这一过程中，国民产出及国内生产规模均会扩大。① 朱靖和黄寰认为，经济增长涵盖两类内容：一类是物质产品及服务规模出现扩大；另一类是人均产出有所增加，该指标也能看出经济增长幅度。② 由此看出，经济增长一般是指一国或地区人均产出和收入的增加，是一个偏重经济数量变化的量。事实上，经济增长不仅涉及人均产出及总规模，也涵盖增长速度及效率。特别是随着经济逐步从高速发展阶段过渡到高质量发展阶段，经济增长效率逐渐成为社会各界关注的焦点。何立峰认为，经济增长效率是在兼顾系统性、动态性和长期性的前提下，实现更富效率、公平、可持续和高质量的发展。③ 逄锦聚等强调，经济增长是技术创新水平的提升、经济发展方式的优化以及国民经济质量的提高。④ 赵文军和葛纯宝指出，经济增长是一个国家在既定时间跨度内，根据生态环境状况及资源禀赋条件，实现产出水平的持续提升。⑤ 谢地认为，在提升经济增长效率的过程中，技术创新驱动必不可少。⑥

　　本书所界定的经济增长是指一个国家或地区在既定的时间跨度内，根据各地区的资源禀赋及区位条件，在生态环境不断恶化的前提下，实现产出水平和增长质量的持续提升。经济增长不仅仅要体现经济增长数量的增加，更要体现经济增长效率的提高，要涵盖经济增长总量、经济增长速度以及经济增长效率等方面的内容。在对经济增长数量进行度量

---

① 〔美〕保罗·萨缪尔森、威廉·诺德豪斯：《经济学》，萧琛等译，华夏出版社，1999。

② 朱靖、黄寰：《自然灾害与经济增长之辨析》，《西南民族大学学报》（人文社会科学版）2014 年第 6 期，第 135～140 页。

③ 何立峰：《深入贯彻发展理念，推动中国经济迈向高质量发展》，《宏观经济管理》2018 年第 4 期，第 4～5 页。

④ 逄锦聚、林岗、杨瑞龙、黄泰岩：《促进经济高质量发展笔谈》，《经济学动态》2019 年第 7 期，第 3～19 页。

⑤ 赵文军、葛纯宝：《我国经济增长方式变化特征及其成因》，《财贸研究》2019 年第 11 期，第 14～25 页。

⑥ 谢地：《坚持和完善社会主义基本经济制度推动我国经济高质量发展》，《政治经济学评论》2020 年第 1 期，第 81～88 页。

时，以不变价格计算的国内生产总值或人均国内生产总值的变化来描述；在对经济增长效率进行测算时，要以各地区全要素生产率的动态变化来描述，即体现技术进步在经济增长过程中的重要性。

2. 区域经济增长的内涵

区域属于多层次、多层面以及相对性很强的概念，很早的时候就在地理学中得到运用，且始终是地理学研究的中心。区域概念的界定最早是基于经济学的角度提出来的，1922 年，《全俄中央执行委员会直属俄罗斯经济区划问题委员会拟订的提纲》对区域进行界定，提出区域指的是国家一个特殊的经济上尽可能完整的地区。[①] 随后，学术界对区域的概念展开了热烈的讨论，其中具有代表性的观点来自艾德加·M. 胡佛，1970 年他指出区域是基于制定政策、计划以及描述等目的而作为一个应用性整体进行考虑的地区，且在划分的时候根据内部的功能一体化以及同质性原则做出科学的划分。国内学者也纷纷研究区域概念，陈栋生指出，在区域经济理论中，区域没有详细的划分标准。[②] 魏后凯指出，区域指的是结合一定的原则和目的划定的地球表面范围的空间，是根据社会、经济、自然等方面的内聚力进行界定的，且具备独立结构，可以使整体功能得以充分发挥出来。[③] 综合已有研究，区域应是指包括经济、社会与生态环境三个子系统等诸多要素在内的物质载体，是一个空间地理单元和行政单元的复合体。

结合市县尺度、省区尺度、地带尺度和国际尺度等不同的规模和空间尺度，区域可以分成多个层次的区域单元。[④] 表 2.4 是国内目前的区域分类。地带尺度也是在国家和省区之间的一种尺度，在进行分类时通

---

① 张庆杰、申兵、汪阳红、袁朱、贾若祥、欧阳慧：《推动区域协调发展的管理体制及机制研究》，《宏观经济研究》2009 年第 7 期，第 9～19 页。

② 陈栋生：《理所当然，势所必然——论社会主义市场经济的抉择》，《中国物资经济》1993 年第 3 期，第 3～4、7 页。

③ 魏后凯：《现代区域经济学》，经济管理出版社，2006。

④ 王桂新：《中国人口分布与区域经济发展》，华东师范大学出版社，1997。

常采取两分法或三分法，这也是现阶段普遍采取的区域划分模式，是我国政府机构确立宏观管控方针的重要参考，按照上述方法划分出的区域单元能够反映中国经济增长差异的梯度特征。本书将主要采用地带尺度的三分法、省区尺度对区域单元进行划分和考察。区域经济增长即指一个区域内的经济总量的增加以及经济增长效率的提升。

表 2.4　我国区域单元的主要划分方法

划分方法	区域单元
地带尺度	两分法：沿海地区和内陆地区
	三分法：东部地区、中部地区、西部地区
	六分法：华北地区、东北地区、华东地区、中南地区、西南地区和西北地区
	经济协作区的六分法：东北经济区、黄河流域经济区、长江流域经济区、南方经济区、新疆区和西藏区
	七分法：远西、北部腹地、南部腹地、中部核心、北部沿海、东部沿海和南部沿海地区
省区尺度	以省、自治区、直辖市等行政单元划分，每一个省区市作为一组
市县尺度	按县级行政单元进行划分，每一个地级市作为一组
经济圈	长三角、珠三角、环渤海、京津冀等经济圈

资料来源：根据相关文献整理而得。

第二节　理论基础

一　绿色金融理论

1. 外部性理论

在解释环境治理问题的过程中，非常重要的一个基础理论就是外部性理论。外部性即为每一个经济主体做出的经济行为及实现的收益并不完全匹配。具体而言，经济主体 A 做出的经济行为会影响经济主体 B 所要实现的收益，既可能产生正向作用，也可能产生负向作用，且该作用无法借助交易达到某种均衡性，所以两个主体最终实现的收益不一致。外部性问题是市场失灵、整体效率不高的关键根源。外部性促使边际私人成本和边际社会成本不对等，边际私人收益与边际社会收益发生一定程度的偏离，进一步造成私人供给总量与社会需求总量之间出现不对称状况，导致市场配置功能失效。边际私人成本与边际私人收益是指个别经济主体增加一单位生产要素所需增加的成本与可获取的收益。边际社会成本和边际社会收益是指从社会总体来看，平均增加一单位生产要素所产生的成本及可获取的收益。通常情况下，如果不存在外部性问题带来的影响，边际私人成本和收益以及与之相对应的边际社会成本和收益是完全相同的。如果外部性为正，此时外部性主体带来的边际私人成本大于边际社会成本，而边际私人收益小于边际社会收益，与此同时，私人供给量减少，将不能有效满足社会总需求量。相反，如果外部性为负，此时外部性主体带来的边际私人成本小于边际社会成本，而边际私人收益大于边际社会收益，私人供给量将会增加，超过社会总需求量。显然，外部性的存在将会导致市场无法正常发挥其资源配置的功能，社会总供给量与总需求量严重失衡。

2. 庇古税和科斯定理

1920 年，由庇古（Pigou）提出的庇古税是解决外部性的重要方案之一。[1] 庇古认为，当私人活动对他人产生了负的外部性时，将会造成边际私人成本过低，在整个社会，总供给量相对更多。针对该类情况，政府需要对私人采取必要的征税制度，借助征税尽可能平衡社会及私人成本，维持一种相对均衡状态，促使私人供给成本增加，供给量下降，直至社会总供给量等于社会总需求量。反之，如果产生的外部性属于正向的，那么，边际私人成本就会比较高，私人产品供给意愿下降，使得社会总供给无法满足总需求。在这种状况下，政府有必要及时进行补

---

① 〔英〕阿瑟·塞西尔·庇古：《福利经济学》，朱泱、张胜纪、吴良健译，商务印书馆，2020。

贴，使边际社会收益高出边际私人收益的部分能够得到弥补，从而使私人供给意愿提高，社会总供给增加，社会总需求得以满足。按照庇古税的解决方案，绿色生产企业应该得到政府补贴，以弥补其边际私人收益低于边际社会收益的部分；工业排放企业应缴纳碳排放税，以提高其边际私人成本并使之等于边际社会成本。①

针对庇古理论，科斯（Coase）提出了以下质疑：首先，外部效应的影响往往不是单向的，很多是双向的，即使是单向影响，也涉及影响的时效性问题；其次，在交易费用为零、产权清晰的前提下，市场交易和自由协商能够实现资源的合理配置，在这种情况下不需要政府采取庇古税方案；最后，如果在具体交易中存在费用，且政府干预的程度过高时，庇古税方案便不是解决外部性的最佳方案。科斯认为，产权不明晰是产生外部性的根源，由此提出在明确产权的前提下，引入交易费用来解决外部性问题的一整套思路。② 施蒂格勒（Stigler）总结并归纳了科斯理论，经过一系列论证提出了科斯定理。③ ①科斯第一定理。如果交易中产生的费用极低，趋近于无交易费，同时在一开始就明确规定产权，并且不限制自由交易，那么，资源配置效率和产权初始分配之间是毫无联系的，随着市场机制的影响，此时一定会达到帕累托最优状态。②科斯第二定理。假设交易中一定存在费用，此时怎样确定产权将对资源投向产生至关重要的影响，效率也会存在明显差异，借助制度调整作用于资源投向，可优化整体的运用效率，逐步将外部效应内部化。③科斯第三定理。以第二定理为基础，进一步明确制度也存在成本，所有交易均依赖资金投入，因此均存在成本，最优的产权体系便是使交易费用达到最低的清晰的产权界定。

---

① Barro, R. J., and Sala-I-Martin, X. "Technological Diffusion, Convergence, and Growth." *Journal of Economic Growth* 2 (1997): 1 - 26.

② Coase, R. H. "The Problem of Social Cost." *Journal of Law & Economics* 3 (1960): 1 - 44.

③ Stigler, G. J. "The Economics of Information." *Journal of Political Economy* 69 (1961): 213 - 225.

作为自由市场经济的支持者，科斯教授明确了产权与交易费用对国家经济运行的影响和作用，深度剖析了市场失灵与政府干预之间的关系，市场失灵并不是政府干预的前提。在这一背景下，为高效地应对市场失灵产生的一系列问题，可采取政府干预和其他可行的措施。科斯定理也存在一定的局限性，即对于某些发展中国家而言，市场化水平有限，最不能忽略的就是自由协商交易费用问题，因此科斯定理并不能完全适用，而且在法治不健全、信用体系不完善的国家进行自由协商的交易费用将远超边际社会成本。自由协商的前提是产权可以界定，例如包括环境污染在内的很多外部性情况都存在难以界定产权或界定成本过高的问题。

3. 波特假说

经济学中存在很多的观点争论，在环境治理的经济作用效果上同样存在。传统的环境经济学认为，保护环境更多地体现为成本的支出特性，从而不利于经济增长。但20世纪90年代，经济学者波特（Porter）提出了环境管理对经济效益作用的不同观点，认为如果实行严格的环境保护政策，将带动环保方面的技术更新换代、促进绿色技术创新，产生的收益能够掩盖成本，所以能实现一定的净收益，并稳步提升公司整体的竞争实力，该观点逐步发展成环境保护政策中比较著名的"波特假说"。[1] 制定严格的环保政策，将会引导企业做好绿色技术创新活动，通过创新产生的补偿效应，不仅可以解决环境污染问题，而且可以稳步提升产品质量，缩减成本支出，提高生产率。从短期来看，严格的环保政策将会提高企业的生产成本。然而度过短期成本提升阶段后，从长期及企业的发展趋势来看，将产生知识外溢效应，通过向同行学习新技术，环保政策所产生的正向效应会逐步显现并得以延伸，技术更新产生的收益也能覆盖企业由此增加的成本。从长期来看，公司一直致力于怎样处理污染物，在技术和方法上的熟练度也将提升，这能

---

[1]　Porter, M. E. "America's Green Strategy." *Scientific American* 264 (1991): 1 - 5 + 68.

够稳步减小环保支出的总成本；通过产品补偿及过程补偿，换言之，借助创新渠道提高产品整体质量，可以实现更优的生产力，减少研发及生产成本。环境条件的改善可促使整体工作效率的优化，较好的环境质量也可为招揽人才提供必要的基础，吸引外资流入，并进一步降低公司的总体成本。

4. 环境库兹涅茨假说

经济高速增长的同时，环境问题随之成为全球广泛关注的话题，人们逐渐开展对二者关系的研究。梅多斯（Meadows）等首次提出"增长的极限"理论，认为环境承载能力存在阈值，随着资源的不断消耗、污染的日益加剧，经济增长存在极限，所以倡导国家及地方合理把控经济增速，营造良好的生态环境。[①] 支持这一观点的学者认为，资源和环境对经济增长存在抑制作用，经济增长和环境质量不存在双赢。[②] 然而，上述学者的观点忽略了技术进步和制度创新对资源有效配置的影响。索洛（Solow）指出，经济增长是要素投入数量增加和要素生产率提高的综合作用结果，生产率的提高则取决于技术进步和制度创新。[③] 资源和环境会对经济增长产生一定约束，随着资源的大量消耗，经济增长难以维持高水平的要素投入数量，而技术进步不存在数量约束，且可以通过提高生产率打破经济增长的极限，使经济增长与环境质量实现双赢成为可能。部分学者在 Meadows 模型和 Solow 模型中加入技术创新这一因

① Meadows, D. H., Meadows, D. L., Randers, J., and Behrens, W. W. *The Limits to Growth* (New York: Universe Books, 1972).

② Forster, B. A. "A Note on Economic Growth and Environmental Quality." *The Swedish Journal of Economics* 74 (1972): 281–285; Myrdal, G. *Against the Stream: Critical Essays on Economics* (New York: Pantheon Books, 1973); Hueting, R. *New Scarcity and Economic Growth: More Welfare through Less Production?* (North-Holland Publishing Company Amsterdam, 1980); Daly, H. E. "Toward Some Operational Principles of Sustainable Development." *Ecological Economics* 2 (1990): 1–6; Pearce, D., Barbier, E., and Markandya, A. *Sustainable Development: Economics and Environment in the Third World* (Routledge, 2013).

③ Solow, R. M. "Technical Change and the Aggregate Production Function." *The Review of Economics and Statistics* 39 (1957): 312–320.

素，提出经济增长不会面临资源环境约束产生的极限。①

　　在明确技术创新可以缓解资源环境对经济增长约束的基础上，部分学者提出经济增长是优化环境的重要途径。② 其中，Grossman 和 Krueger 发现环境质量会随着经济增长而降低，达到一定水平后，又会随着经济的发展而得到改善。③ Panayotou 进一步将其认定为环境库兹涅茨曲线（Environment Kuznets Curve，EKC）。④ Kuznets 指出收入分配随经济发展变化而不断调整的库兹涅茨曲线，即经济增长时，收入分配呈现先升后降的趋势，呈现明显的倒"U"形关系。⑤ EKC 假说提出后，得到了国内外学者们的广泛关注。⑥ Grossman 和 Krueger 认为，经济增长对环境的影响具有规模、技术、结构三类效应，规模效应表现为经济产出扩张带来的资源消耗和污染加剧，技术及结构效应将促进技术进步及产业升

---

①　Nordhaus, W. D. "World Dynamics：Measurement without Data." *The Economic Journal* 83 (1973)：1156 – 1183；Stiglitz, J. "Growth with Exhaustible Natural Resources：Efficient and Optimal Growth Paths." *The Review of Economic Studies* 41 (1974)：123 – 137.

②　Beckerman, W. "Economic Growth and the Environment：Whose Growth? Whose Environment?" *World Development* 20 (1992)：481 – 496；Bhagwati, J., and Srinivasan, T. N. "Trade and the Environment：Does Environmental Diversity Detract from the Case for Free Trade?" *The American Enterprise* 4 (1995)：42 – 49；Cole, M. A., Rayner, A. J., and Bates, J. M. "The Environmental Kuznets Curve：An Empirical Analysis." *Environment and Development Economics* 2 (1997)：401 – 416.

③　Grossman, G. M., and Krueger, A. B. "Environmental Impacts of a North American Free Trade Agreement." National Bureau of Economic Research, 1991.

④　Panayotou, T. "Empirical Tests and Policy Analysis of Environmental Degradation at Different Stages of Economic Development." International Labour Organization, 1993.

⑤　Kuznets, S. "Economic Growth and Income Inequality." *American Economic Review* 45 (1955)：1 – 28.

⑥　Farhani, S., Chaibi, A., and Rault, C. "CO_2 Emissions, Output, Energy Consumption, and Trade in Tunisia." *Economic Modelling* 38 (2014)：426 – 434；Zhang, B., Wang, B., and Wang, Z. "Role of Renewable Energy and Nonrenewable Energy Consumption on EKC：Evidence from Pakistan." *Journal of Cleaner Production* 156 (2017)：855 – 864；朱平辉、袁加军、曾五一：《中国工业环境库兹涅茨曲线分析——基于空间面板模型的经验研究》，《中国工业经济》2010 年第 6 期，第 65～74 页；王勇、俞海、张永亮、杨超、张燕：《中国环境质量拐点：基于 EKC 的实证判断》，《中国人口·资源与环境》2016 年第 10 期，第 1～7 页；张欣、廖岚琪、唐赛：《我国环境库兹涅茨曲线检验与影响因素分析》，《统计与决策》2020 年第 13 期，第 72～76 页。

级，由此促使生态环境改善。[1] 经济发展初期，人类对生存的追求远高于对环境保护的重视，因此通过不断加大对环境资源的占有来发展经济。此时，资源消耗和污染增加的规模效应更突出，大于技术进步以及环境管制等对环境的改善作用。人类的物质生活水平达到一定高度后，对高质量环境的需求也会增加，因而会采用清洁、高效的生产技术。此时经济结构向技术密集型产业、清洁产业转型，结构及技术效应将大于规模效应，对改善环境质量产生一定助力，形成更优的生态环境。

环境库兹涅茨曲线表明经济增长最终会改善环境质量，然而环境污染问题无法通过经济增长自发解决，政府必须参与其中并制定合理的环境保护政策。[2] 同时，因各区域发展存在不平衡性，各地区环境库兹涅茨曲线的拐点也存在差异。[3] 不同区域需要实行差异化的环境政策，因地制宜地实现经济增长与环境保护的双赢。[4] 环境库兹涅茨曲线也是环保政策推动经济增长与环境质量提升实现双赢的理论依据。

二 经济增长理论

1. 古典经济增长理论

18 世纪 60 年代，随着欧洲部分发达国家开始进行第一次工业革命，经济增长理论随之诞生。其中以马尔萨斯（Malthus）、大卫·李嘉图（Ricardo）、亚当·斯密（Smith）等人为代表的研究劳动、产出和资本之间关系的古典经济增长理论是其重要组成部分。1776 年，亚当·斯密在其著作《国富论》中提出了著名的资本积累和劳动分工理论，

---

[1] Grossman, G. M., and Krueger, A. B. "Economic Growth and the Environment." *The Quarterly Journal of Economics* 110 (1995): 353 – 377.

[2] 杨林、高宏霞：《经济增长是否能自动解决环境问题——倒 U 型环境库兹涅茨曲线是内生机制结果还是外部控制结果》，《中国人口·资源与环境》2012 年第 8 期，第 160 ~ 165 页。

[3] 高宏霞、杨林、付海东：《中国各省经济增长与环境污染关系的研究与预测——基于环境库兹涅茨曲线的实证分析》，《经济学动态》2012 年第 1 期，第 52 ~ 57 页。

[4] 臧传琴、吕杰：《环境库兹涅茨曲线的区域差异——基于 1995 ~ 2014 年中国 29 个省份的面板数据》，《宏观经济研究》2016 年第 4 期，第 62 ~ 69、114 页。

且系统地研究了经济增长的原因。通过其研究，可以知道劳动分工理论是指：劳动者数量和劳动生产率都可以推动经济的发展，在经济发展过程中，发挥作用更加显著的一个因素就是劳动生产率。劳动生产率的提升主要取决于专业化分工，可以概括为三点：一是专业化分工能够提升劳动者的操作技能，操作技能的提升有助于提高劳动生产率；二是专业化分工有助于减少劳动者在不同工作上的转换，进而增加劳动者的有效工作时间，减少无效工作时间；三是部分机械发明使劳动变得更加简洁，减少了劳动量，最终使劳动生产率得以提高。① 另外，将劳动中出现的剩余价值通过再生产转化为资本，实现资本的扩大再生产，进而促进经济的增长，这是资本积累理论的基本内容。② 劳动分工理论和资本积累理论为后续经济增长理论奠定了基础。

马尔萨斯主要通过人口增长来解释经济发展。他在 1798 年的《人口原理》一书中指出，人口增长遵循几何级数，而生活资料只能以算术级数展开。结果表明，人口增长超过了基本必需品的供应，可以通过晚婚、节育、战争、瘟疫等方式来抑制。③ 按照这一理论提出的观点，在经济快速发展时，发展中国家的人均收入水平也会不断提升，导致诸如人口快速增长等现象的出现，而新增加的人口消化掉了新增加的人均收入，导致经济水平不会有显著发展甚至退回到原有水平。破解这一困局的最好方法是扩大投资规模，进而实现人均收入增长的速度超过人口增加的速度。深受《国富论》的影响，1817 年，大卫·李嘉图出版了《政治经济学及赋税原理》一书，在书中他指出，利润对经济增长发挥着重要的作用。但是，如果能够使劳动力数量增加，或者是使劳动生产率改善，那么利润也会随之增加。④

综上所述，该理论在分析经济增长的过程中，重点使用静态观点。

① 〔英〕亚当·斯密：《国富论：上卷》，郭大力、王亚南等译，商务印书馆，2014。
② 〔英〕亚当·斯密：《国富论：下卷》，郭大力、王亚南等译，商务印书馆，2014。
③ 〔英〕马尔萨斯：《人口原理》，朱泱、胡企林、朱和中译，商务印书馆，1992。
④ 〔英〕大卫·李嘉图：《政治经济学及赋税原理》，周洁译，华夏出版社，2005。

首先，技术进步在经济增长中起到的重要作用没有得到重视；其次，高度重视经济增长过程中资本积累的作用，因此得出了"经济增长不可持续"的悲观结论。但与此同时，古典经济增长理论也注意到自然资源的有限性与特殊性，认识到资本、社会分工等对劳动生产率的提升作用。

2. 新古典经济增长理论

随着经济学家对古典经济学研究结论的质疑，经济学开始步入以边际效用价值理论和边际分析方法为标志的新古典经济增长理论阶段，该理论的主要代表人物有阿尔弗雷德·马歇尔（Alfred Marshall）、罗伯特·索洛（Robert Solow）等。其中，罗伯特·索洛在 1956 年构建了著名的索洛经济增长模型，该模型引入了总生产函数，它是新古典经济学理论分析的逻辑起点。

根据索洛经济增长模型，储蓄率仅具有水平效应，而不具有发展效应。它对生产增长有短暂影响，人均产出增长完全取决于技术变革的步伐。[①] 在实际过程中，索洛经济增长模型对经济增长和不同国家间经济绩效差异具有很好的解释性。在索洛经济增长模型这个经济核算框架内，经济增长需要近因（Proximate Cause）推动，即包括物质资本、技术进步等在内的要素投入，而地理位置、市场结构和组织方式等因素则是富裕国家能够采用先进生产技术、投入更多固定资产和解释人力资本推动经济增长的原因。20 世纪 80 年代，英国经济学系阿尔弗雷德·马歇尔出版了《经济学原理》一书，在书中他指出，推动经济加快增长的动力除了劳动力和资本等要素的增加外，生产技术水平的提升也可以起到相同作用。[②] 虽然马歇尔学说提到生产技术水平对经济增长的重要性，但未对生产率进行研究，仍然认为有限的资源将阻碍经济的增长。

综上所述，新古典经济增长理论对全要素生产率进行了系统阐述和

---

① Solow, R. M. "A Contribution to the Theory of Economic Growth." *Quarterly Journal of Economics* 70 (1956): 65 - 94.

② 〔英〕阿尔弗雷德·马歇尔：《经济学原理：上卷》，朱志泰译，商务印书馆，1983。

研究，形成了两点认识：一是将全要素生产率看作外生的技术进步，它是指经济增长中无法由要素投入解释的部分；二是人均产出的持续性增长需要依靠技术进步，这是造成该国贫富差距的最大原因。[①]但是，将技术变化作为研究经济增长影响的外生变量是新古典经济增长理论的不足之处。

古典经济增长理论和新古典经济增长理论之间存在显著的差异性，其中最为突出的差异表现在，后者在外生技术进步变量中引入了生产函数这一要素，并且进一步分析了经济增长动力。即使如此，新古典经济增长理论还是存在一些问题，尽管提出了技术进步率是外生的，但并未分析技术进步的原因。边际生产率递减规律认为，在技术不变的前提下，简单增加资本并不会导致产品的产出数量持续增加，即产品的产出数量是存在上限的。虽然该理论对经济增长现象能够进行科学合理的解释，但并不能清楚地解释不同国家的技术创新水平为什么会存在较大差异。

3. 内生经济增长理论

20 世纪 80 年代中期，随着世界经济的发展，内生经济增长理论登上历史舞台，它以"内生技术变化"为核心，同时该理论将技术进步变量内生化，将产业政策、市场环境等因素联系起来探究经济增长和经济绩效。内生经济增长理论认为，经济长期增长的关键因素是内生技术进步而非外部推力。内生经济增长理论不像新古典经济增长理论那样有能被多数人接受的基本模型，但是它们的核心观点，即经济可以实现内生增长却是一致的。根据内生经济增长理论的一般性结论，在人口增长的经济体系中，单位工人的生产率和资源以技术进步的速度增长，而生产增长率等于劳动力人数的增长率加上技术进步的速度。换句话说，技术进步推动了长期经济发展，同时是生产效率提升的内在保证。内生经

---

① Diamond, P. "A National Debt in a Neoclassical Growth Model." *The American Economic Review* 5 (1965): 1126 – 1150.

济增长理论认为劳动力不仅包括劳动力的绝对投入数量，而且包括劳动力的个人素质和整体素质，包括受教育水平、技能水平以及劳动力之间的相互协作能力等。人力资本不仅体现了劳动力数量，更加注重劳动力的质量，在内生经济增长理论的生产函数中，它也作为自变量。内生经济增长理论的基本模型是保罗·罗默（Paul M. Romer）的知识溢出模型和罗伯特·卢卡斯（Robert Lucas）的人力资本溢出模型。

罗默于1986年提出的知识溢出模型，将发展的驱动因素分为四个变量：资本、新知识、人力资源和非技术性劳动。新知识是发展的最重要因素，具有外溢性，使得生产呈现规模收益递增趋势。罗默指出，知识和技术进步才是经济可持续增长的核心，经济系统中的创新活动使得知识能够成为商品，而知识商品的生产成本只是知识的开发成本，知识可以被反复使用，无须追加额外的生产成本。[1] 根据卢卡斯在1988年提出的人力资本溢出模型，经济发展的真正根源是人力资本的积累，而人力资本的积累主要体现在两种选择上：一种选择是正规学校和非正规学校；另一种选择是在实际制造过程中边做边学，劳动力即使没有接受学校正规教育，通过工作岗位中的实际训练和实践经验也能够促进人力资本的积累。[2] 卢卡斯把人力资本视为索洛模型中技术进步的一种形式，人力资本外溢是经济外部性的根源。向他人学习或相互学习体现了人力资本的溢出效应，一个拥有较高人力资本的人对其周围的人会产生更大的积极影响，可提高周围人的生产力。[3]

相较于其他理论不注重知识积累，内生经济增长理论充分发挥了知识积累的作用，把技术进步完全变为内生动力，认为知识积累和技术进步促使生产过程具有规模报酬递增的性质，阻止了资本边际产品的减少

[1]　Romer, P. M. "Increasing Returns and Long-Run Growth." *Journal of Political Economy* 94 (1986): 1002 – 1037.

[2]　Lucas, R. E. "On the Mechanics of Economic Development." *Journal of Monetary Economics* 22 (1988): 3 – 42.

[3]　安虎森主编《区域经济学通论》，经济科学出版社，2004。

和资本—产出比的上升。根据内生经济增长理论，经济能够不依赖外生变量，而只通过知识、人力资本和技术进步便可以实现持续增长。也就是说，知识积累以及技术进步在内生经济增长模型中并不是外生的，而是由经济系统内部的机制决定的。现实经济系统中的教育和创新活动会生产知识，充足的研发资本投资和教育投资会刺激知识的生产和积累，另外，知识的积累又进一步刺激投资的不断增加，如此循环往复，经济能够实现可持续发展。

内生经济增长理论的中心思想是，对教育和研究与开发进行投资，以最大限度地提高人力资源的供应。[①] 支持罗默内生经济增长理论的经济学家得出结论：政府的公共政策不应该致力于经济周期的调控，政府的政策目标不应该着力于反经济周期和寻求"软着陆"，而应聚焦于促进新技术的产生。无论是基础性还是应用性的技术进步在研发方面都存在较大的溢出效应，在研发领域存在外部性较强的问题，市场机制在一定程度上会失灵。因此，需要政府对研发活动，尤其是基础性研发活动进行一定的投资。基于内生经济增长理论的政策主张，引导社会资本投资基础设施领域，寻求基础设施建设的私人化才是正确的选择，政府公共投资应该从基础设施领域转向补贴以大学为基地的科研开发，或完善各种体制机制，引导和鼓励风险资本投入研发领域。

三 绿色发展理论

绿色发展是由经济增长引发的与资源耗竭和生态环境恶化问题相关的新发展理念。1989 年，Pearce 等经济学家首倡绿色经济概念，认为它是一种在人类承受范围与自然环境相匹配之内的，不因经济增长导致生态破坏、资源耗竭和社会分裂的可持续发展方式。[②] 联合国亚洲及太平

---

① 张建华、刘仁军：《保罗·罗默对新经济理论的贡献》，《经济学动态》2004 年第 2 期，第 77~81 页。

② Pearce, D., Markandya, A., and Barbier, E. *Blueprint for a Green Economy* (London: Earthscan Publications, 1989).

洋经济社会委员会（ESCAP）是第一个建议将绿色建筑作为系统定义的组织。① 根据定义，它是一种"强调环境可持续性以促进低碳和社会包容性发展的经济发展和增长模式"。在 2011 年发布的经合组织报告《迈向绿色增长》中，绿色增长的概念得到了进一步完善，其定义为"在促进经济增长和可持续性的同时，确保自然资产继续提供人类福祉所需的资源和环境服务"。②国外学者对绿色增长的定义中，具有代表性的主要有：Glemarec 和 Oliveira 在四个区域规划模型中，将绿色建筑与"以增长为重点的发展""灵活的增长发展""为弱势群体创造增长"并列③；Dinda 认为，绿色发展追求经济增长、污染减少、废弃物和温室气体排放降低的同步实现，以及有效利用资源和保护生物多样性④。上述学者对绿色发展的阐释，可以分为两类：第一类，将绿色发展作为一种发展的表现形式，认为绿色发展产生在以绿色产品、绿色企业和绿色产业为主导的绿色经济发展模式中，即将绿色发展理解为经济体达到较高经济发展阶段的一个结果；第二类，将绿色发展看作经济发展的手段，认为经济绿色发展的核心要义是将环境因素等自然条件转变为经济发展的动力性因素，而非传统经济理论所认为的制约性因素。

简而言之，绿色发展是一种长期发展模式，旨在平衡经济增长、环境保护和社会公平，从而优化生产方式以协调人与自然、人与人之间的矛盾与冲突，这是实现经济、社会与自然三大系统协同发展以及推动经济高质量发展的重要途径和具体形式。绿色发展追求公平与效率、发展与环境的内在一致性，致力于实现经济、社会、生态的高质量同步发

---

① Allen, C., and Clouth, S. "A Guidebook to the Green Economy." UNDESA Discussion Paper, New York, 2012.

② OECD. "Green Growth and Sustainable Development: Towards Green Growth." Meeting of the Council, Paris, 2011.

③ Glemarec, Y., and Oliveira, J. A. P. D. "The Role of the Visible Hand of Public Institutions in Creating a Sustainable Future." *Public Administration and Development* 32 (2012): 200–214.

④ Dinda, S. "A theoretical Basis for Green Growth." *International Journal of Green Economics* 8 (2014): 177–189.

展。绿色增长的基本价值和最重要的目标是保护自然景观并促进环境与
生态和谐。因此，自然环境的承载力应成为绿色增长理念的重点。

第三节　本章小结

本章作为相关概念与理论基础部分，为本书的后续研究奠定了坚实
的理论基础。本章在以往研究的基础上，主要对绿色金融影响经济增长
的相关概念及理论进行了系统分析。具体内容包括以下两方面。

一是对相关概念进行详细界定与划分。首先，分别从支持范畴、实
施主体及本质属性三个视角对绿色金融的概念进行了明确界定；其次，
按照产业类型，对绿色产业和污染产业的概念进行了详细解析；再次，
从资源高效利用的视角对产业结构生态化的内涵进行了界定；最后，从
经济增长数量和经济增长效率两个层面对经济增长的概念进行了深入
剖析。

二是对绿色金融与经济增长的相关理论进行了详细回顾。首先，分
别对外部性理论、庇古税和科斯定理、波特假说及环境库兹涅茨假说等
绿色金融相关理论进行了细致回顾；其次，根据经济发展过程，分别对
古典经济增长理论、新古典经济增长理论、内生经济增长理论等经济发
展相关理论进行了归纳梳理；最后，根据经济增长中引发的资源耗竭和
生态环境恶化问题，解析绿色发展理论。

第三章 绿色金融影响经济增长的 理论分析

绿色金融从企业融资数量、期限、条件入手，以改变企业生产成本与经营风险、影响企业生产决策与激发企业技术创新为目的，进而推动产业结构生态化发展与绿色技术进步，为经济增长提供动力。本章就绿色金融的功能、影响企业生产以及促进经济增长的途径与原理进行系统分析，以便为后文的实证分析与对策建议提供理论支撑。

第一节 绿色金融的基本功能

绿色金融是支持环保产业发展所采取的金融政策与金融工具，从绿色金融所包含的基本金融属性来看，绿色金融具有显著的资本积聚、投资导向、信息传递及要素整合等基本功能。

一 资本积聚功能

绿色金融的资本积聚功能是指：绿色金融具有汇集资金的功能，即通过绿色金融工具自身的革新、绿色金融产品的创新等，实现储蓄的收入和投资的转化。这样才能吸纳充分的资金实现绿色企业生产规模的扩大。此外，在政府政策的倾斜和社会舆论的引导下，社会公众对绿色经济和绿色产业有了更深入的了解，在投资上也会更加倾向于绿色产业和绿色企业，这对资本积聚本身也具有重要意义。

资本是企业发展的重要保障，企业的生产经营、规模扩大等各个环节都与之息息相关。一个企业能否发展壮大，关键在于其能否积累到充足的资本。因此，资本问题在经济发展过程中显得格外重要。资本的形成由两部分组成，首先是形成储蓄，即金融系统将包括政府部门、企业和个人在内的经济主体所持有的可支配收入集中起来，形成储蓄；其次是将这部分储蓄从投资形式的货币资金转变为有形资本，然后再转变为企业的产出能力。在资本积聚的过程中，初始货币资本积累的规模和速度对实物资本规模的最终形成和形成速度有着至关重要的作用，并最终对经济增长产生影响。因此，资本积聚的重点在于储蓄如何才能快速地转化为投资，资金转换越迅速，实物资本的形成速度也就越快，对经济增长的影响就会越明显。绿色金融的发展将极大推动储蓄向投资的转化，有助于形成绿色资本，大力支持绿色产业发展，最终使经济高质量发展。当前市场上现存的绿色金融产品类型不多，可大致分为绿色信贷、绿色债券、绿色保险以及绿色股票指数、碳金融等，其中，绿色债券和绿色股票指数可以不断吸引社会资金进入节能环保等绿色相关产业；绿色信贷和绿色基金是金融机构通过专业化的经营程序，将资金投向环境保护类企业，提高绿色投资的回报率，利用规模经济降低绿色投资的成本；绿色保险产品则可以在企业环境风险管理方面发挥重要作用，它可以增强企业的环境保护意识，让企业有意识地加强对自身的管控，在生产经营过程中最大限度地减少对环境的污染和破坏，在污染事件发生时能够及时回应，承担起应尽的社会责任，保护环境；碳金融则可以通过市场化手段减少企业温室气体的排放，以实现经济与生态环境的共赢。

综上，绿色金融的资本积聚功能将通过储蓄向投资转化的形式发挥作用，绿色金融工具通过资本化过程提高企业的绿色融资效率、拓宽企业的融资渠道。资本积聚功能为经济增长提供了重要手段，同时对经济的高质量发展具有明显促进作用。

二　投资导向功能

绿色金融以资金为导向的作用要求金融机构引导资金流向，即提高储蓄能力，使其能够积累更多可转化为投资资本的资源。通过配额控制，绿色融资更具可持续性。绿色金融运用创新性额度控制、利率调节、差异杠杆、补贴担保等手段，使绿色和污染项目的投资风险、投资回报率和资金可用性发生变化，在投资收益和投资风险调整的双重作用下，引导资金逐渐撤离污染产业，流向绿色环保产业。

在国家绿色金融政策和可持续发展理念的指导下，环境管理责任制度和环境损害赔偿制度也在稳步发展和加强，有关项目的融资条件已经开始根据项目的环保程度进行调整与重新设计。以信贷市场为例，出于"声誉"和"风险"等方面的考量，银行等金融机构开始将企业环境风险纳入银行信用风险管理中。同时，金融机构积极响应国家政策，大力推行绿色信贷，一方面，对重污染项目停止贷款，对一般污染项目采取总额控制、高额利率、增加担保等举措；另一方面，通过金融创新和低利率等手段加大对绿色环保项目的信贷支持。此外，一些由政府主导的绿色基金陆续建立，在政府部门的资金支持下，公众资本积极参与，与此同时，绿色保险产品有效降低了绿色投资的风险，进一步驱动社会资本流向绿色环保项目。

综上，绿色金融导致污染项目的融资成本上升，融资效率和投资回报率下降，而绿色项目的融资成本下降，融资效率和投资回报率提高，使得投向绿色产业的资金逐渐增加，而投向污染产业的资金逐渐减少，从而实现了绿色金融的"扶绿抑污"的资金导向功能。

三　信息传递功能

绿色金融的信息传递功能是指：绿色金融市场中的价格信号具有反馈各种绿色金融产品投资价值的功能。在信息传导机制的作用下，投资者无须花费成本收集投资信息，便可依据绿色金融产品市场上的真实准确信息，重新制订投资计划。

根据有效市场理论（Efficient Markets Hypothesis，EMH），市场通过价格信号传递功能形成成交价格，该成交价格可以充分反映产品的有效信息。在有效的绿色金融市场上，企业信息迅速扩散，此时成交价格能够根据企业信息迅速调整，以充分反映企业的投资价值。在严格的信息披露制度下，价格信号包含企业项目的环保信息，进一步改变了金融产品的市场价值，投资者将根据不同金融产品的价格信号调整投资结构。投资者具有显著的逐利避险倾向。绿色金融及其金融创新促使绿色项目的投资收益得以提高，投资风险得以降低，而污染项目的投资收益下降，投资风险提高。按照资本资产定价模型（Capital Asset Pricing Model，CAPM），绿色金融与其衍生产品的投资收益提高，投资风险降低，其在组合产品中的权重也有所上升。资本市场上的投资者在综合考虑投资收益和投资风险后，根据绿色金融产品的价格信息调整投资方向与投资结构。

绿色金融的信息传递功能将通过绿色金融产品的实际成交价格发挥作用，绿色金融产品价格具有明显的指向性，向全社会传递出发展绿色经济的信息和绿色转型的政策安排。信息传递功能强化了绿色金融的资金导向功能，并进一步倒逼企业进行绿色技术创新与要素整合。

四　要素整合功能

绿色金融的要素整合功能体现在：绿色金融体系的本质是对存量资本进行重新配置。在高效的绿色金融市场调节机制下，企业进一步改善管理运作模式，调整生产行为，积极开展绿色技术创新。在此过程中，各类生产要素可以重新得到有效配置，如人力资源、资本、技术等。

金融系统本身有着重新分配社会资本的功能。存量资本将被重新分配到绿色项目中，使得金融市场上的大量资金被引向以技术创新为主的绿色生产企业。在高效的市场机制调节下，绿色企业有更多的机会获得进一步发展所需要的资金，并能够在更大的范围内实现生产要素的高效配置。绿色环保企业可以获得绿色金融支持的标榜作用，这进一步带动和吸引了其他企业主动调整生产方式，积极转向绿色生产。尤其是承受绿色金融惩罚性措施与环境风险压力的高污染企业，努力改变原有的生产方式，一方面不断压缩污染项目的生产规模，另一方面积极开展绿色技术创新，提高企业资源配置效率。在资源重新配置的过程中，无形的生产要素同有形的生产要素重新结合在一起，人力资本、技术、资金逐渐聚集在绿色生产领域，进一步推动绿色技术创新，提高资源使用效率。

要素的整合功能使绿色企业有更多的机会获得进一步发展所需要的生产资源。在要素整合机制的持续作用下，各类要素向绿色企业集聚，促进绿色生产企业实现规模效应，进一步为绿色经济发展创造条件。

第二节　绿色金融对企业生产决策的影响

绿色金融对微观经济主体的影响是理解绿色金融宏观功能的钥匙。企业是资金的主要需求方，也是微观世界的生产决策主体。绿色金融对企业的影响是通过控制资金供给进而影响企业生产决策的。本节以绿色信贷和绿色投资为例，通过构建理论模型，阐述绿色金融政策对企业生产决策行为的影响。

一　成本—收益函数

绿色信贷是商业银行通过利率差异化和资金额度限制等手段支持绿色产业资金流入，限制污染产业资金供给。按照这一定义，商业银行的贷款利率 r 将成为生产项目污染程度（或清洁技术水平）z 的函数，z 增加代表污染程度增加，z 减少代表清洁技术水平提高。在绿色信贷政策下，商业银行将根据生产项目的污染程度提供给企业不同的信贷利率和资金支持。结合"赤道原则""绿色信贷原则"，本节将信贷条件分成以下四类。

第一，当 $z < z_1$ 时，$r < r_0$。在进行环评审批时，当项目中的污染程度 z 符合商业银行规定的绿色环保标准，即 $z < z_1$ 时，银行将给予贷款项目充足信贷支持和优惠的绿色信贷利率 r，该利率小于标准信贷利率 r_0。

第二，当 $z_1 \leq z < z_2$ 时，$r = r_0$。当企业项目进行环评审批时，项目的环保标准虽然未达到绿色环保标准 z_1，但高于商业银行的一般环保标准 z_2，银行给予贷款项目标准信贷利率 r_0。

第三，当 $z_2 \leq z < z_3$ 时，$r > r_0$。当进行环评审批时，项目的环保标准虽未达到商业银行的一般环保标准 z_2，但高于国家和地区规定的一般环保标准 z_3，银行对贷款项目提供高额信贷利率 r，r 大于标准信贷利率 r_0。

第四，当 $z \geq z_3$ 时，$k = 0$，$r \to \infty$。当进行环评审批时，项目的环保标准未达到国家和地区规定的一般环保标准 z_3，金融机构不得提供任何形式的资金支持。

为考察绿色信贷政策对污染企业生产决策的影响，本节将污染程度 z 作为主要影响变量，纳入生产企业的利润函数，其中价格是产品质量和需求数量的函数，成本是产量与资本的函数。其中，企业将部分资金用于绿色技术研发，此时的绿色研发资金成为产品质量的函数。此外，为使问题简化，我们不考虑劳动力数量变化，将劳动力数量标准化为 1。此时得到了产品的利润函数：

$$\pi = p(z, q) \times q(p) - c(q, r, kz) \tag{3.1}$$

其中，z 为产品的污染水平或清洁技术水平，同时代表产品质量；q 为产品销售量，k 为资本总量，r 为贷款利率。由此构建企业利润最大化目标函数：

$$\max \pi = p(z, q) \times q - c(q, r, k) \tag{3.2}$$

为了实现利润 π 的最大化，企业将在产品的污染程度以及绿色技术的开发成本之间进行选择。我们对式（3.2）中的自变量 z 和 q 分别求一阶偏导：

$$\begin{cases} \pi'_z = p_z(z,q) \times q - c_z(q,k) \\ \pi'_q = p_q(z,q) \times q + p(z,q) - c_q(q,k) \end{cases} \tag{3.3}$$

式（3.3）说明在利润最大化的条件下，企业将在每单位产品的边际收益等于边际成本时选择生产产量；企业所生产产品的质量（污染程度）将使改变产品质量的边际收益等于边际成本。

二　图形解析

污染程度 z 代表产品质量，z 减少代表产品质量提高，反之代表产品质量下降。因此可以假设商品价格 p 是产品污染程度 z 的减函数，$p(z') < 0$。可以假设：$p = a - bz$。价格与需求量之间呈反向变动，换句话说二者互为减函数，令 $q = d - ep$。产品的生产成本 c 是污染程度的减函数，即 $c(z') < 0$，污染程度较低时，需要企业投入更多的绿色研发成本，同时前文已经假定企业的信贷利率会对企业的融资产生影响。$c = wq + rk$，其中，$k = k + kz$，k 为企业生产的固定资金投入，kz 为企业的绿色治理或者绿色技术投入资金。为简化分析，同时借鉴何小钢、周晶淼等的研究[①]，本节将 kz 设为产品质量 z 的反比例函数，$kz = v/z$，z 越小代表产品质量越高，所需 kz 越大。在此基础上，求解如下函数：

$$\begin{aligned} \pi &= p(z) \times q(p) - c(q,k) \\ &= (a - bz)[d - e(a - bz)] - w[d - e(a - bz)] - r(\bar{k} + v/z) \\ &= -b^2 z^2 + b[(a - d) + e(a - w)]z + (a - w)(d - ae) - r(\bar{k} + v/z) \\ \pi'_z &= -2b^2 z + b[(a - d) + e(a - w)] \end{aligned} \tag{3.4}$$

令 $\pi'_z = 0$，解得：$z_0 = \dfrac{(a - d) + e(a - w)}{2b}$。

---

① 何小钢：《能源约束、绿色技术创新与可持续增长——理论模型与经验证据》，《中南财经政法大学学报》2015 年第 4 期，第 30~38、158~159 页；周晶淼、赵宇哲、肖贵蓉、武春友：《污染控制下导向性技术创新对绿色增长的影响机理研究》，《科研管理》2017 年第 3 期，第 38~51 页。

第一，当利率 r 为定值时，企业决定在污染程度 z_0 处进行产品生产，此时，企业实现利润最大化。z_a 和 z_b 是企业利润为零时的产品污染因子（见图3.1）。如果国家采取货币政策，调整基准利率的数值，将导致成本曲线的上下平移，但企业的利润最大化条件决定企业生产产品的质量依然在 z_0 处。换句话说，统一的信贷政策，无法影响企业针对环境污染的生产决策。

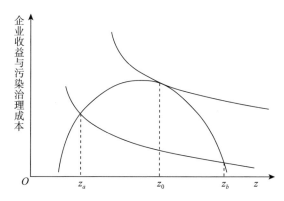

图3.1　r 为常数时的企业利润最大化

第二，当 $z_0 \leqslant z_1 \leqslant z_b$ 或 $z_0 \leqslant z_b \leqslant z_1$，商业银行提供优惠的绿色信贷 $r < r_0$ 时，企业成本曲线随之部分下移或者整体下移，这将放宽企业产品包含污染因子的范围，但并不改变企业最优决策（见图3.2）。

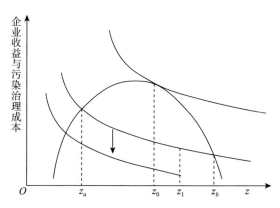

图3.2　$z_0 \leqslant z_1 \leqslant z_b$ 或 $z_0 \leqslant z_b \leqslant z_1$ 时的企业利润最大化

第三，当 $z_a \leqslant z_1 \leqslant z_0 \leqslant z_2 \leqslant z_b$ 时，在 z_1 左侧的企业成本曲线下移，在 z_1 右侧的企业成本曲线保持不变（见图 3.3）。企业的最大化生产决策是否改变取决于银行提供绿色信贷的力度。当银行提供绿色信贷的优惠力度（曲线下降的程度）超过了 $\pi\ (z_0)\ -\pi\ (z_1)$，企业将产品的清洁程度由 z_0 提高到 z_1。反之，当银行提供绿色信贷的优惠力度（曲线下降的程度）未达到 $\pi\ (z_0)\ -\pi\ (z_1)$，并不影响企业的生产决策。

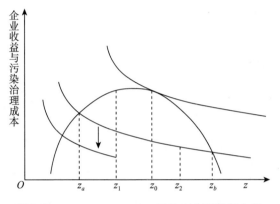

图 3.3　$z_a \leqslant z_1 \leqslant z_0 \leqslant z_2 \leqslant z_b$ 时的企业利润最大化

第四，当 $z_a \leqslant z_1 \leqslant z_2 \leqslant z_0 \leqslant z_3 \leqslant z_b$ 或 $z_a \leqslant z_1 \leqslant z_2 \leqslant z_0 \leqslant z_b \leqslant z_3$ 时，在 z_1 左侧的企业成本曲线下移，$z_1 \sim z_2$ 的企业成本曲线保持不变，$z_2 \sim z_3$ 的企业成本曲线上移，z_3 右侧为禁止生产区域（见图 3.4）。此时企业的生产决策是否改变取决于对污染项目的惩罚性利率水平和对绿色信贷的优惠力度水平。如果惩罚性利率水平导致企业成本上升幅度超过了 $\pi\ (z_0)-\pi\ (z_2)$，短期内企业将产品的清洁程度由 z_0 提高到 z_2。从长期看，企业还将进一步比较银行提供的绿色信贷的优惠力度，当银行提供绿色信贷的优惠力度（曲线下降的程度）超过了 $\pi\ (z_2)-\pi\ (z_1)$，企业将产品的清洁程度由 z_2 提高到 z_1。反之，惩罚性利率水平较低时，企业仍然选择在 z_0 水平下进行产品生产。

第五，当 $z_a \leqslant z_1 \leqslant z_2 \leqslant z_3 \leqslant z_0 \leqslant z_b$ 时，企业成本函数的变动仍然是 z_1 左侧的企业成本曲线下移，$z_1 \sim z_2$ 的企业成本曲线保持不变，$z_2 \sim z_3$ 的企业

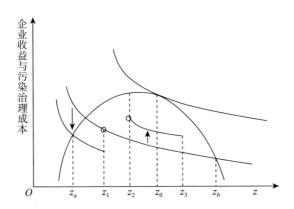

图 3.4 $z_a \leq z_1 \leq z_2 \leq z_0 \leq z_3 \leq z_b$ 或 $z_a \leq z_1 \leq z_2 \leq z_0 \leq z_b \leq z_3$ 时的企业利润最大化

成本曲线上移，z_3 右侧是限制贷款区域（见图 3.5）。由于 $z_3 \leq z_0$，绿色信贷政策下企业无法获取信贷资金进行生产。为继续生产经营，短期内，企业可以选择将清洁程度由 z_0 优化到 z_3；中长期内，企业仍将考虑惩罚性利率水平导致企业成本的上升幅度是否超过 $\pi(z_3) - \pi(z_2)$，以及银行提供绿色信贷的优惠力度（曲线下降的程度）是否超过了 $\pi(z_2) - \pi(z_1)$，进而最终决定在 z_3、z_2、z_1 的某一污染水平下进行生产。

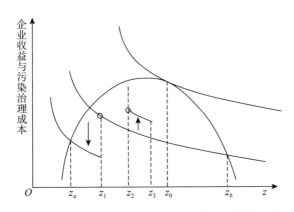

图 3.5 $z_a \leq z_1 \leq z_2 \leq z_3 \leq z_0 \leq z_b$ 时的企业利润最大化

三　企业决策

绿色信贷对企业生产决策的影响取决于三方面因素：一是企业初始产

品的污染水平与生产成本；二是企业的利润函数，尤其是市场对产品绿色质量的价格反映；三是绿色信贷的执行标准，对污染企业的惩罚力度与对绿色企业的支持力度。在上述因素的综合作用下，企业会做出如下生产决策。

第一，维持原有生产标准。当企业产品的清洁程度位于绿色生产区间时，绿色信贷手段将成为企业的奖励措施；当企业产品的清洁程度达到社会平均生产水平时，绿色信贷无法激励企业提高产品质量；当企业产品的清洁程度达到一般污染产品水平时，绿色信贷的惩罚程度未能倒逼企业提高产品质量。以上三种情况，从经济层面考察，企业短期内都将维持原有生产标准。

第二，进行绿色技术创新。当企业产品的清洁程度达到社会平均生产水平时，绿色信贷（政府补贴）给予的激励超过企业提高产品质量的成本投入；当企业产品的清洁程度达到一般污染产品水平时，绿色信贷的惩罚程度已经超过了企业提高产品质量的成本；重度污染企业为获取生产资金维持生产，开展绿色技术创新。以上三种情况，从经济层面考察，将倒逼企业进行绿色技术创新，提高产品质量。

第三，实施产业转移。当企业项目为重污染类型，且并未达到企业所在地的最低环评要求时，银行按照绿色信贷标准不允许对其发放贷款。此时的绿色信贷政策实际上成为一种强制性环境规制手段。在这种情况下，企业为获取资金或者实施生产技术转型，或者将生产转移到环境规制小、绿色信贷政策宽松的地区，以重新获取信贷资金和开展生产经营。

第三节　绿色金融对经济增长的 DSGE 模型分析

一　模型简介

当前主流的宏观经济政策研究方法是动态随机一般均衡（DSGE）模型。DSGE 模型将随机属性整合到经济模型中，并在一般均衡分析的背景下考虑变量的时间过程。在这种限制下，DSGE 模型检查了经济参与者（如家庭、生产者和政府机构）的复杂最优决策。与传统的宏观经济计算方法相比，DSGE 模型在研究宏观经济政策效果方面具有明显的优势，因为它具有复杂、随机和一般均衡特性。为了更好地反映实体经济的随机性和波动性，该模型结合了许多外源性随机冲击以及参与者的逻辑决策，以解释该模型的复杂特征。同时，DSGE 模型将参与者整合到一般均衡研究过程中，系统地、全面地分析各参与者之间的关系，然后通过情景模拟的方式探究整体经济的运行情况。

DSGE 模型的分析步骤具体涵盖模型构建与求解、参数估计、模型应用分析等。首先，在拟解决问题的基础上确定经济中的行为个体等研究对象，并考察影响研究对象的核心要素，以数学方程的形式表示影响机制，从而形成一个经济复合体。其次，运用对数线性化方法将不可求解的经济动态系统转换为可求解的线性动态经济系统，继而通过校准过程或贝叶斯估计、最大似然法等方法求得与模型相关的系统参数。最后，为了实现对实际经济的拟合，根据拟合条件对模型进行更新。在此基础上，研究各种政策规则组合对主要经济变量的影响。

二　模型构建

本部分所构建的模型是在通用的真实商业周期动态一般均衡模型的基础上进行扩展后建立的。根据现实经济中对绿色产品和污染产品的分类，在模型中，社会产品分为绿色产品和污染产品。消费者分别消费绿色产品和污染产品，厂商分别生产绿色产品和污染产品。绿色产品和污染产品在两个独立的市场上达到均衡。在模型中，社会总投资分为投资于绿色产品生产的绿色投资和投资于污染产品生产的普通投资。将绿色投资引入 DSGE 模型的方法是定义如下绿色生产资本积累过程：

$$GK_{t+1} = GZ_t \times GI_t + (1 - \delta) GK_t \qquad (3.5)$$

其中，GK_t 为绿色生产资本，GI_t 为绿色投资额，GZ_t 为绿色投资冲击。企业当期的绿色技术投资在下一期继续发挥作用。企业下一期的绿色投资是在前一期的绿色资本的基础上进行的，企业为满足环保要求而进行的绿色投资不会再进行重复建设，相比无绿色资本基础的企业，同样额度的投资可以完成更高程度的绿色资本。

在绿色产品生产中，如果对第一期的 GZ_1 设置一个冲击，比如1%的额外投资，即可表示绿色投资对经济系统的影响。在不影响经济模型的经济含义的情况下，为方便捕捉这一脉冲响应函数，本部分将其设置成外生冲击，如式（3.6）所示：

$$\ln GZ_t = (1 - \rho_{GZ}) \ln \overline{GZ} + \rho_{GZ} \ln GZ_{t-1} + \xi_t \tag{3.6}$$

在绿色金融政策中，另外一个可以使用的政策工具是资金使用成本补贴。假设绿色生产企业获得的资金使用成本补贴是其资本 GK_t 的 φ 倍，用参数 φ 表示这一政策工具的大小。因而对绿色企业的生产过程可做如下设定：

$$\text{Max} GR = GY_t - W_t \times GN_t - (R_t - \varphi) GK_t \tag{3.7}$$

在式（3.7）中，GR 表示绿色生产企业的利润，GY_t 表示绿色产出，W_t 表示工资率，GN_t 表示劳动力使用量，R_t 为市场利率。

模型设定后可以观察到未来多时期的脉冲反应。在不同的政策条件下，模型的脉冲反应是不一样的。就本书关心的绿色产业和污染产业的占比结构来说，其在不同的政策条件下显示出不同的趋势。这将对制定有效的绿色金融政策有很大的启发性。下面是对模型设定的详细说明。

1. 消费者的计划

消费者的消费产品包含污染产品和绿色产品两种。消费者消费的两种产品之间可以相互替代，其边际替代率 θ 由污染产品和绿色产品的价格比例和消费者偏好决定。消费者的效用函数包括消费品和劳动两个部分。

$$\underset{\{GC_t, N_t\}_{t=0}^{\infty}}{\text{Max}} \sum_{t=0}^{\infty} \beta^t E_0 \left[\gamma(\ln PC_t + \theta \ln GC_t) + (1 - \gamma) \ln(1 - N_t^s) \right] \tag{3.8}$$

其中，PC_t 代表消费污染产品的数量，GC_t 代表消费绿色产品的数量，N_t^s 为家庭的劳动供给，γ 为消费和闲暇的替代系数。

$$\text{s. t. } PC_t + GC_t + S_{t+1} = W_t \times N_t^s + R_t \times PK_t + R_t \times GK_t \tag{3.9}$$

在约束条件式（3.9）中，S_{t+1} 表示总储蓄，PK_t 为污染生产资本额，GK_t 为绿色生产资本额。

污染生产资本的迭代方程为：

$$PK_{t+1} = PI_t + (1-\delta)PK_t \tag{3.10}$$

$$PI_t = PK_{t+1} - (1-\delta)PK_t \tag{3.11}$$

根据式（3.5）的设定，可以推导出绿色资本的迭代方程为：

$$GK_{t+1} = GZ_t \times GI_t + (1-\delta)GK_t \tag{3.12}$$

$$GI_t = \frac{GK_{t+1} - (1-\delta)GK_t}{GZ_t} \tag{3.13}$$

由于社会总储蓄等于社会总投资，即 $S_{t+1} = I_t$，模型设定中社会总投资等于绿色生产投资与污染生产投资之和，即 $I_t = PI_t + GI_t$。因而约束条件可写为：

$$\text{s. t. } PC_t + GC_t + \frac{GK_{t+1} - (1-\delta)GK_t}{GZ_t} + PK_{t+1} - (1-\delta)PK_t$$

$$= W_t \times N_t^s + R_t \times PK_t + R_t \times GK_t \tag{3.14}$$

2. 厂商的计划

与消费者类似，厂商的生产计划分为污染生产和绿色生产，对于污染生产厂商，其生产行为所产生的最大利润为：

$$\text{Max} PR = PY_t - W_t \times PN_t - PR_t \times PK_t \tag{3.15}$$

其中，PY_t 为污染生产的产出，PN_t 为污染生产的劳动需求。PY_t 为柯布－道格拉斯生产函数，参数 α 为生产中的资本份额。

$$PY_t = PA(PK_t)^\alpha(PN_t)^{1-\alpha} \tag{3.16}$$

PA_t 为普通生产全要素生产率，是外生变量，其动态方程满足：

$$\ln PA_t = (1-\rho)\ln\overline{PA} + \rho\ln PA_{t-1} + p\varepsilon_t \tag{3.17}$$

绿色生产厂商以利润最大化的方式安排如下生产：

$$\text{Max}GR = GY_t - W_t \times GN_t - (R_t - \varphi)GK_t \qquad (3.18)$$

其中，GY_t 为绿色生产的产出，是柯布 – 道格拉斯生产函数。

$$GY_t = GA(GK_t)^{\alpha}(GN_t)^{1-\alpha} \qquad (3.19)$$

GA_t 为绿色生产全要素生产率，是外生变量，其动态方程满足：

$$\ln GA_t = (1-\rho)GZ\ln GA + \rho GZ\ln GA_{t-1} + g\varepsilon_t \qquad (3.20)$$

3. 市场均衡条件

在劳动市场上劳动需求等于劳动供给，即劳动市场均衡条件为：

$$N_t^s = PN_t + GN_t \qquad (3.21)$$

污染生产产品的均衡条件为：

$$PY_t = PC_t + PI_t \qquad (3.22)$$

绿色生产产品的均衡条件为：

$$GY_t = GC_t + GI_t \qquad (3.23)$$

三 模型校准

1. 对数线性化处理

借鉴 RBC 模型中的相关方程[①]，以及上述的扩展方程，可以得到模型的详细设定，共包含 18 个方程。本文参考 Blanchard 和 Kahn、Klein 的研究方法[②]，对以上方程进行对数线性化处理，具体结果如下所示。

[①] Kydland, F. E., and Prescott, E. C. "Time to Build and Aggregate Fluctuations." *Econometrica*: *Journal of the Econometric Society* 50 (1982): 1345 – 1370; Long, Jr. J. B., and Plosser, C. I. "Real Business Cycles." *Journal of Political Economy* 91 (1983): 39 – 69.

[②] Blanchard, O. J., and Kahn, C. M. "The Solution of Linear Difference Models under Rational Expectations." *Econometrica*: *Journal of the Econometric Society* 30 (1980): 1305 – 1311; Klein, P. "Using the Generalized Schur Form to Solve a Multivariate Linear Rational Expectations Model." *Journal of Economic Dynamics and Control* 24 (2000): 1405 – 1423.

$$\widehat{GK}_{t+1} - \delta \, \widehat{GZ}_t - \delta \, \widehat{GY}_t \approx (1-\delta)\widehat{GK}_t - \delta \, \widehat{GC}_t \tag{3.24}$$

$$\overline{PK}\widehat{PK}_{t+1} + \overline{PY} \times \widehat{PY}_t \approx -\overline{PC} \times \widehat{PC}_t + \overline{PK}(1-\delta)\widehat{PK}_t \tag{3.25}$$

$$\widehat{GY}_t - (1-\alpha)\widehat{GN}_t - \widehat{GA}_t \approx \alpha\widehat{GK}_t \tag{3.26}$$

$$\widehat{PY}_t - (1-\alpha)\widehat{PN}_t - \widehat{PA}_t \approx \alpha\widehat{PK}_t \tag{3.27}$$

$$\overline{GY}\widehat{GY}_t - \overline{GI}\widehat{GI}_t \approx \overline{GC}\widehat{GC}_t \tag{3.28}$$

$$\overline{PY}\widehat{PY}_t - \overline{PI}\widehat{PI}_t \approx \overline{PC}\widehat{PC}_t \tag{3.29}$$

$$\overline{II}_t - \frac{1}{2\eta}\overline{GI}\widehat{GI}_t - \frac{1}{2(1-\eta)}\overline{PI}\widehat{PI}_t \approx 0 \tag{3.30}$$

$$\widehat{GN}_t + \widehat{W}_t - \widehat{GY}_t \approx 0 \tag{3.31}$$

$$\overline{GN}\widehat{GN}_t + \overline{PN}\widehat{PN}_t - \overline{N'}\widehat{N'}_t \approx 0 \tag{3.32}$$

$$\frac{\gamma}{1-\gamma}\widehat{N'}_t + \frac{\gamma}{1-\gamma}\widehat{W}_t \approx \widehat{PC}_t \tag{3.33}$$

$$\widehat{PN}_t + \widehat{W}_t - \widehat{PY}_t \approx 0 \tag{3.34}$$

$$\widehat{GY}_t \approx \widehat{GK}_t + \widehat{GR}_t \tag{3.35}$$

$$\widehat{PY}_t \approx \widehat{PR}_t + \widehat{PK}_t \tag{3.36}$$

$$\widehat{GA}_t = \rho \, \widehat{GA}_{t-1} + g \, \varepsilon_t \tag{3.37}$$

$$\widehat{PA}_t = \rho \, \widehat{PA}_{t-1} + p \, \varepsilon_t \tag{3.38}$$

$$\overline{GZ}\widehat{GZ}_{t+1} - \zeta \, \overline{GI^g}\widehat{GI} = \rho_{GZ}\overline{GZ}\widehat{GZ}_t \tag{3.39}$$

$$\beta(1-\delta)E_t\widehat{GZ}_{t+1} - 2\eta\beta \, E_t\widehat{GR}_{t+1} + E_t\widehat{GC}_{t+1} \approx \widehat{GC}_t + \beta(2\eta+1-\delta)\widehat{GZ}_t \tag{3.40}$$

$$E_t\widehat{PC}_{t+1} - 2\beta(1-\eta)\overline{PRE}_t\widehat{PR}_{t+1} \approx \widehat{PC}_t \tag{3.41}$$

其中，上面有短横的变量表示该变量的稳态值，波浪符号的变量则在一定程度上显示了稳态对数值变化的偏离性，如$\widehat{GY}_t = \ln GY_t - \ln \overline{GY}$。

2. 参数校准

在上述构建的模型中，首先要对模型参数进行校准，校准后可以求解模型的方程组，最后可得到状态空间表达式的解。本节中的参数校准采用相关文献中被广泛采用的数值[①]，具体数值如表 3.1 所示。

表 3.1　校准的参数值

参数	定义	数值	参数	定义	数值
α	资本收入占总收入的比重	0.35	θ	绿色产品和污染产品替代率	1.23
β	消费者跨期偏好贴现因子	0.97	ρ	全要素生产率过程中的自回归参数	0.95
γ	消费—闲暇的替代系数	0.39	ρ_{GZ}	绿色专有技术生产率过程中的自回归参数	0.81
δ	资本折旧率	0.05	η	绿色投资和污染投资之比	0.55
ζ	专有技术投资份额	0.45			

四　政策冲击

本部分是在保持其他参数不变的情况下，分别考察绿色金融政策对产出、资本和消费结构的动态影响。建立 DSGE 模型并模拟冲击反应时，为了方便，将上述三个相对指标作为内生变量。政策工具包含绿色生产资金使用成本补贴和增加绿色投资。增加绿色投资的冲击大小设定为 1%，其含义为均衡绿色投资增加 1%。资金使用成本补贴率设置成补贴 1%、3% 和 5% 三个场景进行分析。

1. 当政策工具 $\varphi = 1\%$ 时的情形

在图 3.6a 的产出结构的脉冲响应函数中，从第 1 期开始，变量值开始陡峭上升，在第 9 期达到高峰的位置 0.0429，之后缓慢下降，从第 20 期开始达到长期均衡的位置 0.0379。因而产出结构对投资的冲击反

——————

① 杜清源、龚六堂:《带"金融加速器"的 RBC 模型》,《金融研究》2005 年第 4 期，第 16～30 页；简志宏、李霜、鲁娟:《货币供应机制与财政支出的乘数效应——基于 DSGE 的分析》,《中国管理科学》2011 年第 2 期，第 30～39 页；张佐敏:《财政规则与政策效果——基于 DSGE 分析》,《经济研究》2013 年第 1 期，第 41～53 页；刘斌:《我国 DSGE 模型的开发及在货币政策分析中的应用》,《金融研究》2008 年第 10 期，第 1～21 页；王君斌、王文甫:《非完全竞争市场、技术冲击和中国劳动就业——动态新凯恩斯主义视角》,《管理世界》2010 年第 1 期，第 23～35、43 页。

应迅速，在第 5 期上升到了长期的均衡位置 0.0379。在图形上可以看出，冲击发生后产出结构高于稳态值，这是因为绿色投资增加，导致绿色资本增加，进而增加绿色产出，推动其增长速度快于污染生产增长速度。最后由于绿色投资有时间相关性，具有累加效应，最终使得绿色生产资本多于污染生产资本。绿色生产和污染生产的结构会趋于一个新的、更高位的稳态。从政策一致性角度分析，绿色投资的增加会提高绿色产出的比例，其反应具有长期效果。

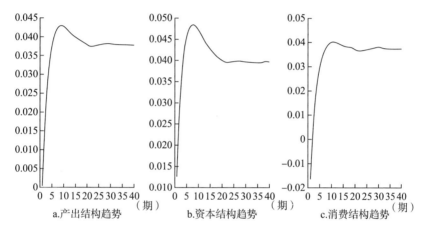

图 3.6　绿色金融对经济增长的政策冲击（$\varphi = 1\%$）

图 3.6b 的资本结构的脉冲响应函数显示了一个"峰—谷"的过程。峰的位置出现在第 8 期，比产出结构的峰的位置提前 1 期，符合模型设定。谷的位置出现在第 22 期，之后缓慢收敛到长期均衡的位置 0.0397。绿色投资的增加会提高绿色生产资本的比例，符合经济政策的预设结果。

图 3.6c 的消费结构的脉冲响应函数显示了一个先下降然后上升的过程。在第 1 期，脉冲响应函数的值为 − 0.0163，表明消费中绿色产品比重下降；在第 2 期，转变为绿色产品比重上升 0.0019，然后一直保持上升趋势；在第 11 期达到峰值 0.04，然后增幅缓慢下降；在第 26 期达到均衡位置 0.0376。第 1 期的下降是因为绿色投资冲击会对绿色产品消

费造成挤出效应。在均衡时由式（3.23）的关系，能说明原因。生产 GY_t 所投入的资本量等于上一期的资本折旧后的余额与上一期的投资之和。在第 0 期还未开始投资冲击，GY_t 不变，所以当 t 增加时，GY_t 会先减少再增加。PC_t 不存在这样的变化，所以消费结构初期会朝着不利于增加绿色消费比重的方向变化，但最终随着 GC_t 的增加，结构会有一个永久的改善。

2. 当政策工具 $\varphi = 3\%$ 时的情形

在图 3.7a 的产出结构的脉冲响应函数中，从第 1 期开始，变量值开始陡峭上升，在第 11 期达到高峰的位置 0.0479，之后保持缓慢下降的趋势。作为对比，在第 20 期的数值为 0.0446，比场景 $\varphi = 1\%$ 的同期变量值高 0.0067。

图 3.7b 的资本结构的脉冲响应函数中第 10 期出现了峰值 0.0590。资本结构比重之后缓慢下降。

与场景 $\varphi = 1\%$ 一样，图 3.7c 中显示的消费结构的脉冲响应函数出现了先下降再上升的过程。在第 1 期，脉冲响应函数的值为 -0.0199，在第 3 期，转变为绿色产品比重上升 0.0107，然后一直保持上升趋势，在第 14 期达到峰值 0.0468，然后增幅缓慢下降。

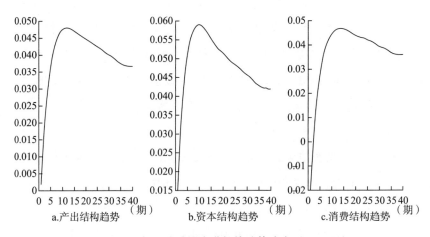

a.产出结构趋势（期）   b.资本结构趋势（期）   c.消费结构趋势（期）

图 3.7   绿色金融对经济增长的政策冲击（$\varphi = 3\%$）

3. 当政策工具 φ = 5% 时的情形

在图 3.8a 的产出结构的脉冲响应函数中，从第 1 期开始，变量值开始陡峭上升，在第 10 期达到高峰的位置 0.040，之后缓慢下降，从第 18 期开始进入长期均衡的位置 0.0385。该政策场景是在 φ = 5% 的条件下模拟的。产出结构的冲击反应与场景 φ = 1% 的相似度很高，差别体现在新稳态值要高 0.0006。

图 3.8b 的资本结构的脉冲响应函数中第 8 期出现了峰值，其数值为 0.0589。之后资本结构比重缓慢收敛到长期均衡的位置 0.0483。新的稳态值比场景 φ = 1% 下的稳态值高 0.0086。

与场景 φ = 1% 一样，图 3.8c 中显示的消费结构的脉冲响应函数出现了先下降再上升的过程。在第 1 期，脉冲响应函数的值为 − 0.0199，表明消费中绿色产品比重下降，在第 3 期，转变为绿色产品比重上升 0.0104，然后一直保持上升趋势，在第 12 期达到峰值 0.0384，然后增幅缓慢下降，在第 27 期达到均衡位置 0.0376，与场景 φ = 1% 中的数值一样。

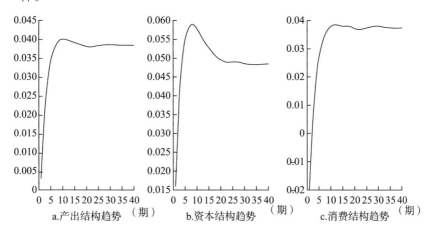

a.产出结构趋势　（期）　　　b.资本结构趋势　（期）　　　c.消费结构趋势　（期）

图 3.8　绿色金融对经济增长的政策冲击（φ = 5%）

综上可知，增加绿色投资的政策具有正向的长期效应。增加绿色投资会在生产领域内提高绿色产出的比重，增加绿色生产资本的比重，促进绿色商品的消费。

第四节　绿色金融对经济增长的影响机理

本节将结合绿色金融的基本功能以及对企业生产决策的影响，进一步解析绿色金融影响经济增长的机理。在前文的绿色信贷政策分析中，我们将清洁技术水平位于 $z < z_1$、$z_1 \leqslant z < z_2$、$z \geqslant z_2$ 这三个区间的产业分别定义为绿色产业、普通产业、污染产业。本文将绿色产业、普通产业、污染产业的产值分别用字母 G_1、G_2、G_3 表示。R_t 代表 t 时刻一个国家生产总值或一个地区生产总值的增长率。对一国的经济增长率按照上述三类产业进行分解，可以得到：

$$
\begin{aligned}
R_t &= \frac{GDP_t - GDP_{t-1}}{GDP_{t-1}} \\[2mm]
&= \frac{G_{1,t} + G_{2,t} + G_{3,t} - (G_{1,t-1} + G_{2,t-1} + G_{3,t-1})}{G_{1,t-1} + G_{2,t-1} + G_{3,t-1}} \\[2mm]
&= \frac{G_{1,t} - G_{1,t-1} + G_{2,t} - G_{2,t-1} + G_{3,t} - G_{3,t-1}}{G_{1,t-1} + G_{2,t-1} + G_{3,t-1}} \\[2mm]
&= \frac{G_{1,t} - G_{1,t-1}}{G_{1,t-1} + G_{2,t-1} + G_{3,t-1}} + \frac{G_{2,t} - G_{2,t-1}}{G_{1,t-1} + G_{2,t-1} + G_{3,t-1}} + \frac{G_{3,t} - G_{3,t-1}}{G_{1,t-1} + G_{2,t-1} + G_{3,t-1}} \\[2mm]
&= \frac{G_{1,t} - G_{1,t-1}}{G_{1,t-1}} \frac{G_{1,t-1}}{G_{1,t-1} + G_{2,t-1} + G_{3,t-1}} + \frac{G_{2,t} - G_{2,t-1}}{G_{2,t-1}} \frac{G_{2,t-1}}{G_{1,t-1} + G_{2,t-1} + G_{3,t-1}} + \\[2mm]
&\quad \frac{G_{3,t} - G_{3,t-1}}{G_{3,t-1}} \frac{G_{3,t-1}}{G_{1,t-1} + G_{2,t-1} + G_{3,t-1}} \\[2mm]
&= R_{1,t}\omega_{1,t} + R_{2,t}\omega_{2,t} + R_{3,t}\omega_{3,t}
\end{aligned}
$$

$$(3.42)$$

其中，$R_{i,t} = \dfrac{G_{i,t} - G_{i,t-1}}{G_{i,t-1}}$（$i = 1$，$2$，$3$）分别代表绿色产业、普通产业及污染产业的增长率，$\omega_{1,t} = \dfrac{G_{i,t-1}}{G_{i,t-1} + G_{i,t-1} + G_{i,t-1}}$（$i = 1$，$2$，$3$）分别代表绿色产业、普通产业及污染产业在国民生产总值中的比重。

$$R_t = R_{1,t}\omega_{1,t} + R_{2,t}(1 - \omega_{1,t} - \omega_{3,t}) + R_{3,t}\omega_{3,t}$$
$$= R_{2,t} + (R_{1t} - R_{2,t})\omega_{1,t} + (R_{3,t} - R_{2,t})\omega_{3,t}$$
$$R_t - R_{2,t} = (R_{1,t} - R_{2,t})\omega_{1,t} + (R_{3,t} - R_{2,t})\omega_{3,t} \tag{3.43}$$

式（3.43）显示，经济增长的影响机制可以从两条脉络展开：一是产业结构视角，主要是绿色产业占 GDP 的比重和污染产业占 GDP 的比重；二是增长率视角，主要是绿色产业和污染产业的相对经济增长率。沿着这一思路可以得出绿色金融作用于经济增长的具体机制（见图 3.9）。

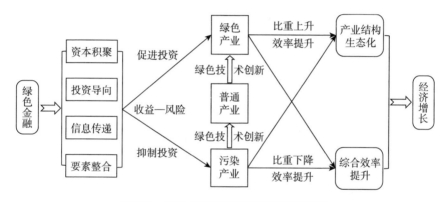

图 3.9　绿色金融对经济增长的影响机理

图 3.9 给出了绿色金融对经济增长的影响机理。该路线图显示，绿色金融首先通过资本积聚、投资导向、信息传递以及要素整合功能，抑制污染产业的资金流入，促进绿色产业的要素集聚。在此基础上，绿色金融从结构和效率两方面共同对经济增长产生影响：在产业结构方面，随着绿色金融的不断发展，绿色产业将稳步扩大，而"两高一剩"产业不断萎缩，产业结构向生态化方向发展，进而推动了经济的高质量增长；在综合效率方面，在收益—风险机制的综合作用下，所有企业均积极追求绿色技术进步，以不断提高资源利用效率，进而提升经济增长效率。

一　绿色金融、产业结构生态化与经济高质量增长

绿色金融将通过产业结构生态化发展进而带动经济的高质量增长。

绿色资本在金融市场的中介桥梁下实现了绿色资金的有效配置，逐步使绿色产业产生规模效应，并带动其他产业的生态化转型以及社会资源的优化配置，进而实现经济的高质量发展。

绿色金融的直接效应是产业结构的生态化发展，即污染产业逐步被绿色产业取代。绿色金融是金融和环境保护部门之间的纽带，其目的是将资金投向绿色环保产业，最终实现产业结构的优化和调整。[①] 在绿色金融的作用下，足够的资金流向绿色产业，有效降低了绿色产业的借贷成本，为绿色产业的持续发展和规模扩大创造了有利条件。资金向绿色环保产业流动，一方面鼓励企业重视生产中的绿色环保，另一方面引导消费者塑造绿色消费理念，继而促进绿色环保产业的可持续发展，实现产业结构的转型升级。同时，绿色金融抑制了污染企业的融资规模，对污染企业存在显著的融资惩罚效应。[②] 金融机构设置绿色金融的发放门槛，将企业的环境守法情况作为资金投放的重要条件，严格限制"两高"企业的贷款发放。[③] 绿色金融加大了污染企业的融资成本，有效抑制了污染产业的发展，在一定程度上缓解了环境负担过重的窘境，为产业结构向低能耗和低污染的生态化方向过渡提供了大力支持。

产业结构的生态化发展将带动经济的高质量增长。限制污染产业发展是产业结构向生态化转型的出发点。高耗能、高投入、高污染和低产出是现有污染产业的通病，对产业结构优化升级和持续经济增长具有抑制作用，即污染产业占比越大，产业结构优化升级越缓慢。污染产业的

---

① Salazar, J. "Environmental Finance: Linking Two World. " A Workshop on Financial Innovations for Biodiversity Bratislava, 1998; Cowan, E. "Topical Issues in Environmental Finance. " Economy and Environment Program for Southeast Asia, 1998.

② 苏冬蔚、连莉莉：《绿色信贷是否影响重污染企业的投融资行为?》，《金融研究》2018 年第 12 期，第 123～137 页；陈琪、张广宇：《绿色信贷对企业债务融资的影响研究——来自重污染企业的经验数据》，《财会通讯》2019 年第 8 期，第 36～40 页；He, L. Y. , and Liu, L. "Stand by or Follow? Responsibility Diffusion Effects and Green Credit. " Emerging Markets Finance and Trade 54 (2018): 1740 – 1760。

③ 谭小波、符淼：《产业结构调整背景下推行绿色信贷政策的思考》，《经济研究导刊》2010 年第 29 期，第 94～97 页。

规模决定了产业结构优化升级的进程和程度，污染产业会产生大量废水、废烟、废渣和其他污染物，从而减缓了产业结构升级的进度。绿色产业为环境污染的预防、生态保护和再生、满足人们的环境需求、有效合理配置资源以及社会和经济的可持续性创造了商品和服务。绿色产业是具有高科技特征和巨大创新空间的战略性发展行业。因此，产业结构的生态化发展能够显著推动经济的高质量增长。

二 绿色金融、绿色技术创新与经济增长效率提升

绿色金融首先对企业绿色技术创新行为产生影响，而后通过绿色技术创新影响经济增长效率。按照波特假说，短期内绿色金融会抑制污染企业的绿色技术创新，长期内将促进绿色技术创新活动。而绿色技术创新对经济增长的影响与绿色技术创新的类型相关，二者之间并非简单的线性关系。

资金储备不仅由企业的融资活动决定，而且直接作用于创新活动，影响其持续性，绿色技术创新离不开绿色金融的支持。传统的污染产业自身创新效率不足。如果任由污染产业不断发展，资源过度开发、环境破坏和温室气体排放等一系列问题可能会变得更加严重，从而对技术进步产生明显的挤出效应。[1] 而绿色金融会驱动污染产业淘汰落后产能，同时对企业绿色技术创新产生影响。绿色融资在本质上是一种基于市场的环境规制工具。[2]

按照波特假说，从短期来看，绿色金融的惩罚性措施会导致污染企业生产成本增加。当进行绿色技术变革的收益无法覆盖变革成本时，企业没有足够的动力进行生产与治污技术革新，这将挤占企业对 R&D 部

---

[1] 白云朴、李辉：《资源型产业结构优化升级影响因素及其实现路径》，《科技管理研究》2015 年第 12 期，第 116～122 页；杨丹辉、张艳芳、李鹏飞：《供给侧结构性改革与资源型产业转型发展》，《中国人口·资源与环境》2017 年第 7 期，第 18～24 页。

[2] 赵玉民、姚树荣：《环境问题实质的社会、经济分析》，《西南民族大学学报》（人文社科版）2009 年第 1 期，第 131～135 页。

门的科研投入，削弱企业的创新研发力度。但从长期来看，绿色金融的
资金约束对企业环保技术投资与环境管理活动存在倒逼作用。为了获取
投资以满足企业长远发展需求，企业必须进行环境友好型生产，不得不
增加对 R&D 部门的科研投入，改良并创新绿色生产技术，减少污染排
放，提高企业的全要素生产率，实现资源节约和循环利用。因此，从长
期来看，绿色金融将倒逼污染企业创新绿色生产技术，提高生产效率。

　　一般而言，创新活动具有价值增值效应，技术创新会导致新的生产
工艺和生产工具的出现，以此抵消由环境规制产生的较高的生产成
本。[1] 而绿色技术创新与经济增长之间并非简单的线性关系，按照范丹
和孙晓婷的观点：一般来说，绿色技术创新最初将表现出如高成本、低
利润和长周期等特征，因此，初始的绿色技术创新并没有实现规模经济
效应，并且会对其他类型的创新产生挤出效应，导致资源配置的低效
率；另外，从长期来看，绿色技术创新具有减少污染排放、提高企业生
产效率、提升产品质量和降低生产成本的潜力，从而在市场竞争中占据
有利地位，推动绿色经济发展。[2] 这一观点得到了部分学者的认同。陈
艳春等以绿色发明专利为绿色技术创新的代理变量，利用中国 1991 ~
2010 年数据进行实证检验，最终发现中国的绿色技术创新与经济增长
之间具有明显的 "U" 形关系。[3] 韩伯棠等以 OECD 国家绿色技术专利
为数据源，同样得出绿色技术创新与经济增长呈 "U" 形曲线关系。[4]
此外，一些学者认为技术创新对经济增长具有正向作用。何小钢发现绿
色技术创新极大地提高了全行业全要素生产率（TFP）的增长率，绿色

---

① 张忠杰：《环境规制对产业结构升级的影响——基于中介效应的分析》，《统计与决
　策》2019 年第 22 期，第 142 ~ 145 页。
② 范丹、孙晓婷：《环境规制、绿色技术创新与绿色经济增长》，《中国人口·资源与环
　境》2020 年第 6 期，第 105 ~ 115 页。
③ 陈艳春、韩伯棠、岐洁：《中国绿色技术的创新绩效与扩散动力》，《北京理工大学学
　报》（社会科学版）2014 年第 4 期，第 50 ~ 56 页。
④ 韩伯棠、丁韦娜、于敏、赵欣：《绿色技术存量经济吸引力与经济增长关系实证研
　究》，《科技进步与对策》2015 年第 19 期，第 7 ~ 12 页。

技术创新具有同时提高产品清洁度和企业生产效率的作用。[①] 袁润松等的研究支持了这一观点,绿色技术创新对中国的经济增长具有积极影响。[②] 王健秋以产业科技研发水平为绿色技术创新的代理变量,最终发现绿色技术创新能够促进地区经济增长。[③]

上述研究对我们考察绿色技术进步如何影响经济增长问题具有重要启示。他们的研究结论之所以呈现上述差异,原因除核心变量绿色技术进步的指标选取不同、样本数据的时间区间不同、实证分析工具不同以外,尤为重要的是,已有研究并未区分绿色技术创新的类型。绿色技术创新包括能源效率导向型和环境绩效导向型两类。能源效率导向型绿色技术创新注重提高能源使用效率,在相同产出下通过技术创新实现能源节约的作用,在同样的要素投入下提高了增长效率,促进了产业增长。而环境绩效导向型绿色技术创新注重改变污染排放,在相同的产出下注重排放量的降低,并未关注产出效率的提高。此外,绿色技术创新对经济增长的综合作用效果也将随着规模效应的形成与发展而呈现时间差异。

三 绿色金融与经济增长的区域异质性

当前,我国经济仍以工业发展为主,区域间与产业间实施绿色金融政策的力度存在不平衡,各地区间在环境规制、生态条件、经济发展目标等方面的差异导致绿色金融发展水平存在明显的异质性。[④] 尽管绿色金融政策已出台多年,但仍有一些地区和金融机构所执行的绿色金融政

---

① 何小钢:《能源约束、绿色技术创新与可持续增长——理论模型与经验证据》,《中南财经政法大学学报》2015 年第 4 期,第 30~38 页。
② 袁润松、丰超、王苗、黄健柏:《技术创新、技术差距与中国区域绿色发展》,《科学学研究》2016 年第 10 期,第 1593~1600 页。
③ 王健秋:《绿色技术创新对产业经济增长的影响研究——以湖北省为例》,《特区经济》2020 年第 1 期,第 36~38 页。
④ 李毓、胡海亚、李浩:《绿色信贷对中国产业结构升级影响的实证分析——基于中国省级面板数据》,《经济问题》2020 年第 1 期,第 37~43 页。

策没有达到实质性的效果，因而导致绿色金融对区域间的影响程度有很大的差异性。① 我国东部地区的经济发展水平凭借其自身的资源禀赋及区位优势遥遥领先于中西部地区，尤其在绿色发展理念盛行的背景下，东部地区的主导产业逐渐由传统污染产业向节能环保产业转型，因而吸引了大量绿色资金流入，增强了经济增长动力。而中西部地区由于经济发展水平、技术创新能力等远不及东部地区，产业升级较为缓慢，绿色金融对经济增长的促进作用稍显不足。

　　另外，不同类型的绿色金融工具在各地区的发展水平具有明显的差异性。信贷类绿色金融工具作为企业的间接融资工具，通过利率优惠、额度限制等方式支持环保企业而抑制重度污染企业的发展。证券类绿色金融工具作为企业的直接融资工具，具有融资成本低、融资期限长等优点，被企业所青睐。目前我国东部地区的绿色金融发展水平较高，绿色金融工具种类繁多，企业资金主要通过绿色债券、绿色基金等证券类直接融资方式获取，因此，东部地区的经济增长主要由证券类绿色金融工具带动；而中西部地区由于绿色金融发展水平较低，绿色金融工具种类较为单一，企业主要通过绿色信贷这种间接融资方式获得绿色资金，因此，中西部地区的经济增长主要由信贷类绿色金融工具拉动。

　　此外，我国绿色金融发展水平存在明显的异质性。在绿色金融发展水平较低、各地区对环保产业及环保项目的发展积极性不高的情况下，产业结构优化升级较为缓慢。同时，各地区为实现数量型经济增长，往往会将部分绿色技术创新经费用于扩大生产规模，这会削弱地区绿色创新研发力度，影响经济高质量增长。因此，在绿色金融发展水平较低时，其对经济增长的促进作用并不明显。当绿色金融发展水平达到一定高度时，其所形成的资金约束会对污染产业加强环境管理起到倒逼作用，促使污染产业及时进行环境友好型生产，并增加对 R&D 部门的科

---

① 陈伟光、胡当：《绿色信贷对产业升级的作用机理与效应分析》，《江西财经大学学报》2011 年第 4 期，第 12 ~ 20 页。

研投入，通过改良并创新绿色生产技术、减少污染排放的方式提高经济增长质量。因此，在绿色金融发展水平达到一定高度后，其对经济增长具有明显的促进作用。

第五节　本章小结

绿色金融通过改变企业的生产成本与经营风险，影响企业的生产决策并激发企业的绿色技术创新，进而推动产业结构生态化发展与绿色技术进步，为经济增长提供动力。本章作为全书的理论分析部分，主要从以下几方面进行了分析。

首先，本章分别从资本积聚、投资导向、信息传递及要素整合等方面考察了绿色金融的基本功能。结果发现，绿色金融不仅能通过从储蓄向投资转化的形式发挥作用，提高企业的融资效率、拓宽企业的融资渠道；还能通过绿色金融产品的实际成交价格向社会传递发展绿色经济的信息；更能促进各类要素向绿色企业集聚，加快绿色生产企业实现规模效应。

其次，本章通过构建简单的成本—收益函数考察了绿色金融对企业生产决策的影响，得出以下结论：根据企业初始产品的污染水平与生产成本、企业的利润函数以及绿色信贷的执行标准，企业最终将做出维持原有生产标准、进行绿色技术创新和实施产业转移的生产决策。

再次，本章通过 DSGE 模型分析了绿色金融对经济增长的影响，发现采取增加绿色投资的政策具有正向的长期效应，即增加绿色投资会在生产领域内提高绿色产出的比重，提高绿色生产资本的比重，促进绿色商品的消费。资金使用成本的补贴政策也具有类似于增加绿色投资的效果。但其效果比较小，从模拟结果来看，三个场景 $\varphi = 1\%$、3% 和 5% 的政策效果相差不大。

最后，本章系统分析了绿色金融对经济增长的影响机理，认为绿色金融从结构和效率两方面共同对经济增长产生影响。在产业结构方面，随着绿色金融的不断发展，绿色产业将稳步扩大，而"两高一剩"产业不断萎缩，产业结构向生态化方向发展，进而推动了经济的高质量增长；在综合效率方面，在收益—风险机制的综合作用下，所有企业均在积极追求绿色技术进步，以不断提高资源利用效率，进而提升经济增长效率。另外，各地区在环境规制、生态条件、经济发展等方面的差异导致绿色金融对经济增长的影响具有明显的区域异质性。

第四章　绿色金融的发展历程、
　　　　现状与水平测度

2016 年《关于构建绿色金融体系的指导意见》发布后，我国绿色金融进入深化发展阶段。在国家政策的大力支持下，绿色金融发行规模不断扩大，产品种类不断更新，绿色金融体系逐渐完善，绿色金融发展水平不断提高。

本章将系统考察我国绿色金融的发展历程、现状以及水平测度。首先，考察了我国绿色金融政策的演变过程；其次，从工具层面分析了我国绿色金融发展的总体情况；最后，通过构建绿色金融评价指标体系，对我国绿色金融水平的动态演变与区域发展情况进行比较分析。

第一节　绿色金融的发展历程

绿色金融政策是政府为鼓励金融机构、企业和个人积极利用绿色金融工具融通资金以支持环境保护项目而设定的各项方针和措施，主要包括绿色金融工具的实施标准、奖惩措施等。本书根据中国人民银行和各部委发布的与绿色金融相关的政策文件，将我国绿色金融发展历程分为萌芽阶段、初步发展阶段、深化发展阶段三个阶段。

一　萌芽阶段（1995～2006 年）

自 1994 年我国将可持续发展定为未来经济发展的基本方向和发展

策略以来，中国人民银行和中国银行保险监督管理委员会等主管部门开始将信贷政策作为引导金融结构支持环保项目的重要政策手段。1995年，中国人民银行颁布《关于贯彻信贷政策与加强环境保护工作有关问题的通知》，规定"各级金融部门在信贷工作中要重视自然资源和环境的保护，把支持国民经济的发展和环境资源的保护、改善生态环境结合起来，要把支持生态资源的保护和污染的防治作为银行贷款的考虑因素之一，以促进经济建设和环境保护事业的协调发展"。同年，国家环境保护局发布《关于运用信贷政策促进环境保护工作的通知》，指出"各级环境部门要学会引用信贷政策作为环境保护参与经济发展综合决策的重要手段"。国内部分商业银行开始发放绿色信贷，我国绿色金融制度正式诞生。1995~2006年，我国出台的绿色金融相关政策文件如表4.1所示。

表4.1　1995~2006年我国出台的绿色金融相关政策文件

序号	年份	政策文件名	颁布机构
1	1995	《关于贯彻信贷政策与加强环境保护工作有关问题的通知》	中国人民银行
2	1995	《关于运用信贷政策促进环境保护工作的通知》	国家环境保护局
3	1997	《关于加强乡镇企业污染防治和保证贷款安全的通知》	中国农业银行、国家环境保护局
4	2001	《上市公司环境审计公告》	国家环境保护总局、中国证券监督管理委员会
5	2003	《上市公司或股票再融资进一步环境审计公告》	国家环境保护总局、中国证券监督管理委员会
6	2003	《上市公司环境信息披露的建议》	国家环境保护总局、中国证券监督管理委员会
7	2004	《关于进一步加强产业政策和信贷政策协调配合控制信贷风险有关问题的通知》	国家发改委、中国人民银行、中国银行业监督管理委员会
8	2004	《关于认真落实国家宏观调控政策进一步加强贷款风险管理的通知》	中国银行业监督管理委员会

序号	年 份	政策文件名	颁布机构
9	2006	《关于继续深入贯彻落实国家宏观调控措施切实加强信贷管理的通知》	中国银行业监督管理委员会

资料来源：根据中国人民银行、原中国银行业监督管理委员会、原中国保险监督管理委员会、中国证券监督管理委员会等网站信息整理。

本书将 1995 ~ 2006 年这个阶段称为绿色金融的萌芽阶段，在此阶段，国家开始重视信贷政策在环境保护中的作用，这也是绿色信贷政策的雏形阶段。此阶段采取的信贷政策少部分属于强制性政策，大多属于倡议性政策；金融工具种类较为单一，灵活性不强，政策实施效果有限。

二　初步发展阶段（2007 ~ 2015 年）

2007 ~ 2015 年是绿色金融政策的初步发展阶段。在这一阶段，有关绿色信贷、绿色证券、碳金融等方面的具体政策相继出台（见表 4.2），绿色金融政策覆盖的领域逐渐拓展，政策内容也逐渐细化。

表 4.2　2007 ~ 2015 年我国出台的绿色金融相关政策文件

序号	年份	政策文件名	颁布机构
1	2007	《关于落实环保政策法规防范信贷风险的意见》	国家环境保护总局、中国人民银行、银监会
2	2007	《关于环境污染责任保险工作的指导意见》	国家环境保护总局、保监会
3	2008	《关于重污染行业生产经营公司 IPO 申请申报文件的通知》	证监会
4	2011	《中国钢铁行业绿色信贷指南》	环保部
5	2011	《关于开展碳排放权交易试点工作的通知》	国家发改委
6	2012	《绿色信贷指引》	银监会
7	2013	《关于开展环境污染强制责任保险试点工作的指导意见》	环保部、保监会

序号	年份	政策文件名	颁布机构
8	2015	《绿色债券发行指引》	国家发改委

资料来源：本表第一个文件参见郑冲《关于中国银行业绿色信贷建设的若干思考》，《浙江金融》2013 年第 1 期，第 9～11 页；其余文件根据生态环境部、中国人民银行、原中国银行业监督管理委员会、原中国保险监督管理委员会、中国证券监督管理委员会、国家发改委等网站信息整理。

随着国内金融市场的不断发展，法律法规体系不断成熟，商业银行业务管理模式趋于完善，管理水平也得到进一步提高，积累了丰富的绿色金融业务实践经验，为国内开展绿色信贷业务奠定了坚实的基础。在以上政策的驱动下，绿色金融实践迅速展开，政策成效显著，越来越多的上市银行制定了绿色发展方案，并将绿色信贷指标纳入公开发布的社会责任报告中。不少商业银行积极地转变经营理念，不是单纯只注重短期的经济效益，也开始注重在经营过程中承担社会责任，实现社会效益的最大化，绿色金融业务也得到了更广泛的推广，商业银行积极参与绿色金融产品开发并逐步形成了较为成熟的发展体系。在 2008 年，兴业银行公开承诺采纳"赤道原则"；2012 年，浦发银行推出《绿创未来——绿色金融综合服务方案》，形成了当时业内最全的、覆盖低碳产业链上下游的绿色信贷产品和服务体系；2013 年，恒丰银行专门制定了《恒丰银行绿色信贷政策》，建立了绿色金融授信业务审批的绿色通道，引导资金流向节约资源技术开发和生态环境保护的产业。截至 2015 年，已有 16 家上市银行的社会责任报告中包含了绿色信贷指标。

三 深化发展阶段（2016 年至今）

2016 年以来，我国绿色金融进入深化发展阶段。在这一阶段，绿色金融体系开始构建，绿色债券正式发售，全国性碳市场正式启动。我国绿色金融政策体系更加完善（见表 4.3），绿色金融工具更加丰富。这一阶段是中国绿色金融深化发展的阶段，绿色金融政策体系的不断创新引导着我国绿色金融的大发展。

表 4.3 2016 年至今我国出台的绿色金融相关政策文件

序号	年份	政策文件名	颁布机构
1	2016	《关于构建绿色金融体系的指导意见》	中国人民银行、财政部等七部委
2	2017	《全国碳排放权交易市场建设方案（发电行业）》	国家发展和改革委员会
3	2017	《关于共同开展上市公司环境信息披露工作的合作协议》	环保部、证监会
4	2017	《绿色债券评估认证行为指引（暂行）》	中国人民银行、证监会
5	2018	《关于加强绿色金融债券存续期监督管理有关事宜的通知》	中国人民银行
6	2018	《环境污染强制责任保险管理办法（草案）》	生态环境部

资料来源：根据中国人民银行、中国证券监督管理委员会、国家发改委等网站信息整理。

我国绿色金融的深化发展阶段由于拥有强有力的"自上而下"政策推动，绿色金融获得了极快的发展。各商业银行要将支持环保工作、控制对污染企业的信贷作为履行社会责任的重要内容；根据环保部门提供的信息，严格限制污染企业的贷款，及时调整信贷管理，防范企业和建设项目因环保要求发生变化带来的信贷风险；在向企业或个人发放贷款时，查询企业和个人信用信息基础数据库，并将企业环保守法情况作为审批贷款的必备条件之一。近年来，不仅开展绿色信贷的银行越来越多，而且绿色信贷产品种类也不断增加。2016 年，兴业银行成功发行国内首单绿色信贷资产支持证券。与此同时，绿色债券规模迅速扩大，其发行规模目前已经位列世界第一，而且发行过程更加完善。如 2016 年 12 月 7 日，这单由兴业银行主承销、国家开发银行联席承销的绿色债券"16 盾安 MTN002"，在国内首次于簿记建档环节引入"绿色投资人"。此外，强制性绿色保险的实施、绿色基金的广泛建立、全国性碳市场的形成都标志着我国绿色金融进入全面深化发展阶段。2018 年，绿色企业上市融资和再融资合计224.2亿元。绿色基金、绿色保险、绿色信托、绿色PPP、绿色租赁等新产品、新服务和新业态不断涌现。

第二节　绿色金融的发展现状

2016年我国七部委联合印发的《关于构建绿色金融体系的指导意见》指出，绿色金融工具主要包括绿色信贷、绿色债券、绿色基金、绿色股票、绿色保险、碳金融等。本节试图从绿色金融工具视角对我国绿色金融发展现状进行分析。

一　绿色信贷发展现状

绿色信贷是指利用信贷手段促进节能减排的一系列政策、制度安排及实践。在我国的金融体系中，银行业金融机构通过有效传导央行货币政策和国家宏观政策，最终实现在经济结构、消费比例投资、产业结构等方面的调整。绿色信贷作为生态文明建设中最为有效的金融手段之一，有助于帮助和促使企业降低能耗、节约资源，通过将生态环境要素纳入金融业的核算和决策之中，转变企业污染环境、浪费资源的粗放经营模式，避免陷入先污染后治理、再污染再治理的恶性循环。绿色信贷通过利用贷款品种、期限、利率和额度等手段发挥作用，一方面向节能环保等绿色产业提供资金支持，另一方面对"两高一剩"或违反节能环保法律法规的项目或企业采取停贷、缓贷甚至收回贷款等处罚措施。这将充分发挥银行调节经济的作用，构建符合生态文明的可持续的经济结构。

1. 绿色信贷总体规模不断扩大

为了有效发挥银行业在推进环境保护和节能减排工作中的作用，切实降低由环境和社会风险引起的各类信贷风险，我国银行业金融机构与环保部门以及其他有关部门加强合作，积极推动绿色信贷的发展。近年来，我国逐年增加对节能环保项目的信贷投放，2013～2018年我国21

家主要商业银行①绿色信贷余额及其占比如图 4.1 所示。

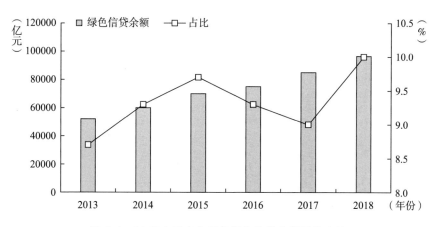

图 4.1　21 家主要商业银行绿色信贷余额及其占比
资料来源：历年《中国银行业社会责任报告》。

由图 4.1 可看出，2013～2018 年我国绿色信贷余额呈现明显的增长趋势，绿色信贷余额增幅明显，由 2013 年的 5.2 万亿元增加到 2018 年的 9.7 万亿元，年均增长率为 13.28%。截至 2018 年末，全国银行业金融机构统计的绿色信贷余额高达 8.5 万亿元，相比 2017 年增长了 16.2%，新增绿色信贷余额为 1.13 万亿元，占同期企业和其他单位贷款增加量的 14.2%。从绿色信贷占各项贷款余额的比重来看，2013～2018 年，绿色信贷余额占比整体呈波动中上升的趋势，由 2013 年的 8.7% 增长到 2018 年的 10.0%，2018 年首次突破 10% 的关卡，说明我国经济发展过程中逐步加强对绿色产业的重视，重视绿色金融发展。

2. 绿色信贷资金用途广泛

绿色信贷通过引导资金流向环境友好型的行业和项目，进而抵御企业环境违法行为、促进节能减排、规避金融风险。根据原银监会 2017

---

① 21 家主要商业银行包括国家开发银行、中国进出口银行、中国农业发展银行、中国工商银行、中国农业银行、中国银行、中国建设银行、交通银行、中信银行、中国光大银行、华夏银行、广东发展银行、平安银行、招商银行、上海浦东发展银行、兴业银行、中国民生银行、恒丰银行、浙商银行、渤海银行、中国邮政储蓄银行。

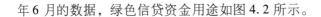

年 6 月的数据，绿色信贷资金用途如图 4.2 所示。

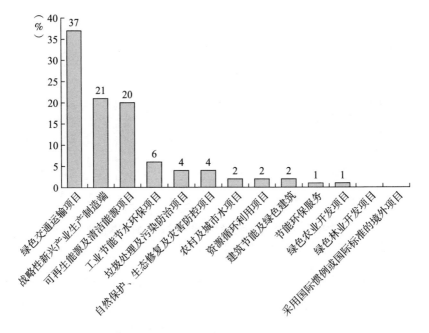

图 4.2　2017 年 6 月绿色信贷资金用途

资料来源：Wind 数据库，中央财经大学绿色金融国际研究院。

由图 4.2 可看出，绿色信贷投向分布差异较大，其中，投向排名前四的领域分别是：绿色交通运输项目占 37%、战略性新兴产业生产制造端占 21%、可再生能源及清洁能源项目占 20%、工业节能节水环保项目占 6%，即超过 80% 的绿色贷款用于可以产生稳定现金流、具有成熟商业模式的项目。严格意义上的环保项目使用绿色贷款的规模较小，主要原因是环保项目具有很强的正外部性和公益性，项目经济效益低、投资回报周期长，对单纯依靠商业原则运行的银行信贷资金吸引力不强，主要的资金来源仍然为地方财政支出，由此导致对地方经济的依赖程度较高，因此只有商业模式较为成熟的少数项目，比如垃圾焚烧发电、污水处理以及地方经济发展水平较高的地区的项目有望获得审核条件较高的绿色信贷支持。

3. 绿色信贷地区发展差距较大

我国幅员辽阔，不同地区的绿色信贷发展水平存在明显差异。据统计，我国绿色信贷占比最高的地区为河北省和浙江省。2018 年初，河北省绿色信贷余额达 1.4 万亿元①，浙江省绿色信贷余额达 6875 亿元②。从绿色金融改革试验区的情况来看，各地区绿色信贷余额占比相差较大，具体如图 4.3 所示。

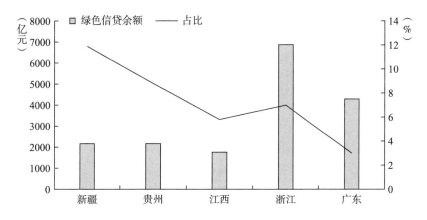

图 4.3　2018 年末绿色金融改革试验区绿色信贷发展情况

资料来源：Wind 数据库。

由图 4.3 可看出，2018 年末新疆绿色信贷余额为 2164.30 亿元，占比 11.9%；贵州绿色信贷余额达 2169.3 亿元，占比 8.8%；江西绿色信贷余额达 1764 亿元，占比 5.8%；浙江绿色信贷余额达 6875 亿元，占比 7.0%；广东绿色信贷余额达 4287.78 亿元，占比 3.0%。由此可见，经济发展水平越高的地区绿色信贷余额占比越低。这主要是因为经济发达地区大型国有企业、上市公司相对较多，融资渠道多样，且经济结构相对丰富，间接融资占比相对不高；欠发达地区中小型企业相对较多，经济结构相对单一，绿色信贷在中小企业的生产活动中仍将起到重

---

① 数据来源：http://hebei. hebnews. cn/2018 – 07/17/content_6955597. htm。

② 数据来源：http://wemedia. ifeng. com/51357284/wemedia. shtml。

要的作用。[①]

4. 绿色信贷机构建设数量持续增加

近年来，绿色金融的发展势头方兴未艾，各地区不断加强绿色支行的建设，以期为经济高质量发展助力，典型绿色支行的建设情况具体如表4.4所示。

表 4.4　全国部分地区典型绿色支行建设情况

省（区、市）	绿色支行及挂牌时间
浙江	浙江南浔农村商业银行练市绿色支行（2017 年 6 月）
	湖州银行递铺绿色小微企业专营支行（2017 年 6 月）
	中国农业银行湖州绿色专营支行（2017 年 10 月）、衢州绿色专营支行（2017 年 10 月）、安吉余村绿色专营支行（2018 年 4 月）、长兴泗安绿色支行（2019 年 6 月）
	浙江泰隆商业银行衢州绿色专营支行（2018 年 1 月）
	中国建设银行安吉人民路绿色专营支行（2018 年 2 月）
	浙江长兴农村商业银行经开区绿色专营支行（2018 年 8 月）
	中国工商银行安吉天目路绿色专营支行（2018 年 11 月）
	华夏银行湖州安吉绿色支行（2018 年 11 月）
	浙江安吉农村商业银行溪龙绿色支行（2019 年 4 月）
	湖州吴兴农村商业银行高新区绿色支行（2019 年 4 月）
	浙江德清农村商业银行地信绿色支行（2019 年 5 月）
新疆	昆仑银行钟楼支行、建设银行哈密分行绿色金融特色支行、昆仑银行昌吉支行、昆仑银行吐哈分行广东路支行等 10 家绿色支行
广东	中国工商银行广州市绿色金融改革创新试验区花都分行（2018 年 7 月）广州花都绿色金融街支行（2019 年 3 月）
	中国银行广州市绿色金融改革创新试验区花都分行（2018 年 6 月）
	中国建设银行广州市绿色金融改革创新试验区花都分行（2018 年 8 月）
	中国农业银行广州市绿色金融改革创新试验区花都分行（2018 年 12 月）
	浙商银行广州市绿色金融改革创新试验区花都支行（2019 年 7 月）

[①]　王昊：《绿色信贷的甘肃实践与政策建议》，《西部金融》2017 年第 3 期，第 84～87 页。

续表

省（区、市）	绿色支行及挂牌时间
江西	中国工商银行江西赣江新区支行（2017 年 5 月）
	中国建设银行南昌昌北支行（2018 年 3 月）
	招商银行赣江新区支行（2018 年 1 月）
	兴业银行赣江新区支行（2017 年 7 月）
	中信银行赣江新区支行（2017 年 8 月）
	江西银行赣江新区支行（2017 年 7 月）
	北京银行赣江新区支行（2017 年 11 月）
贵州	中国农业银行贵安绿色金融支行（2018 年 7 月）
	中国建设银行贵安绿色金融改革创新试验区支行（2018 年 1 月）
	中国邮储银行贵安新区支行（2017 年 3 月）
	兴业银行贵阳观山湖（生态）支行（2015 年 2 月）
	中国建设银行贵州省分行花溪支行（2018 年 6 月）
	中国银行贵安新区分行（2019 年 11 月）
江苏	兴业银行南京北京东路支行（2003 年 2 月）
	兴业银行南京分行营业部绿色主题银行（2017 年 9 月）
湖南	长沙银行环保支行（2013 年 3 月）
重庆	兴业银行两江绿色支行（2019 年 6 月）
甘肃	兴业银行兰州新区绿色支行（2019 年 5 月）

资料来源：《中国绿色金融发展报告 2019》。

由表 4.4 可看出，我国绿色支行主要集中在绿色金融试点地区，其中，浙江有 14 家，新疆有 10 家，广东有 6 家，江西有 7 家，贵州有 6 家。除此之外，江苏、湖南、重庆以及甘肃也相继开展了绿色支行的建设。以绿色支行为代表的绿色专营机构的建立，一方面，能够体现当地政府对绿色金融机构的重视程度；另一方面，绿色专营机构在绿色金融服务提供方面更加专业，能够为绿色产业及绿色项目获取资金提供便利，有利于绿色金融政策的实施落地，可以进一步增强当地绿色产业的获得感。

二　绿色债券发展现状

绿色债券是指国有企业或者私人企业发行的债券，其资金流向相关绿色领域且符合规定条件的项目。绿色债券在我国起步晚，2015 年中央银行 39 号文正式启动后我国才开始绿色债券的发行。但自 2016 年以来，我国绿色债券发展迅速，目前已发展成国际第一大绿色债券市场。

1. 发行规模不断扩大，发行数量不断增加

2015 年 10 月，中国农业银行在伦敦证券交易所发行首只绿色债券，开启了我国金融机构在海外发行绿色债券的新篇章。近年来，我国绿色债券发行量稳居世界前列，到 2019 年绿色债券的发行量位居世界第一。不仅如此，单只绿色债券的发行量也大幅增长。在国内，兴业银行、浦发银行都发行过大规模绿色金融债券，单只规模超过 200 亿元。目前世界上融资金额最大的绿色债券就是由中国银行发行的 30 亿美元的绿色债券。2016~2019 年，我国绿色债券发行规模和发行数量情况具体如图 4.4 所示。

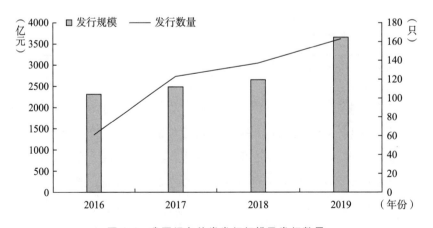

图 4.4　我国绿色债券发行规模及发行数量

资料来源：中国金融信息网绿色债券数据库。

由图 4.4 可知，我国绿色债券的发行规模呈现逐年扩大、发行数量呈现逐年增加的趋势。2016 年初，国家发改委和中国人民银行均发布了

支持绿色债券发展的相关政策，这推动了我国绿色债券市场规模的快速扩大。在 2016 年，我国绿色债券的发行规模约为 2300 亿元；但到 2019 年，我国绿色债券在境内外的发行规模超过 3600 亿元，是 2016 年的近 1.6 倍，在新兴市场绿色债券发行规模中占 60%，在全球发行规模中占 12%。就发行数量而言，我国绿色债券发行数量由 2016 年的 61 只增长至 2019 年的 163 只，增加了 1.7 倍。可见，我国绿色债券的发展势头强劲，为我国可持续发展项目提供了中长期的低成本资金支持，更为实现环境保护与可持续发展、促进企业提高资源利用效率提供了动力。

2. 投资结构多样化

根据中国金融学会绿色金融专业委员会发布的《绿色债券支持项目目录》，绿色债券的资金用途可划分为节能（GB1）、污染防治（GB2）、资源节约与循环利用（GB3）、清洁交通（GB4）、清洁能源（GB5）以及生态保护和适应气候变化（GB6）六大类。2019 年绿色债券在各领域的投资情况如图 4.5 所示。

由图 4.5 可看出，我国绿色债券资金主要用于清洁能源领域、清洁交通领域、环境污染治理领域、资源节约与循环利用领域、节能和生态环境保护领域。从资金投入结构来看，绿色债券资金主要用于清洁交通与节能环保，两者资金合计占比超过 50%，说明绿色债券发行主体主要从事环保与交通行业，资金流向最少的是资源节约与循环利用领域，占比为 4%。从资金去向来看，流向污染防治、城市轨道交通、节水及非常规水源利用、生物质资源回收利用、太阳能光伏发电的资金占了绝大部分，林业开发、水路交通、煤炭清洁利用等项目的资金很少。

3. 绿色债券的地区发展存在差异性

以发行人注册地为地区分布的参考对象，截至 2019 年我国共有 27 个省（区、市）参与绿色债券发行。图 4.6 给出了我国各地区发行的绿色债券的数量与金额。

由图 4.6 可知，我国东部地区的绿色债券发展水平还是比较高的。从发行数量来看，广东省共发行了 27 只绿色债券，发行数量居东部地

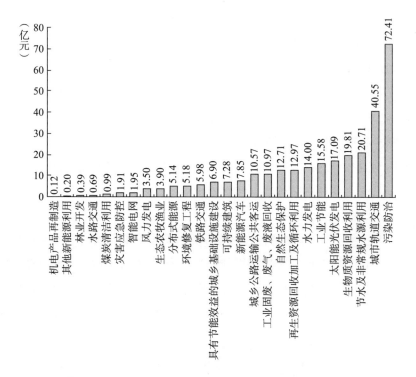

图 4.5   2019 年中国境内绿色金融债券募集资金投向分布

资料来源：中国金融信息网绿色债券数据库。

区首位，占比达 19.7%；浙江省与北京市分别位居第二和第三，分别发行了 26 只和 25 只绿色债券。从发行金额来看，北京市 2019 年发行金额总计 692.27 亿元，位居全国第一，占东部地区的比重为 31.8%；广东省发行金额总计 412.48 亿元，排名第二。综合来看，无论在发行数量上还是在发行金额上，北京市在绿色债券市场的表现突出，主要原因在于北京市不仅是包括大型国有银行在内的多家中央国有企业总部所在地，而且北京作为国家政治中心，绿色金融和绿色债券的政策传导效应较好，并拥有多家绿色金融研究机构和服务机构，企业发行绿色债券更为便捷。

就中部地区而言，其在绿色债券的发展方面也是稳步前行的，2019年全年共发行 36 只绿色债券，占全国当年发行绿色债券的比重超过

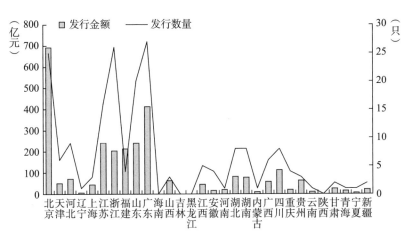

图 4.6　2019 年我国 30 个省（区、市）绿色债券发行情况

资料来源：Wind 数据库。

20%，发行总金额为 368.69 亿元，虽然规模相对较大，但还是远逊于东部沿海地区，其中部分省份间的差别也较为明显。绿色债券的发行地主要集中于湖南、湖北、山西、江西等地区。其中，湖北省发行规模最大，发行金额为 81.5 亿元，占我国中部地区绿色债券发行金额的 22%。另外，吉林、黑龙江两地的绿色债券发展情况并不尽如人意。

对于西部地区来说，在绿色债券的发展方面，其金融业水平是比较低的，绿色债券的发行数量和规模相比东部地区和中部地区仍存在很大差距。2019 年全年西部地区共发行绿色债券 23 只，发行金额为 275.81 亿元，约占全国总发行金额的 10%。其中，西部地区绿色债券的发行主要集中于广西、贵州、重庆、四川等地，四川地区的发行规模最大，而陕西、云南、宁夏、青海等地区当年没有发行绿色债券或仅发行 1 只。

综合而言，从目前来看，尽管我国绿色债券的规模远远低于绿色信贷，但是绿色债券可以发挥绿色信贷没有的作用。绿色债券中占大部分的是金融债，也就是说目前大量的资金募集者是金融机构。对于银行等金融机构而言，期限错配问题始终是造成风险的主要因素之一，即负债的期限普遍比资产的期限短，而绿色债券作为一种资金来源，它的平均期限为 5～10 年，远远长于我国商业银行负债 6 个月的平均期限，这就可以有效减少金融机构的期限风险。不仅如此，金融机构以债券形式募集的基金，很多也以绿色信贷这种间接方式投向了绿色项目，所以绿色债券对绿色信贷的发展产生了很大的促进作用。

三　绿色基金发展现状

绿色基金是一项专门针对节能减排、低碳经济发展、环境优化改造项目建立的专项投资基金，是我国绿色金融发展的必然要求。为迎合绿色金融的发展，我国各级政府不断促进绿色基金的发展，将募集的资金主要投向环境友好型项目，这可以促进绿色项目顺利完成，给经济社会带来正外部效应，对推进生态文明建设具有重要意义。

1. 绿色基金发展规模情况

目前国内的绿色基金大致可以分为以下三种，即交易所环保主题基金、环保产业并购基金、PPP 模式环保产业基金。尽管我国绿色基金起步较晚，但发展势头迅猛。2011 年 2 月，兴业银行成立了国内第一家绿色投资基金——兴全绿色投资股票型证券投资基金。该基金主要面向绿色节能、新能源、环保企业以及一些向新兴产业转型的企业。2016 年 8 月，中国人民银行等七部委联合印发了《关于构建绿色金融体系的指导意见》，明确提出通过政府和社会资本合作（PPP）模式动员社会资本，支持设立各类绿色发展基金，实行市场化运作。由中央财政整合现有节能环保等专项资金设立国家绿色发展基金，鼓励有条件的地方政府和社会资本共同发起区域性绿色发展基金。内蒙古、云南等地区发行的绿色发展基金已初具规模。一些地级市不断加大绿色基金的发行力度，积极吸引民间金融机构参与绿色基金的创设、引导民间产业资本来带动绿色投融资。截至 2017 年末，我国各级政府已设立 50 多只绿色发展基金。截至 2018 年 10 月，全国公募发行的环境、社会责任类绿色基金达到 76 只，资金募集额达到近千亿元。到目前为止，我国已有 11 个省（市）出台支持服务民营企业绿色发展的实施意见或建立工作协调机制。2020 年 7 月，由财政部、生态环境部和上海市共同设立的国家绿色发展基金成立，旨在健全多元化生态环境保护投入渠道，利用市场机制支持生态文明和绿色发展，推动美丽中国建设。2020 年绿色基金首期总规模达 885 亿元，超额完成募资任务。

随着国家对绿色基金发展的大力支持，各省（区、市）建立绿色基金的热情高涨，建立绿色基金的区域不仅局限于绿色金融改革试验区所在的五个省。截至 2017 年末，我国由地方政府主导或参与的绿色基金达到 50 只，由社会资本主导发起设立的绿色基金达到 250 只。[1] 财政部与国内数十家大型金融、投资机构共同在河南、安徽、贵州、云南、内蒙古、河北、湖北、山东等 10 多个省（区、市）先后设立不同规模的绿色发展基金，主要借助 PPP 模式，吸引社会资本，推动绿色投融资。[2] 2018 年，新增绿色基金数量出现了下降，达到 178 只，同比下降 40%，主要原因是资管新规及理财新规相关金融监管文件出台后，金融从严监管。资管新规正式出台后，资管产品结构设计面临"去杠杆"压力，绿色基金的备案数量出现明显下降（见图 4.7）。根据资管新规，

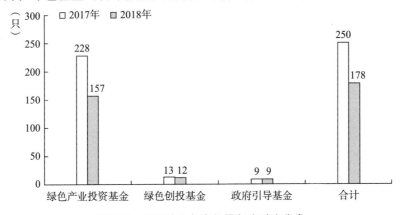

图 4.7 绿色基金备案数量年度对比分类

---

① 单科举：《我国绿色发展基金运作情况探析》，《金融理论与实践》2018 年第 11 期，第 93 ~ 96 页。
② 安国俊：《中国绿色基金发展趋势》，《中国金融》2018 年第 19 期，第 81 ~ 82 页。

在私募投资基金方面的专门法律、行政法规没有明确规定的情况下，私募投资基金应适用资管新规。考虑到资管新规对私募基金交易结构去通道、嵌套、分级、期限匹配等方面的严格限制，传统绿色基金结构设计将难以为继。[①]

2. 绿色基金投资领域

绿色基金是专门用于节能减排、低碳环保类项目的投资基金，因此绿色基金主要投资领域为绿色环保等相关领域。据 2018 年前三个季度的数据统计，截至 9 月末，全国公募发行的环境、社会责任类证券投资基金共 71 只，发行规模总计 1395.13 亿元。前三个季度我国私募绿色基金的设立情况如图 4.8 所示。

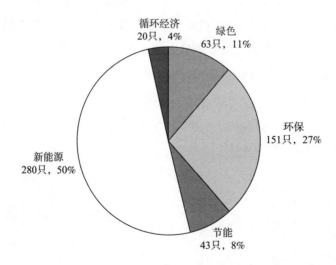

图 4.8　2018 年前三个季度我国私募绿色基金的设立情况
资料来源：中国证券投资基金业协会。

由图 4.8 可看出，私募绿色基金的设立所支持的领域有绿色、环保、节能、新能源、循环经济五大方面，对应的基金数量分别为 63 只、151 只、43 只、280 只、20 只。其中新能源领域基金的设立数量最多，

① 中央财经大学绿色金融国际研究院：《构建中国绿色金融体系：进展报告 2018》。

占私募绿色基金总数的一半。

3. 各地区绿色基金建立情况

国内绿色产业基金通常是由政府引导基金投资，由行业内大型机构发起或参与，以引导公众投资方向，在一定程度上分散风险。地方政府设立引导基金的初衷是鼓励新兴行业创业投资，在新兴行业中节能环保、新能源属于绿色产业。这一举措有利于充分鼓励社会资本参与绿色投融资。

截至2019年6月，我国绿色产业引导基金共建立33只，经济发达地区的广东、江苏、浙江数量较多，分别为5只、5只、4只（见表4.5）。在2019年评价周期，各地区新增政府引导绿色（产业、发展）基金速度明显放缓，仅为9只，涉及浙江、江苏、贵州、甘肃、山西、安徽6个省份，新增基金数量的减少与金融监管环境趋严有关。

表 4.5　2016～2019 年我国新增绿色产业引导基金

基金简称	管理机构	注册地区	成立时间	目标规模（亿元）
四川城乡绿色发展引导基金	自管	四川	2016 年 5 月 19 日	—
张家口绿色发展基金	水木资本	河北	2016 年 6 月 16 日	—
镇江绿色发展基金	自管	江苏	2016 年 6 月 16 日	30.00
安徽省节能环保基金	瑞力投资	安徽	2016 年 6 月 25 日	4.50
齐齐哈尔工业暨节能减排基金	博资创新	黑龙江	2016 年 6 月 24 日	20.00
新都前海农行绿色基金	前海金融控股	四川	2016 年 6 月 26 日	20.00
浦银新都绿色基金	前海金融控股	四川	2016 年 6 月 26 日	19.50
中农绿色健康基金	中农高科投	广东	2016 年 7 月 13 日	5.00
佛山云浮氢能源基金	自管	广东	2016 年 7 月 18 日	30.00
如皋新能源汽车基金	中融信托	江苏	2016 年 7 月 28 日	—
宜昌绿色发展投资基金	自管	湖北	2016 年 9 月 2 日	100.00
磐安县绿色产业基金	自管	浙江	2016 年 9 月 8 日	—
广州绿色产业基金	南粤基金	广东	2016 年 10 月 18 日	—
中睿移动能源产业基金	中睿资产	山西	2017 年 1 月 26 日	32.35

续表

基金简称	管理机构	注册地区	成立时间	目标规模（亿元）
石家庄市大气污染防治基金	自管	河北	2017 年 4 月 10 日	30.00
桃城绿色发展基金	自管	河北	2017 年 5 月 19 日	—
江苏省生态环保基金	华融中财	江苏	2017 年 7 月 26 日	800.00
原苏绿色发展基金	深圳富海鑫湾投资	广东	2017 年 10 月 27 日	1.40
高栏绿色港口产业基金	自管	广东	2017 年 12 月 12 日	10.00
京津冀大气污染防治基金	中国节能	北京	2017 年 12 月 18 日	500.00
贵港新能源汽车基金	自管	广西	2017 年 12 月 27 日	500.00
郑州都市生态农业专项建设基金	自管	河南	2018 年 3 月 7 日	300.00
盐城市节能环保产业基金	金茂资本	江苏	2018 年 3 月 20 日	—
北京区块链生态基金	自管	北京	2018 年 5 月 19 日	10.00
国金佐誉新能源汽车基金	自管	浙江	2018 年 7 月 31 日	5.00
银河湖州绿色基金	自管	浙江	2018 年 7 月 31 日	5.00
湖州绿色产业引导基金	自管	浙江	2018 年 7 月 31 日	10.00
盐城市新能源产业基金	悦达金泰	江苏	2018 年 9 月 17 日	2.01
工业及国企绿色基金	自管	贵州	2018 年 9 月 17 日	300.00
甘肃绿色生态产业基金	甘肃国投	甘肃	2018 年 9 月 28 日	400.00
大同能源产业基金	自管	山西	2018 年 10 月 27 日	100.00
长江经济带生态基金	自管	—	2018 年 11 月 1 日	3000.00
旌德中安绿色健康产业基金	北京安芙兰投资	安徽	2019 年 1 月 11 日	1.00

资料来源：清科私募通，中央财经大学绿色金融国际研究院。

四 绿色股票发展现状

绿色金融的重要金融工具还包括绿色股票。目前，我国绿色股票发展仍处于起步阶段，我国出台的《关于构建绿色金融体系的指导意见》中明确提出通过绿色股票方式支持绿色投资，积极推动符合条件的绿色企业上市融资和再融资。目前，我国绿色股票（仅考虑环保行业）首发融资和再融资规模年均不超过 100 亿元，融资发展仍具有巨大空间。

1. 环保类上市公司数量分布情况

由于广义绿色产业涉及范围较广，目前尚未有公认的对绿色上市公司进行划分的标准，所以本书涉及的绿色股票是依据申万宏源行业划分环保工程与服务一级行业分类企业所发行的股票。

截至 2019 年 6 月，各省（区、市）已有上市环保企业数量排名前三的依次为北京 8 家、浙江 7 家、广东 6 家。其次为江苏 4 家、上海 3 家、天津 3 家、河北 2 家、陕西 2 家。重庆、新疆、四川、山东、江西、湖南、湖北、黑龙江、河南、贵州、广西、福建、安徽 13 个省（区、市）各有 1 家上市环保企业。云南、西藏、山西、青海、宁夏、内蒙古、辽宁、吉林、海南、甘肃 10 个省（区）尚无上市环保企业（见图 4.9）。上市环保公司注册地集中在京津冀、长三角、珠三角等经济发达地区。

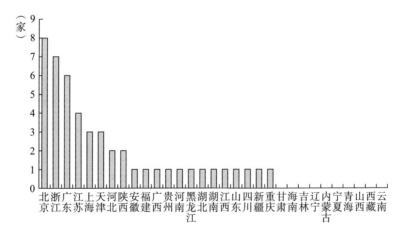

图 4.9　全国 31 个省（区、市）已有上市环保企业数量（截至 2019 年 6 月）
资料来源：Wind 数据库。

2. 绿色股权融资情况

目前，我国绿色股票市场相对于绿色信贷、绿色债券发展较为滞后，最主要的原因之一就在于尚未形成绿色企业的认定标准。2018 年 4 月，上海证券交易所在证监会的指导下，制订了《上海证券交易所服务绿色发展推进绿色金融愿景与行动计划（2018—2020 年)》，明确提出绿色企业标准，并将之纳入"新蓝筹"板块给以差异化的政策，以提升资本市场支持绿色发展的能力，这有助于引导资本市场更好地服务绿色发展，推动我国绿色金融体系的发展更趋均衡、全面。

据图 4.10 计算，截至 2018 年第一季度，A 股市场绿色环保产业上市公司 IPO、增发、配股、优先股、可转债与可交换债共融资 1012.7 亿元，同比下降 28.3%。同期 A 股市场股权融资总额为 6086.7 亿元，绿色股权融资在全市场融资中的占比为 16.6%。

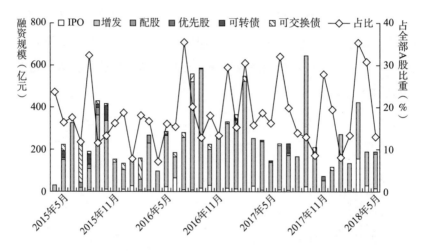

图 4.10　A 股市场绿色股权融资规模及其占比

资料来源：Wind 数据库，兴业研究公司。

五　绿色保险发展现状

绿色保险作为绿色金融工具的重要组成部分，随着保险种类的不断丰富以及保险观念的深入普及，我国绿色保险近年来发展较快。在相关制度不断完善的同时，也陆续开发了一系列新的绿色保险产品。

1. 绿色保险发展势头良好

2007 年 12 月，国家环保总局和中国保监会联合印发《关于环境污染责任保险工作的指导意见》，我国开始在部分地区开展环责险试点。

2013 年 1 月，将试点范围扩大到全国。2014 年，投保环境污染责任保险的企业约有 5000 家，2017 年超过 16000 家，3 年间投保企业增长了 1.1 万余家，增长率约为 220%。2018 年 5 月，生态环境部审议并原则通过《环境污染强制责任保险管理办法（草案）》，规定通过评估定价环境风险，强制性征收环境污染责任保险，该草案有效丰富了我国目前实现环境成本内部化的政策工具。

由于我国企业环境责任险开展时间较晚，缺乏系统的统计资料，而农业是受自然环境影响较大的行业，故可用农业保险规模占比及农业保险赔付率近似反映绿色保险的发展状况。其中，农业保险规模占比 = 农业保险保费支出/保费总支出，农业保险赔付率 = 农业保险保费支出/农业保险保费收入。图 4.11 为我国农业保险规模占比及农业保险赔付率的折线图。

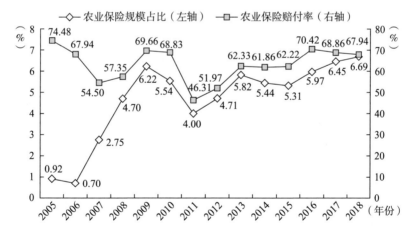

图 4.11　我国农业保险规模占比及农业保险赔付率

资料来源：历年《中国保险年鉴》。

由图 4.11 可看出，自 2007 年起我国农业保险规模占比与农业保险赔付率变化趋势几乎一致，均呈现"W"形发展趋势。从 2010 年与 2017 年基本相同的农业保险赔付率可以看出，我国绿色保险起步相对较晚，发展相对滞后，但在 2016 年表现出逐步加速的后发趋势。因此，我国应重视绿色保险的发展，确保环境污染责任保险的有效实施，从而达到环境保护的目的。

2. 各地区环境污染责任保险发展情况

从各地区环境污染责任保险的发展情况来看，河北省的环责险保障额度和投保企业累计数量显著高于其他省份，这与2015年以来河北省的环保工作重担和高压的环境监管密不可分。总体来看，尽管环责险强制实施政策已经过去一段时间，但是《2019年中国银行业社会责任报告》显示，截至2019年末，21家主要商业银行绿色信贷余额超过10万亿元，环责险的占比仍然较小。一方面，企业对环境污染责任保险投保意愿不高，主要原因是环保执法力度和持续性欠缺；另一方面，环责险在我国得到的法律支持不足，保险公司在条款制定和赔付鉴定方面尺度过严，这在一定程度上打压了中小企业参保的积极性。表4.6为我国部分地区环境污染责任保险投保情况。

表4.6　我国部分地区环境污染责任保险投保情况

地区	环境污染责任保险投保情况
深圳	2008年全国首个试点城市，2008~2018年，深圳市共有774家企业投保，保费为1936.07万元，风险保障额度达11.52亿元
山东	2013~2019年，山东省共有391家企业投保，保费为1809万元，风险保障额度为15亿元，累计为56家企业赔付352万元
福州	2017~2018年，福州市共有96家企业投保，保费为276.38万元，风险保障额度为2.57亿元
贵州	2013~2018年，贵州省累计实现保费收入247.87万元，风险保障额度为1.37亿元
河北	2015~2019年，河北省累计投保企业为3738家次，风险保障额度为128.51亿元
云南	2018年以来，稳步推进环境污染强制责任保险试点工作，截至2019年7月，102家试点企业投保额达212.4万元，为投保企业提供风险保障1.97亿元

资料来源：根据相关文献整理而得。

3. 各地区绿色保险种类创新情况

结合我国生态文明建设现状，我国绿色保险的种类也在不断创新。如根据当地环境条件，大力发展低碳环保类消费品的责任保险、森林保险、农牧保险等，助推当地供给侧结构性改革、经济绿色发展。截至 2019 年 6 月底各省（区、市）绿色保险种类（含创新品种）情况如表 4.7 所示。

表 4.7　全国 30 个省（区、市）绿色保险种类（含创新品种）情况
（截至 2019 年 6 月底）

省（区、市）	具体险种
广东	巨灾指数保险、环境污染责任保险、蔬菜降雨气象指数保险、绿色农保＋、绿色产品食安心责任保险、油污赔偿责任保险、降水发电指数保险、森林保险、绿色卫士装修污染责任保险等
江苏	8 项气象指数保险（大闸蟹气温指数保险、鱼虾气象指数保险、桃梨气象指数保险、池塘水产气象指数保险等）及农业大灾险、环境污染责任保险、森林保险、船舶污染责任保险
北京	绿色建筑性能责任保险、果树树体保险、生猪价格指数保险、蜂业气象指数保险、光照气象指数农保、太阳能辐射发电指数保险、环责险、森林保险等
浙江	生猪保险、安全生产和环境污染综合责任保险、巨灾保险、森林保险、气象指数保险（茶叶气象指数保险、杨梅采摘期降雨气象指数保险、大黄鱼养殖气象指数保险）等
福建	船舶污染保险、环境污染责任保险、森林保险、农业气象巨灾指数保险、水产养殖台风指数保险、茶叶种植低温指数保险、农作物种植降水指数保险等
河北	水产养殖气象指数保险、板栗干旱气象指数保险、冬枣气象指数保险、环境污染责任保险、森林保险、农业大灾险、无害化处理与保险联动机制、风力发电指数保险
湖北	森林保险、水稻高温天气指数保险、小龙虾天气指数保险、水稻暴雨天气指数保险、杨梅采摘期降水气象指数保险、环境污染强制责任保险、碳保险、农业大灾险
湖南	环境污染责任保险、农业气象保险、杨梅降雨气象指数保险、森林保险、大鲵养殖保险、公益林保险、农业大灾险、光伏财产保险
山西	梨种植气象指数保险、环境污染责任保险、森林保险，以及暴雨、洪涝、低温冻害、干旱及大风 5 种气象指数保险
河南	环境污染责任保险、农业大灾险、病死猪无害化处理和生猪保险联动、森林保险、小龙虾养殖天气指数保险、玉米天气指数保险、茶叶低温霜冻气象指数保险
四川	农业大灾险、环境污染责任保险、森林保险、蔬菜价格指数保险、生猪保险、养殖保险与病死畜禽无害化处理联动机制

省（区、市）	具体险种
山东	杨梅气象指数保险、海水养殖天气指数保险、环境污染责任保险、养殖保险与病死动物无害化处理联动机制、森林保险、农业大灾险
上海	蔬菜气象指数保险、葡萄降水量指数保险、船舶污染责任保险、油污责任保险、危化品的安全责任保险、耕地地力指数保险
安徽	农业大灾险、环境污染责任保险、农业气象指数保险、水稻天气指数保险、森林保险
江西	环境污染责任保险、农业大灾险、船舶污染责任保险、政府救助保险、建筑工程绿色综合保险
辽宁	农业大灾险、环境责任保险、玉米天气指数保险、海水养殖气象保险、森林保险
内蒙古	环境污染责任保险、农业大灾险、森林保险、天气指数保险、草原牧区羊群天气指数保险
陕西	环境污染责任保险、森林保险、气象指数保险、农业巨灾指数保险、茶叶气象指数保险
甘肃	环境污染责任保险、茶叶低温气象指数保险、生猪价格指数保险、森林保险
贵州	山地茶叶气象指数保险、环境污染责任保险、森林保险、气象指数保险、生猪价格指数保险
黑龙江	森林保险、农业巨灾指数保险、环境污染责任保险、农业大灾险
广西	环境污染责任保险、海水养殖风力指数保险、森林保险
海南	环境污染责任保险、风灾指数保险、森林保险
青海	环境污染责任保险、藏系羊牦牛降雪量气象指数保险、森林保险
天津	生猪价格指数保险、环境污染责任保险、无害化处理与保险联动机制
重庆	环境污染责任保险、森林火灾保险、生猪保险
吉林	农业大灾险、森林保险
宁夏	环境污染责任保险、蔬菜价格指数保险
新疆	棉花低温气象指数保险、环境污染责任保险
云南	环境污染责任保险、森林保险

由表4.7可以看出，绿色保险种类整体呈现经济发达地区、重视环保地区数量较多的情况。目前环境污染责任保险、森林保险等责任保险在我国普及情况相对较好，全国大部分省份均有所涉及，覆盖涉重金属、石化、危险化学品、危险废物处置等行业，在防范环境风险、补偿污染受害者、

推送环境保护事中事后监管方面发挥着积极作用。农业保险作为绿色保险的重要内容之一，近年来也实现了快速发展，各地区结合本地实际情况，开展各类涉农牧业灾害保险。在此基础上，各大保险公司正积极探索新的绿色金融保险、能源保险及其他绿色保险产品，伴随我国新能源产业及其他绿色产业的发展逐步试点推广，绿色保险作为绿色金融体系的重要组成部分，在助推国家绿色金融战略中的地位和作用日渐凸显。

六　碳金融发展现状

由于温室气体的过度排放、全球气候变差，发展低碳经济成为应对全球气候变化的主要渠道。对此，各国高度重视温室气体排放，尤其关注经济发展过程中低碳经济的发展水平，碳金融由此应运而生。我国于2002 年核准《京都议定书》。2011 年 10 月，国家发改委印发《关于开展碳排放权交易试点工作的通知》，批准北京、天津、上海、重庆、广东、湖北、深圳七省市成为首批碳排放交易试点省市。随着碳排放交易试点的不断发展，在 2017 年 12 月，国家发改委印发《全国碳排放权交易市场建设方案（发电行业）》，明确将发电行业作为突破口，启动全国碳排放权交易市场，全国统一碳排放权交易市场正式宣布启动。我国通过市场机制利用经济手段控制和减少碳排放的方法使得碳金融进入全新的发展阶段。

1. 碳配额交易量情况

碳交易试点区域纳入的控排企业虽然数量少（大约 2000 家），但体量大，代表性强。试点区域共覆盖碳配额总量的 12×10^8 吨左右，占全国碳排放总量的一成多。各个试点区域覆盖行业各不相同、各有侧重，既包括钢铁、电力、石化、水泥等重化工业，也包括建筑、交通和服务等非工业行业。在控排企业的选择上，要求设定一个排放门槛值，符合条件的一律纳入。在覆盖范围上，主要控制二氧化碳排放，同时兼顾外购电、外购热等间接排放。7 个碳交易试点区域涵盖了中国东部、中部、西部地区，区域经济发展水平和经济结构存在显著差异。在配额分配上，与欧盟碳市场类似，7 个碳交易试点区域均采取总量控制交易的方式，分配形式包括初始分配配额、新增预留配额和政府预留配额，采取免费分配与拍卖相结合、历史法和行业基准法相结合、事前预分配与事后调整相结合的方式进行分配。在抵消机制上，允许一定比例的国家核证自愿减排量（CCER）和林业碳汇用于抵扣碳配额，并从抵消比例、CCER 项目地域等方面控制 CCER 对配额市场的冲击。

自 2013 年底 7 个试点启动以来，碳交易市场交易十分活跃，碳配额现货成交量和价格齐升，增速明显。在 2013 ~ 2019 年的运行阶段，7 个试点地区共纳入了 20 余个行业的 2600 多家重点排放单位，累计成交量达 18202.7 万吨，成交额高达 42.0 亿元，具体如表 4.8 所示。

表 4.8　2013 ~ 2019 年碳交易试点交易情况

试点地区	北京	天津	上海	广东	深圳	湖北	重庆
配额总量（万吨）	5000	16000	16000	42000	3000	25000	13000
成交总量（万吨）	1324.4	304.9	1505.6	5429.3	2638.4	6184.1	816.0
成交总额（亿元）	7.9	0.4	4.2	9.5	7.3	12.4	0.3

资料来源：中国碳排放交易网截至 2019 年 12 月 13 日数据。

由表 4.8 可以看出，截至 2019 年底，7 个碳交易市场交易日趋活跃，交易规模逐步扩大。其中湖北省碳交易最为活跃，配额累计成交量及成交额均居首位，分别为 6184.1 万吨和 12.4 亿元，分别占全国总量的 33.97% 和 29.52%。其次为广东省，配额累计成交量及成交额分别为 5429.3 万吨和 9.5 亿元，分别占全国总量的 29.83% 和 22.62%，两个省份合计占比分别为 63.80% 和 52.14%。由此可见，我国碳市场目前以现货为主，挂牌点选、单向竞价和协议转让的交易方式运行有效，且已形成一定规模。

2. 清洁发展机制项目发展情况

2011 年 10 月发布的《关于开展碳排放权交易试点工作的通知》标志着我国正式启动碳交易试点，实行以碳配额交易为主、以发展 CCER

为辅的模式。2017 年末，我国政府已宣布正式启动全国碳金融交易体系，碳金融的发展取得了良好的效果。

目前，我国最主要的碳排放权交易方式为清洁发展机制（CDM），同时我国也是世界上 CDM 一级市场上最大的供应者。从 2005 年 6 月中国成功注册第一个 CDM 项目开始，截至 2016 年 8 月 23 日，我国清洁发展机制项目已批准 5074 项，各省（区、市）项目数量如图 4.12 所示。

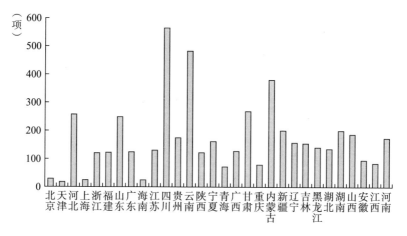

图 4.12 我国 30 个省（区、市）清洁发展机制项目数量

资料来源：CDM 项目数据库系统。

由图 4.12 可知，在我国已批准的清洁发展机制项目中，四川的项目数量最多，高达 565 项，云南、内蒙古、甘肃、河北、山东紧随其后，而这些省份的项目总数接近全国项目总数。由此可以看出，清洁发展机制项目在我国区域间存在明显的不平衡分布特征。

第三节 绿色金融的发展水平测度

国内外有关绿色金融发展的研究成果较多，但关于绿色金融发展测度的研究并未得到权威一致的结论。在现有文献中，对银行等金融机构的分析大多侧重于定性分析。事实上，只有通过具体的数据表示不具体或模糊的因素才有利于达到测度分析的目的，即只有采用量化分析才能实现绿色金融由理念向实践的转变，能为政府及监管者的决策提供科学依据。因此，为了综合评价近年来我国绿色金融发展水平，必须构建科学的绿色金融评价指标体系。

一　指标构建

（一）指标选取原则

评价绿色金融的发展水平是一个综合性的过程，其中涉及绿色金融的各个方面，因此，在对绿色金融发展水平进行评价时，一定要确保评价的准确性。为此，本书确定指标的选取原则如下。

a. 客观性。在指标数据获取过程中充分体现客观性，获取的资料均为公开资料，如网络公开资料、统计年鉴、年度公报等，且指标本身不涉及主观评价，保证指标数据的客观准确。

b. 科学性。由于绿色金融的界限较广，目前对绿色金融发展的定义尚未明确，所以，评价指标选取的科学性成为首要原则。同时，指标的选取还要考虑各个指标的特征，尽可能地避免出现指标数据的重复情况。本书通过对绿色金融相关文献的梳理，选取其中最具代表性的指标对绿色金融的发展水平进行评价，不仅可以提高工作效率，而且对绿色金融的发展评价更加全面。

c. 可比性。由于目前绿色金融发展仍处于起步阶段，相关数据波动性较大，所以在指标选取时需特别注重相对指标和绝对指标、存量指标和区间指标、定性指标和定量指标的平衡，尽量减小某个特定指标的波动对评价结果造成的影响，增强评价结果的可比性。

d. 可操作性。在对绿色金融发展水平的测度中，成熟的理论指导是必需的，因此，本书需要对各个指标的具体含义进行清晰的界定。绿色金融发展水平的测算指标在设计时既要考虑到上述可比性原则，也要考虑到可用性原则。在指标选取上，主要选取数据来源真实且容易查找的指标数据；在指标选取的过程中，还要注意指标是可量化的，同时数据也是便于获取的。考虑到数据的真实性和可靠性，本书尽可能地选择各类统计年鉴和其他开放性资源，同时将统计学方法和现代计量经济学相结合，以保证数据的易获得性。

（二）构建指标体系

根据上述原则，结合我国现有绿色金融服务的主要成果，并借鉴李晓西和夏光、张莉莉等构建的绿色金融发展水平评价指标体系[①]，本书将绿色金融发展水平划分为绿色信贷、绿色证券、绿色保险、绿色投资及碳金融五个维度，将其作为二级评价指标，并通过三级指标详细反映其发展情况，具体如表4.9所示。

表4.9　绿色金融发展水平评价指标体系

一级指标	二级指标	三级指标	指标定义
绿色金融发展水平	绿色信贷	绿色信贷占比	五大行绿色信贷总额/五大行贷款总额
		高耗能产业利息支出占比	六大高耗能工业产业利息支出占工业产业利息总支出的比重
	绿色证券	环保企业市值占比	环保企业总市值/A股总市值
		高耗能行业市值占比	六大高耗能行业总市值/A股总市值
	绿色保险	农业保险规模占比	农业保险支出/保险总支出
		农业保险赔付率	农业保险支出/农业保险收入
	绿色投资	节能环保公共支出占比	节能环保产业财政支出/财政支出总额
		治理环境污染投资占比	污染治理投资占GDP的比重
	碳金融	碳排放强度	碳排放量/GDP

注：六大高耗能产业是由国家发改委规定的，具体包括化学原料及化学制品制造业、非金属矿物制品业、黑色金属冶炼及压延加工业、有色金属冶炼及压延加工业、石油加工炼焦及核燃料加工业、电力热力的生产和供应业六大行业。

[①] 绿色信贷、绿色证券、绿色保险、绿色投资指标的选取借鉴李晓西、夏光《中国绿色金融报告2014》，中国金融出版社，2014；碳金融指标的选取借鉴张莉莉、肖黎明、高军峰《中国绿色金融发展水平与效率的测度与比较》，《中国科技论坛》2018年第9期，第100~112页。

（三） 数据来源

我国绿色金融发展起步较晚，最早的实践是在 2005 年由兴业银行发起的，全面发展是在 2010 年金融机构开始披露完整的绿色金融信息之后，2010 年为绿色治理机制的创新起点。因此本书以 2010 年为基期，选取了 2010～2018 年 30 个省（区、市）的面板数据进行研究（除去西藏和港澳台地区）。本章使用的数据均来自专业的统计数据库，包括中国统计年鉴、中国工业企业数据库、地方城市统计年鉴、Wind 数据库、中国保险数据库、中国人民银行官网以及各个银行和上市公司的社会责任报告等。

二 数据处理

（一） 对原始数据进行标准化处理

$$V_j(it) = \frac{x_j(it) - \min_{1 \leqslant i \leqslant n, 1 \leqslant t \leqslant T} \min x_j(it)}{\max_{1 \leqslant i \leqslant n, 1 \leqslant t \leqslant T} \max x_j(it) - \min_{1 \leqslant i \leqslant n, 1 \leqslant t \leqslant T} \min x_j(it)}, 正向指标标准化$$

$$V_j(it) = \frac{\max_{1 \leqslant i \leqslant n, 1 \leqslant t \leqslant T} \max x_j(it) - x_j(it)}{\max_{1 \leqslant i \leqslant n, 1 \leqslant t \leqslant T} \max x_j(it) - \min_{1 \leqslant i \leqslant n, 1 \leqslant t \leqslant T} \min x_j(it)}, 逆向指标标准化 \quad (4.1)$$

$(j = 1, 2, \cdots, 9; \ i = 1, 2, \cdots, 30; \ t = 2010, 2011, \cdots, 2018)$

其中，$x_j(it)$ 表示第 t 年 i 省份的 j 项指标的原始数值，$\max_{1 \leqslant i \leqslant n, 1 \leqslant t \leqslant T} \max$ 和 $\min_{1 \leqslant i \leqslant n, 1 \leqslant t \leqslant T} \min$ 代表 30 个省（区、市）第 j 项指标的最大值和最小值。

（二） 熵权法确定指标权重

i 省份的第 j 项指标占该指标的比重为：

$$P_j(it) = \frac{V_j(it)}{\sum_{i=1}^{n} V_j(it)} \quad (4.2)$$

第 j 项指标的信息熵为：

$$E_j = -(\ln n)^{-1} \sum_{i=1}^{n} P_j(it) \times \ln P_j(it) \quad (4.3)$$

第 j 项指标的效用值为：

$$D_j = 1 - E_j \qquad (4.4)$$

第 j 项指标的权重为：

$$W_j = \frac{D_j}{\sum\limits_{j=1}^{k} D_j} \qquad (4.5)$$

式（4.3）中 n 代表评价单元的数量，式（4.3）在数据标准化处理后，有出现 0 的可能，则 $\lim\limits_{P_j(it)\to 0} P_j(it) \times \ln P_j(it) = 0$。式（4.5）中 k 代表指标个数。将标准化处理后的数据，经过式（4.2）~式（4.5）计算，可得出绿色金融评价指标体系中各个指标的权重。每年均进行一次评价，故各年各个指标在熵权法下得到的权重是有所变化的，为了统一各个指标历年的权重因而取平均值。

（三）计算绿色金融综合发展水平

绿色金融发展的综合评价函数为：

$$U_t = \sum\limits_{j=1}^{k} W_j \times V_j(it) \qquad (4.6)$$

三 绿色金融综合发展水平测算

本书基于目前数据的可得性，结合构建的绿色金融评价指标体系，利用综合评价函数，测算出 2010~2018 年全国 30 个省（区、市）的绿色金融综合发展情况，计算结果和排序如表 4.10 和表 4.11 所示。

表 4.10 2010~2018 年全国 30 个省（区、市）绿色金融综合发展水平

省（区、市）	2010 年	2011 年	2012 年	2013 年	2014 年	2015 年	2016 年	2017 年	2018 年
北京	0.514	0.446	0.566	0.596	0.452	0.479	0.521	0.562	0.620
天津	0.313	0.316	0.306	0.353	0.353	0.397	0.398	0.391	0.389
河北	0.292	0.222	0.228	0.253	0.247	0.294	0.275	0.313	0.310

省（区、市）	2010 年	2011 年	2012 年	2013 年	2014 年	2015 年	2016 年	2017 年	2018 年
辽宁	0.218	0.163	0.156	0.252	0.266	0.236	0.227	0.263	0.248
上海	0.408	0.405	0.411	0.413	0.426	0.431	0.442	0.471	0.467
江苏	0.270	0.270	0.285	0.307	0.320	0.382	0.356	0.335	0.369
浙江	0.278	0.276	0.286	0.287	0.344	0.358	0.377	0.366	0.342
福建	0.239	0.211	0.217	0.319	0.273	0.326	0.333	0.293	0.315
山东	0.243	0.261	0.279	0.264	0.292	0.304	0.288	0.344	0.340
广东	0.260	0.213	0.294	0.253	0.351	0.324	0.315	0.333	0.353
海南	0.227	0.278	0.230	0.228	0.299	0.259	0.283	0.289	0.318
山西	0.165	0.147	0.146	0.161	0.158	0.193	0.179	0.220	0.237
吉林	0.210	0.215	0.222	0.188	0.196	0.217	0.221	0.218	0.204
黑龙江	0.287	0.250	0.286	0.398	0.348	0.254	0.269	0.316	0.291
安徽	0.262	0.230	0.213	0.242	0.285	0.243	0.303	0.278	0.345
江西	0.170	0.189	0.193	0.218	0.194	0.228	0.228	0.259	0.264
河南	0.185	0.185	0.215	0.221	0.222	0.269	0.297	0.315	0.311
湖北	0.196	0.301	0.248	0.210	0.293	0.372	0.390	0.299	0.359
湖南	0.238	0.252	0.264	0.310	0.327	0.324	0.331	0.340	0.275
内蒙古	0.378	0.406	0.386	0.524	0.381	0.339	0.246	0.246	0.265
广西	0.143	0.130	0.137	0.142	0.178	0.273	0.276	0.208	0.280
重庆	0.325	0.347	0.343	0.227	0.293	0.285	0.293	0.343	0.284
四川	0.260	0.256	0.276	0.279	0.323	0.268	0.354	0.338	0.340
贵州	0.159	0.130	0.151	0.149	0.169	0.189	0.170	0.235	0.248
云南	0.134	0.125	0.123	0.146	0.155	0.146	0.161	0.167	0.172
陕西	0.245	0.305	0.211	0.199	0.303	0.281	0.275	0.291	0.284
甘肃	0.118	0.108	0.138	0.177	0.179	0.189	0.198	0.188	0.184
青海	0.105	0.106	0.157	0.156	0.129	0.176	0.213	0.200	0.198
宁夏	0.114	0.142	0.160	0.152	0.186	0.194	0.233	0.216	0.220
新疆	0.318	0.325	0.359	0.365	0.391	0.381	0.375	0.379	0.393

表 4.11 2010～2018 年全国 30 个省（区、市）绿色金融综合发展水平排序

省（区、市）	2010 年	2011 年	2012 年	2013 年	2014 年	2015 年	2016 年	2017 年	2018 年
北京	1	1	1	1	1	1	1	1	1
天津	6	6	6	6	5	3	3	3	4
河北	7	17	16	13	20	13	18	14	15
辽宁	19	23	25	15	19	22	24	20	17
上海	2	2	2	2	2	2	2	2	2
江苏	10	11	10	9	11	4	7	10	5
浙江	9	10	8	10	8	7	5	5	9
福建	16	20	18	7	18	9	9	16	13
山东	15	12	11	12	16	12	15	6	10
广东	12	19	7	14	6	11	11	11	7
海南	18	9	15	17	12	19	16	18	12
山西	24	24	27	25	28	26	28	24	25
吉林	20	18	17	23	22	24	25	25	27
黑龙江	8	15	9	4	7	20	20	12	16
安徽	11	16	20	16	17	21	12	19	8
江西	23	21	22	20	23	23	23	21	22
河南	22	22	19	19	21	17	13	13	14
湖北	21	8	14	21	15	6	4	15	6
湖南	17	14	13	8	9	10	10	8	20
内蒙古	3	3	3	3	4	8	21	22	21
广西	26	27	29	30	26	16	17	27	19
重庆	4	4	5	18	14	14	14	7	18
四川	13	13	12	11	10	18	8	9	11
贵州	25	26	26	28	27	27	29	23	24
云南	27	28	30	29	29	30	30	30	30
陕西	14	7	21	22	13	15	19	17	23
甘肃	28	29	28	24	25	28	27	29	29
青海	30	30	24	26	30	29	26	28	28
宁夏	29	25	23	27	24	25	22	26	26
新疆	5	5	4	5	3	5	6	4	3

由表 4.10 可知，我国大部分地区的绿色金融发展水平较低，仅北京

的绿色金融发展处于较高水平，平均为 0.528，并呈逐年上升趋势；上海的绿色金融发展水平平均为 0.430，排在第 2 位；新疆排在第 3 位，绿色金融发展水平平均为 0.365，处于中等水平；排在第 4、5、6 位的天津、内蒙古、浙江的绿色金融发展水平分别为 0.357、0.352、0.324，明显高于其他地区。此外，除江苏（平均为 0.322）、重庆（平均为 0.304）外，其他地区的绿色金融发展水平均不超过 0.3，宁夏、山西、贵州、甘肃、青海、云南的绿色金融发展水平在 0.2 以下，排名靠后。但新疆、内蒙古的绿色金融发展提升较快。绿色金融发展水平与地区经济发展程度密不可分，尤其北京、上海地区有着优越的金融环境、先进的技术等，使其能够依托金融中心的优势，提供全国领先的绿色金融服务。

四　我国绿色金融发展的时空演变特征

（一）时间演变特征

为了进一步了解我国绿色金融发展的时间演变特征，本部分比较了 2010 年、2012 年、2014 年、2016 年和 2018 年横截面数据的分位数，结果如表 4.12 所示。

表 4.12　中国绿色金融发展水平统计特征

年份	总值	平均值	标准值	P25	P50	P75	最小值	最大值
2010	7.019	0.234	0.086	0.166	0.238	0.264	0.105	0.514
2012	7.516	0.251	0.098	0.168	0.228	0.285	0.123	0.566
2014	8.309	0.277	0.083	0.195	0.292	0.324	0.129	0.452
2016	8.839	0.295	0.083	0.229	0.283	0.332	0.161	0.521
2018	9.245	0.308	0.079	0.252	0.291	0.341	0.172	0.624

注：P25、P50、P75 分别表示 25%、50%、75% 分位数。

从绿色金融发展的总值和平均值来看，绿色金融发展总体水平呈上升趋势，平均值在 0.3 左右，说明整体而言绿色金融发展水平偏低。从最大值和最小值来看，绿色金融发展区间范围由最小值（0.105）到最大值（0.624），差异接近 5 倍，说明绿色金融发展地区间差异明显。从标准差来看，虽然中间有波动，但整体呈缩小趋势，说明地区间绿色金融发展差异在减小。从分位数来看，各值更偏向于最小值，也说明各地区绿色金融发展差异显著，且整体水平偏低。同时，分位数呈上升趋势，说明绿色金融发展水平稳步上升。

（二）空间演变特征

由于我国各地区的地理条件、资源禀赋以及经济发展情况存在显著的差异性，各地区的绿色金融发展水平具有明显的异质性，具体如图4.13所示。

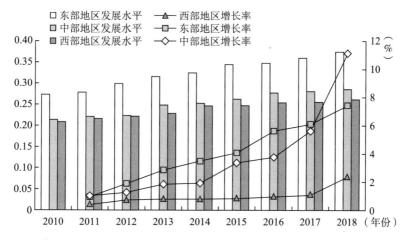

图4.13　2010～2018年三大区域绿色金融发展水平及增长率

由图4.13可看出，全国绿色金融发展水平呈现逐年上升的态势，由2010年的0.2339上升至2018年的0.3081，年均增长率为3.50%，说明我国各地区对生态资源和环境污染问题越来越重视，逐渐加大了绿色金融发展力度。从各地区[①]来看，无论是绿色金融发展水平还是增长

---

① 东部地区包括北京市、天津市、河北省、辽宁省、上海市、江苏省、浙江省、福建省、山东省、广东省、海南省，共11个省（市）；中部地区包括吉林省、黑龙江省、山西省、安徽省、江西省、河南省、湖北省、湖南省，共8个省份；西部地区包括重庆市、四川省、贵州省、云南省、陕西省、甘肃省、青海省、宁夏回族自治区、新疆维吾尔自治区、广西壮族自治区、内蒙古自治区（本书未统计西藏自治区），共11个省（区市）（http://www.stats.gov.cn/tjzs/cjwtjd/201308/t20130829_74318.html）。

率，绝大多数年份东部地区的绿色金融发展水平最高，中部地区次之，西部地区最低；但在 2018 年，中部地区绿色金融发展水平的增长率首次赶超东部地区，成为绿色金融发展水平增长率最快的地区，说明近年来中部地区不断加大对绿色金融的发展力度，特别是在 2016~2018 年，增幅更为显著，接近全国平均水平，中部、西部地区的绿色金融发展水平逐渐拉开差距。由此可见，东部、中部、西部地区的绿色金融发展水平存在较大差异。

鉴于我国绿色金融发展整体水平较低，除北京、上海的绿色金融发展水平在 0.4 以上，其余各省（区、市）均在较低水平。由此，为了更好地分析其发展水平，这里将 2010 年、2012 年、2014 年、2016 年和 2018 年共五年的截面数据按发展水平分组进行离散分析。划分标准如下：将绿色金融发展水平（GF）在 0.4 及以上的地区划入高水平组，然后再将其余地区进行组内分组，分别为中高水平组（$0.3 \leqslant GF < 0.4$）、中低水平组（$0.2 \leqslant GF < 0.3$）和较低水平组（$GF < 0.2$）。数据分组情况如表 4.13 所示。

表 4.13　绿色金融发展水平分组情况

年份	高水平组 ($0.4 \leqslant GF < 1$)	中高水平组 ($0.3 \leqslant GF < 0.4$)	中低水平组 ($0.2 \leqslant GF < 0.3$)	较低水平组 ($GF < 0.2$)
2010	北京、上海	天津、内蒙古、重庆、新疆	河北、辽宁、江苏、浙江、福建、山东、广东、海南、吉林、黑龙江、安徽、湖南、四川、陕西	山西、江西、河南、湖北、广西、贵州、云南、甘肃、青海、宁夏
2012	北京、上海	天津、内蒙古、重庆、新疆	河北、江苏、浙江、福建、山东、广东、海南、吉林、黑龙江、安徽、河南、湖北、湖南、四川、陕西	辽宁、山西、江西、广西、贵州、云南、甘肃、青海、宁夏
2014	北京、上海	天津、江苏、浙江、新疆、广东、黑龙江、湖南、内蒙古、四川、陕西	河北、辽宁、福建、山东、海南、安徽、河南、湖北、重庆	山西、吉林、江西、广西、贵州、云南、甘肃、青海、宁夏

续表

年份	高水平组 (0.4≤GF<1)	中高水平组 (0.3≤GF<0.4)	中低水平组 (0.2≤GF<0.3)	较低水平组 (GF<0.2)
2016	北京、上海	天津、江苏、浙江、福建、广东、安徽、湖北、湖南、四川、新疆	河北、辽宁、山东、海南、吉林、黑龙江、江西、河南、内蒙古、广西、重庆、陕西、青海、宁夏	山西、贵州、云南、甘肃
2018	北京、上海	天津、河北、江苏、浙江、福建、山东、广东、海南、安徽、河南、湖北、四川、新疆	辽宁、山西、吉林、黑龙江、江西、湖南、内蒙古、广西、重庆、贵州、陕西、宁夏	云南、甘肃、青海

注：我国绿色金融发展水平均在 0.1 以上，但较低水平组标准按统计数据完整性写为 $GF<0.2$。

从表4.13中可以看出，中高水平组的地区大部分集中于东部地区，仅有少部分中西部地区位于此组，并且中高水平组所包括的地区呈现逐年扩增的态势，说明我国各地区对绿色金融发展的重视程度不断增强；中低水平组的地区大部分集中于中部和西部的部分地区，但该组所包含的地区数量不稳定；较低水平组的地区大部分集中于西部地区，且该组所包含的地区呈现逐年递减的趋势，说明西部地区的绿色金融发展水平逐年提高，并不断向中低水平组迈进。综上，我国绿色金融发展水平基本呈现东部地区明显高于中部、西部地区的特点。东部、中部和西部区域内的各地区绿色金融发展水平基本呈现北部高于南部的地理特点。

（三）区域演变特征

根据国家统计局对东部、中部、西部三大经济区域的划分，为反映不同经济区域绿色金融发展的演变特点，本部分计算了三大区域不同时间段绿色金融发展水平的变化速度，如图4.14所示。

由图4.14可知，从各区域变化趋势即速度来看，在2012年银行业监督管理委员会发布《绿色信贷指引》后，我国各区域绿色金融发展水平不断上升，东部地区上升速度较快。在国家政策的扶持下，各区域绿色金融持续发展，中部和西部地区表现出相似的增长轨迹；对比各区

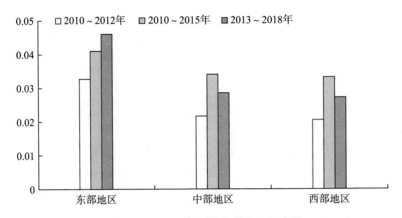

图 4.14　各区域绿色金融发展水平变化

域的变化,东部地区的绿色金融发展水平相对较高,增速较快;中部、西部地区的绿色金融发展水平增速缓慢。

第四节　本章小结

绿色金融是政府为鼓励金融机构、企业和个人积极利用绿色金融工具融通资金以支持环境保护项目而设定的各项方针和措施。

首先,对绿色金融的发展历程进行详细回顾,根据中国人民银行和各部委发布的与绿色金融相关的政策文件,将我国绿色金融发展历程分为萌芽阶段、初步发展阶段、深化发展阶段三个阶段。其中,萌芽阶段(1995~2006年),采取的信贷政策少部分属于强制性政策,大多属于倡议性政策,金融工具种类较为单一,灵活性不强,政策实施效果有限,此阶段国家开始重视信贷政策在环境保护中的作用,这也是绿色信贷政策的雏形阶段;初步发展阶段(2007~2015年),有关绿色信贷、绿色证券、碳金融等方面的具体政策相继出台,绿色金融政策覆盖的领域逐渐拓展,政策内容也逐渐细化;深化发展阶段(2016年至今),绿色金融体系开始构建,绿色债券正式发售,全国性碳市场正式启动,我国绿色金融政策体系更加完善,绿色金融工具更加丰富。

其次，从绿色金融工具的视角出发，详细阐述了绿色金融的发展现状。其中，就信贷类绿色金融工具来说，绿色信贷总体规模不断扩大、信贷资金用途广泛、地区发展差距较大、机构建设数量持续增加；就证券类绿色金融工具来说，无论是对于绿色债券、绿色基金而言，还是对于绿色股票和绿色保险而言，其发行规模均不断扩大、发行数量均不断增加、投资结构多样化、地区发展存在明显异质性；就权益类绿色金融工具来说，碳金融的发展规模不断扩大，碳配额交易量增速较快。

最后，运用熵值法并结合指标体系构建的方式对绿色金融发展水平进行测度。结果发现，我国大部分地区的绿色金融发展水平较低，仅北京、上海的绿色金融发展处于较高水平，新疆、内蒙古的绿色金融发展水平提升较快。绿色金融发展水平与地区经济发展程度密不可分，尤其北京、上海地区有着优越的金融环境、先进的技术等，使其能够依托金融中心的优势，提供全国领先的绿色金融服务。从绿色金融发展的时空演变特征来看，我国绿色金融发展总体水平呈上升趋势，且东部地区的绿色金融发展水平相对较高，增速较快；中部、西部地区的绿色金融发展水平增速缓慢。

第五章　中国经济增长的历程、现状及水平测度

从经济增长理论和增长规律来看，经济增长是一个逐步从非均衡到均衡、从低水平到高水平均衡增长的过程，这是发展中国家的一个普遍现象。经济的持续增长是一个国家和地区社会稳定的前提，是实现繁荣发展的基础，因而受到各国和地区政府的长期关注和普遍重视。经济增长不仅要注重经济总量的增长，还要注重经济结构的优化以及经济效率的提升和经济增长差距的缩小。在经济高质量发展的背景下，我国如何促进经济的高质量增长是理论界和学术界亟待研究的重要问题。基于此，本章通过梳理经济增长历程，分析了经济增长的现状，重点考察了经济增长效率与经济增长差距。

本章的结构安排如下：首先，从非均衡增长阶段、促进欠发达地区增长阶段和均衡增长阶段这三个阶段对我国经济增长的历程进行了回顾；其次，分别从经济增长总量、经济增长结构与经济增长差距三个层面对经济增长现状进行了详细阐述；最后，运用索洛余值法对经济增长效率进行了详细测算。

第一节　经济增长的发展历程

改革开放以来，我国经济实现了40多年的持续高速增长，经济增长模式也发生了由以出口拉动为主向以内需拉动为主的转变，并经历了从不平

衡增长到均衡增长的变迁。本书根据国家颁布并实施的各项方针政策，将我国经济增长历程分为非均衡增长阶段、促进欠发达地区增长阶段和均衡增长阶段。

一　非均衡增长阶段（1978～1998 年）

自 1978 年党的十一届三中全会以来，随着改革开放政策的实施，我国开始全方位实行非均衡区域经济增长战略，先后在东部沿海地区建立经济特区和沿海开放城市，将东部沿海地区率先建设成我国改革开放的窗口。国家基础设施的建设以及在政策上的扶持，使得东部沿海地区呈现经济飞速发展的局面。东部沿海地区的高速发展加快了我国改革开放的步伐，刺激了我国整体经济的发展，解放和发展了生产力，使我国的综合国力迅速提升。1978～1998 年，我国实施的经济增长战略如表 5.1 所示。

表 5.1　1978～1998 年我国实施的经济增长战略

序号	年 份	发展战略	审批时间	获批地区	战略意义
1	1979～1988	建立经济特区	1980 年 5 月	深圳、珠海、汕头、厦门	通过让经济特区实行市场经济体制，发挥对外开放的窗口和桥梁作用，同时让特区作为中国经济改革的实施基地发挥示范引领作用
			1988 年 4 月	海南	
2	1984	设立沿海开放城市	1984 年 3 月	大连、秦皇岛、天津、烟台、青岛、连云港、南通、上海、宁波、温州、福州、广州、湛江、北海	这些城市的快速发展更有利于我国的对外贸易，进而能够更好地带动内地经济发展
3	1985～1992	设立沿海经济开放区	1985 年 1 月	长三角、珠三角以及闽南三角	沿海开放区的设立加速了这些地区的经济发展，同时更好地带动了内地经济的发展，形成了沿海与内地互补、彼此相得益彰的良好局面
			1988 年 3 月	辽东半岛、胶东半岛以及环渤海地区	
			1992 年 10 月	上海浦东新区	

注：1993～1998 年未提出经济增长战略。

资料来源：根据相关文献整理而得。

本书将 1978～1998 年的这个阶段称为非均衡增长阶段，在这段时期，国家相继建立经济特区、沿海开放城市以及沿海经济开放区，形成了全方位、多层次的发展格局，经济发展取得了较大成就，1998 年，我国经济总量已经位居世界第七。此阶段实施的非均衡增长政策为进一步加快我国改革开放步伐和社会主义现代化建设奠定了基础。

二　促进欠发达地区增长阶段（1999～2016 年）

随着改革开放的不断推进，东部沿海地区受益于区域非均衡发展战略，在保持经济高速增长的同时与内地的经济差距明显拉大，内地的经济增长缓慢。因此，必须加快转变完全依靠沿海地区发展的区域非均衡增长战略，尽快扭转我国区域经济发展不平衡的局面。为摆脱区域经济增长不平衡的窘境，1999～2016 年，我国采取了一系列促进欠发达地区发展的举措，具体如表 5.2 所示。

表 5.2　1999～2016 年我国实施的经济增长战略

序号	发展战略	时间	具体措施
1	"西部大开发"战略	2000 年 1 月	国家成立西部地区开发领导小组
		2000 年 3 月	国务院西部开发办公室开始运作
		2000 年 10 月	中共十五届五中全会上明确提出实施西部大开发促进区域经济协调发展的区域经济发展战略
		2002 年 12 月	已投资 2000 多亿元，并且开工项目与投资金额会继续增加
		2003 年 12 月	西部基础设施建设的开工项目达到 50 项，涵盖西部地区基础设施建设的各个方面，预计总投资规模将超过 7000 亿元
		2016 年 12 月	西部地区的人口为 3.71 亿人，占全国的 27.1%，地区生产总值为 145019 亿元，占全国的 20.1%
2	"振兴东北老工业基地"战略	2003 年 10 月	中共中央、国务院下发了《关于实施东北地区等老工业基地振兴战略的若干意见》
		2009 年 9 月	国务院正式出台《关于进一步实施东北地区等老工业基地振兴战略的若干意见》
		2016 年 4 月	中共中央发布的《关于全面振兴东北等老工业基地的若干意见》正式实施

续表

序号	发展战略	时间	具体措施
3	"中部崛起"战略	2004年3月	政府工作报告中明确提出中部地区崛起的若干建议
		2006年4月	国家正式开始实施"中部崛起"的区域经济发展政策
		2009年9月	国务院正式批复《促进中部地区崛起规划》

资料来源：根据相关文献整理而得。

本书将1999~2016年的这个阶段称为促进欠发达地区增长阶段，在这段时期，国家相继实施了"西部大开发"战略、"振兴东北老工业基地"战略、"中部崛起"战略。这个时期实施的经济增长战略为缩小地区经济发展差距提供了有力保障，为促进经济协调发展奠定了坚实基础。

三　均衡增长阶段（2017年至今）

党的十九大将"促进区域协调发展"作为"推进经济结构战略性调整"的重点之一，经济均衡增长是新时代推动中国区域发展的重大部署。2017年以后，国家对均衡增长赋予了新的时代内涵，并采取了一系列重大创新性举措，不断增强区域发展的协调性，积极拓展区域发展的新空间，推动我国经济增长呈现更加全面、更加包容、更加开放的良好态势。这一阶段，我国采取了若干发展战略，具体如表5.3所示。

表5.3　2017年至今我国实施的经济增长战略

序号	发展战略	时间	具体措施
1	京津冀协同发展战略	2018年7月	在北京举行京津冀协同发展论坛
		2018年11月	中共中央、国务院提出以疏解北京非首都功能为"牛鼻子"，推动京津冀协同发展
		2020年5月	河北首次冠名发行"京津冀协同发展专项债券"
2	长江经济带发展战略	2018年4月	在武汉召开深入推动长江经济带发展的座谈会
		2018年11月	中共中央、国务院印发的《关于建立更加有效的区域协调发展新机制的意见》中提出加强长江经济带发展等重大战略之间的协调对接
		2020年3月	长江经济带发展领导小组办公室召开专题会议

序号	发展战略	时间	具体措施
3	粤港澳大湾区建设战略	2017 年 3 月	将"粤港澳大湾区城市群发展规划"写入中央政府工作报告
		2019 年 2 月	中共中央、国务院印发《粤港澳大湾区发展规划纲要》
		2019 年 3 月	财政部、国家税务总局发布了《关于粤港澳大湾区个人所得税优惠政策的通知》
		2020 年 8 月	国家发改委同意在粤港澳大湾区有序实施一批城际铁路项目

资料来源：根据相关文献整理而得。

本书将 2017 年至今的这个阶段称为均衡增长阶段，在此阶段，国家相继实施了京津冀协同发展战略、长江经济带发展战略、粤港澳大湾区建设战略。这个时期实施的经济增长战略不仅对所涉区域的经济增长起到了推动作用，而且对全国的经济增长起到了支撑作用，更对其他区域的经济增长起到了示范引领的作用。

综上，我国经济增长从非均衡增长战略到均衡增长战略，其间经历了较为漫长的酝酿过程。东中西部地区合理分工、协调发展，即国家和东部地区有意识地支持中西部地区，使之成为东部沿海地区实施外向型经济发展战略的原材料基地，提高内地产品在国内市场的份额，并相应地在资金、技术、人才、政策等方面给予支持。这样，通过东部地区外向经济循环带动起来的中西部地区内向经济循环，反过来将进一步促进东部地区外向经济循环的顺利运转，从而使中国经济走上协调发展、均衡增长的道路。

第二节　经济增长的发展现状

经济增长是一个长期复杂的过程，目前主要通过以下三种指标来衡量：一是总量指标，如地区生产总值、人均 GDP 增长率以及总人口等；二是产业结构指标，如三次产业的总产值、第三产业增加值与第二产业增加值之比等；三是相对指标，通过测算各种衡量经济增长的指数来反映区域经济增长的不平衡性。

一　经济增长总体平稳向好

（一）经济增长总量稳步提升

从经济总量来看，自改革开放以来，我国经济总量的增长实现了质的飞跃（见图5.1）。根据国家统计局的数据，我国GDP从1978年的3593亿元增长到2019年的98.38万亿元，增长了273倍。尤其是2010年，我国超过日本成为世界第二大经济体。据世界银行数据库最新数据，2019年我国GDP占世界GDP的比例为16%，超过了日本、德国与印度三个国家的总和，并接近整个欧盟（见图5.2）。

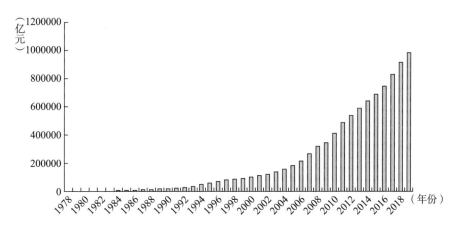

图 5.1　1978～2019年我国实际 GDP 增长趋势

资料来源：Wind 数据库。

从经济增长速度来看，1978年至今，我国GDP实现了年均近10%的增长率。与此同时，我国成为世界上经济和社会财富增长速度最快的国家之一，人民生活水平显著提高。图5.3显示了中国和世界在2000～2019年实现的实际GDP增长率对比情况，可以看出，与世界实际GDP增长率相比，我国实际GDP增长率一直处于高位，即使在2009年受国际金融危机影响、世界经济增长率为负数的情况下，我国仍然保持了强劲的经济增长。

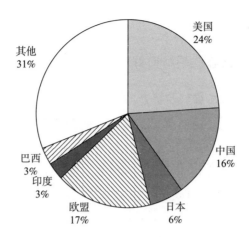

图 5.2 2019 年世界 GDP 构成

资料来源：Wind 数据库。

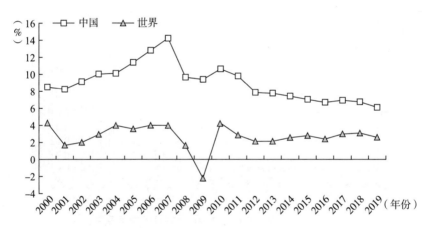

图 5.3 2000~2019 年中国和世界实际 GDP 增长率

资料来源：Wind 数据库。

(二) 各地区经济增长总量不断增加

改革开放以来，我国经历了 40 多年的快速发展，各地区的经济发展总量与速度不断提升，这为我国综合国力的增强提供了有力支撑。1978~2018 年我国东中西部地区的经济增长趋势如图 5.4 所示。

从经济总量来看，东部地区的生产总值已由 1978 年的 158.51 亿元增长至 2018 年的 10515.07 亿元，增长了 65 倍之多，实现了年均 11.06%的

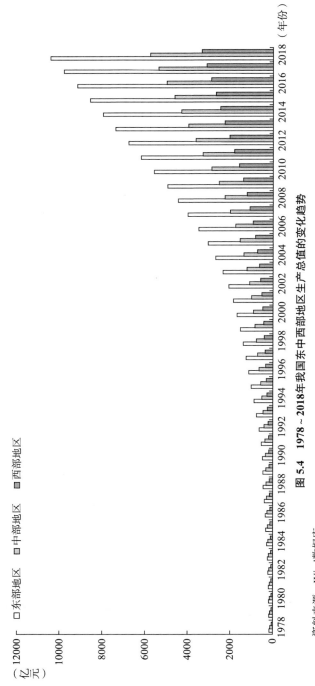

图 5.4 1978～2018年我国东中西部地区生产总值的变化趋势

资料来源：Wind数据库。

增长率；中部地区的生产总值由 1978 年的 125.83 亿元上涨至 2018 年的 5740.55 亿元，增长了 44.6 倍，年均增长 10.02%；西部地区的生产总值也由 1978 年的 65.39 亿元增加至 2018 年的 3335.24 亿元，增长了 50 倍，实现了年均 10.33% 的增长率。由此看出，东部地区的生产总值最高，分别是中部、西部地区的 1.8 倍和 3.2 倍（2018 年），中部地区次之，西部地区最低。这与东部地区的区位优势、资源禀赋及国家的政策导向密不可分；特别是，北京市、上海市、天津市以及广东省等经济发展较快的地区都分布在东部地区，这加快了东部地区的快速发展。而由于中西部地区区位优势不明显且资源禀赋有限，其经济发展水平远远落后于东部地区。

（三）技术创新水平不断提升

技术创新是驱动经济增长的核心动力，我国经济经过 40 多年的快速发展，技术创新水平取得了巨大进步。通过工业化进程的快速推进，以及人才强国战略、国家创新驱动发展战略的实施和双创活动的大力推进，我国积累了丰厚的人力资本和实物资本，促进了我国整体创新能力的快速提升。世界经济论坛发布的《2017—2018 年全球竞争力报告》显示，我国全球竞争力排名由 2002~2003 年度的全球排名第 69 位，上升到 2017~2018 年度的第 27 位；我国创新能力排名也由 2002~2003 年度的全球排名第 39 位，上升到 2017~2018 年度的第 28 位。这主要得益于信息和通信技术的普及，以及广泛的国际合作与贸易往来所带来的人才引进、技术溢出等红利。然而，就技术成熟度而言，我国在 2017~2018 年度的全球排名仅为第 73 位，虽然技术成熟度得分增速较快且呈上升趋势，但仍处在较低水平，这表明我国的创新活动并未得到广泛的应用，科技成果的转换率有待提升。

从人力资本水平来看，2019 年发布的《2019 年全球人才竞争力指数》（GTCI）显示，我国排在 2019 年全球人才竞争力指数排行榜第 45 位，较上年下降 2 位，但仍领先其他 4 个金砖国家——俄罗斯（第 49 位）、南非（第 71 位）、巴西（第 72 位）、印度（第 80 位）。其中，我国在全球知识技能方面表现突出，尤其体现在高校学生优异的阅读、数学、科研能力，以及不断攀升的高校国际影响力、新产品创新能力等方面。

从创新投入水平来看，中国的 R&D 经费内部支出快速增长，从 1995 年的 349 亿元增长至 2017 年的 17606 亿元，R&D 经费投入强度也从 1995 年的 0.6% 提高到 2017 年的 2.1%（见图 5.5）。根据国家统计局网站信息，2020 年，全社会研究开发投入占国内生产总值的比重已进一步提高到 2.4%。

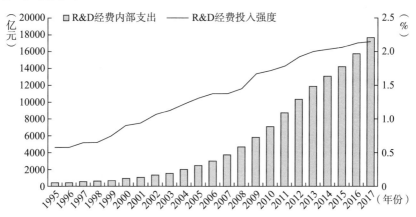

图 5.5　1995～2017 年中国 R&D 经费支出及投入强度
资料来源：1996～2018 年《中国科技统计年鉴》。

从创新产出水平来看，中国专利授权量保持了高速增长态势，三种专利申请授权总量从 1995 年的 43111 件增长至 2018 年的 2421599 件，年均增长率高达 19.1%（见图 5.6）。但值得注意的是，三种专利申请授权数的构成存在严重失衡，2018 年实用新型专利占比高达 60.8%，发明专利占比仅为 17.9%，表明中国的研发结构存在失衡，基础研究严重不足，这将影响到中国的自主创新水平。

二　经济结构逐渐趋于合理

（一）三次产业结构不断优化升级

产业结构优化升级不是静止或一蹴而就的，而是在不同阶段下主导

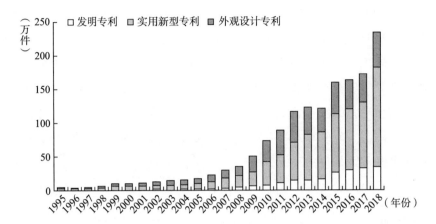

图 5.6　1995～2018 年中国三种专利申请授权数

资料来源：1996～2019 年《中国科技统计年鉴》。

产业不断更替的动态演进过程。改革开放以来，我国产业结构升级同时体现了软服务化和高技术化的路径和趋势，产业结构升级基本是按照从"二一三"到"三二一"的发展路径演化（见图 5.7），并伴随高技术产业占比的提高逐渐优化。

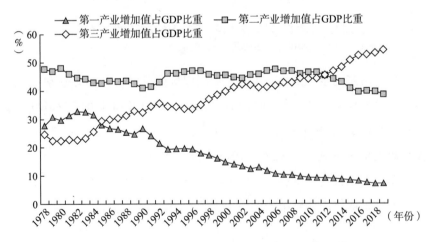

图 5.7　1978～2019 年三次产业结构占 GDP 比重

资料来源：Wind 数据库。

由图 5.7 可看出，第一产业总体上呈现显著的下降趋势，第一产业增加值占比从改革开放之初的 27.7% 下降至 2019 年的 7.1%；第二产业总体趋于稳定，由于改革开放以来中国的产业政策逐渐放弃了传统的赶超战略，转而遵循要素禀赋来规划产业发展方向，在协调第二产业内部轻重工业比例的同时，鼓励劳动密集型产业的发展，因此形成了第二产业增加值占比趋于下降的趋势，2019 年占比为 38.6%；第三产业则呈现明显的上升趋势，1978 年第三产业增加值占比仅有 24.6%，但到 2019 年该项占比已上涨至 54.3%。尽管如此，与同期世界平均水平相比，我国的第三产业在国民生产总值中的占比依然很低。

综上，从三次产业产值占比的角度看，我国的产业结构由过去的以第一产业和第二产业为主导向以第三产业为主导的转变更为明显，以传统产业为主导向以高技术产业为主导的产业结构转变发展较晚，尚不明显。产业结构升级演进的路径主要可以从两方面进行分析：一方面，区域发展阶段不同，区域内产业根据生产要素供给能力和需求的改变，出现了不同类型产业增长速度的较大差异，引起了各地区产业结构改变；另一方面，同一时期不同地区的政策环境、制度环境和基础设施环境，使区域间产业结构升级的速度和效果出现差异。

（二）产业内部结构更加合理

我国的产业结构升级获得了一定的成就，经济增长方式出现了较大的变化，效果显著。改革开放以来，增长幅度最大、发展形势最好的是第三产业。2014 年，第三产业已成为国民经济支柱性产业，并逐渐成为吸纳劳动力的核心产业。随着第三产业规模的不断扩大，第三产业内部结构也发生了很大的变化，具体如图 5.8 所示。

由图 5.8 可知，一方面，我国交通运输、仓储及邮电通信等行业在第三产业中的占比减小了很多，改革开放初期为 20% 左右，到 2019 年减小到 10% 以内。第三产业内部其他行业所占比重大幅度提升，如生产和生活服务业的比重都有明显的上升。第三产业比重的提升与内部结构性变化体现了居民可支配收入不断提升所带来的需求结构改变，符合我国恩格尔系数的变化。另一方面，金融业在第三产业中的比重不断增

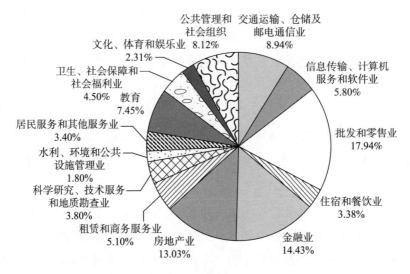

图 5.8　2019 年我国第三产业内部结构

资料来源：Wind 数据库。

加，2019 年占比达到 14.43%，这表明伴随市场化程度的加深，我国金融业自身不但有了长足的发展，与实体经济的关联度不断增加，在经济中的作用也在不断提升。

（三）区域间产业发展不平衡

从各区域三次产业占全国产业发展的比重来看，东部、中部、西部地区的第一产业变动逐渐平稳，中部、西部地区第一产业占区域生产总值的比重超过东部地区，并且近年来变动不大。我国区域间第三产业发展十分不平衡，2018 年东部地区第三产业占地区生产总值的比重明显高于中西部地区（见图 5.9）。

由图 5.9 可看出，2018 年我国东部、中部和西部地区内的产业结构如下：东部地区第一产业占比仅为 4.72%，但第三产业比重却高达53.68%，产业结构服务化特征较为明显；中部地区各产业占比和东部地区相比有着较大的差异，第一产业占比为 8.95%，第二产业占比（45.29%）与第三产业占比（45.75%）接近，产业结构正处于从以第二产业为主导转变为以第三产业为主导的过渡阶段；而在西部地

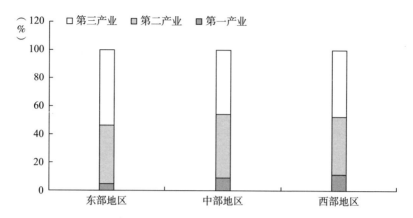

图 5.9　2018 年我国三次产业结构的地区分布

资料来源：《中国统计年鉴 2019》。

区，虽然近年来产业结构确实出现了较大的改善，但第一产业在经济增长中仍占较大的比重，为 11.39%，第三产业占比（47.42%）高于第二产业占比（41.19%）。由此可见，我国不同地区产业结构升级现状还存在较大的差异，东部地区产业结构服务化趋势最优，中部地区与西部地区的产业结构相近，但是西部地区第三产业占比高于第二产业占比，体现了较强的服务化特征。区域产业发展出现的差异体现在同一时期各区域所处的不同工业发展阶段：东部和沿海各省份已经进入后工业化阶段，即产业结构处于从传统产业主导向高技术产业和服务产业主导迈进的阶段；中部地区和东北地区的产业结构仍处于工业发展加速阶段，第二产业保持稳定发展的同时第三产业增速较快；西部地区仍处于产业结构较为落后的阶段，产业结构向高技术化升级刚刚起步。

三　区域间经济增长不平衡

衡量区域经济增长不平衡的指标主要有绝对不平衡指标和相对不平衡指标，本部分分别按照以上两种指标对区域经济增长的不平衡情况进行分析。

（一）绝对不平衡指标

（1）极值差

本部分选用1990～2018年我国省级行政区域的统计数据，使用极值差指标分析全国范围内区域经济增长不平衡的现实情况（见图5.10）。

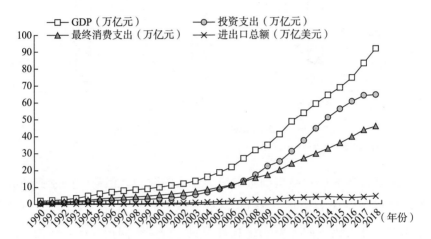

图5.10　以极值差测算的区域经济增长的不平衡

资料来源：Wind数据库。

由图5.10可知，1990～2018年，以极值差指标测算的全国范围内区域经济增长差距整体呈现不断扩大的趋势。为了更全面地观测我国区域经济增长差距，本书从GDP、最终消费支出、投资支出及进出口总额的角度进行更为详细的分析。一般认为经济增长是由"投资""消费""出口"三驾马车拉动的，从图5.10可看出，不论是从哪种经济增长的驱动力指标来看，我国区域经济增长差距均呈现不断拉大的变动趋势。

（2）标准差

如图5.11所示，就标准差而言，本书所采用的衡量区域间经济增长差距的各项指标均呈现明显的递增趋势。

（二）相对不平衡指标

（1）变异系数

变异系数是用来比较两组数据离散程度大小的指标。由图5.12可

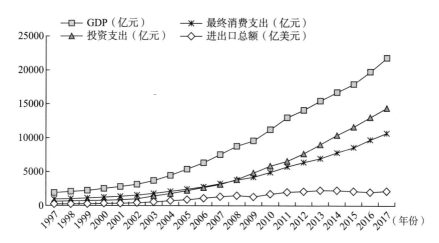

图 5.11　以标准差测算的区域经济增长的不平衡

资料来源：Wind 数据库。

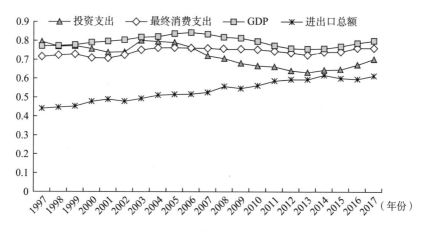

图 5.12　以变异系数测算的区域经济增长的不平衡

资料来源：Wind 数据库。

知，就变异系数而言，我国地区间 GDP 差距大体呈现先升后降再升的"S 形"变动趋势，此种 GDP 的"S 形"变动主要是由投资带来的，这说明大多数经济增长落后省份更倾向于通过增加投资的方式来缩小与发达省份之间的差距，而并未带动自身消费的提高，地区间 GDP 差距的缩小存在深层次的投资与消费之间的矛盾。全国进出口总额的变异系数总体呈逐年递增的趋势，说明各省份间的进出口总额差距不断拉大，这也从另一个侧面拉大了地区间的经济增长差距。

（2）洛伦兹曲线

本书利用 1997 年和 2017 年数据，对全国范围内经济增长差距的变化趋势使用洛伦兹曲线进行描绘，如图 5.13 所示。

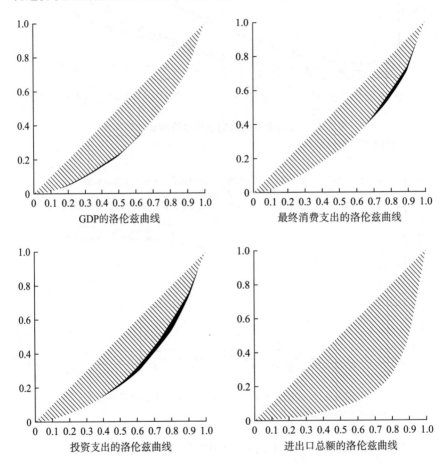

图 5.13　我国区域经济增长不平衡的洛伦兹曲线

注：阴影部分为 2017 年洛伦兹曲线与完全平均线之间的面积，而黑色部分为 1997 年洛伦兹曲线与完全平均线之间的面积。

资料来源：Wind 数据库。

由图 5.13 可看出，其一，就地区 GDP 而言，2017 年低收入水平省份的 GDP 比重相较 1997 年明显上升，说明地区间的绝对贫困问题得到了一定程度的缓解，但是高收入省份 GDP 所占比重也明显上升，即 2017 年的洛伦兹曲线在 80% 以上的部分明显比 1997 年更加远离平均线；其二，就最终消费支出而言，2017 年低收入水平省份的消费比重与 1997 年的基本一致，而高收入水平省份的消费比重较 1997 年明显上升，说明地区间的消费差距决定了经济增长的不平衡趋势；其三，就投资支出而言，2017 年各地区间投资支出相较 1997 年明显增加，说明各地以投资带动经济增长的能力差距明显降低；其四，水平就进出口总额而言，进出口总额的差距明显高于地区 GDP、最终消费支出及投资支出，这与各地的地理位置、要素禀赋有很大的关系，但这种进出口能力的不均衡会随着经济的发展缓慢减弱。

（3）基尼系数

基尼系数能衡量某一指标的不平等程度，但为了避免基尼系数对人口权重的依赖性影响分析结果，本部分不再使用 GDP、最终消费支出、投资支出与进出口总额，而是采用各省（区、市）人均 GDP、人均消费支出、人均投资支出与人均进出口总额，分析这些经济指标表现出来的区域经济增长差距的变动。具体计算结果如表 5.4 所示。

表 5.4　1997～2017 年全国区域经济增长的基尼系数

年份	人均 GDP 基尼系数	人均消费支出基尼系数	人均投资支出基尼系数	人均进出口总额基尼系数	年份	人均 GDP 基尼系数	人均消费支出基尼系数	人均投资支出基尼系数	人均进出口总额基尼系数
1997	0.2519	0.1842	0.3697	0.7257	2002	0.2749	0.2209	0.3349	0.7355
1998	0.2555	0.1931	0.3551	0.7329	2003	0.2822	0.2294	0.3492	0.7351
1999	0.2611	0.2015	0.3548	0.7411	2004	0.2786	0.2269	0.3428	0.7328
2000	0.2648	0.2100	0.3415	0.7392	2005	0.2716	0.2182	0.3260	0.7284
2001	0.2696	0.2116	0.3355	0.7367	2006	0.2693	0.2209	0.3106	0.7238

续表

年份	人均GDP 基尼系数	人均消费支出基尼系数	人均投资支出基尼系数	人均进出口总额基尼系数	年份	人均GDP 基尼系数	人均消费支出基尼系数	人均投资支出基尼系数	人均进出口总额基尼系数
2007	0.2629	0.2221	0.2874	0.7122	2013	0.2044	0.1959	0.2209	0.6339
2008	0.2539	0.2232	0.2705	0.6976	2014	0.2033	0.1956	0.2106	0.6168
2009	0.2416	0.2151	0.2427	0.6888	2015	0.2064	0.1951	0.2002	0.6157
2010	0.2267	0.2071	0.2332	0.6734	2016	0.2097	0.1971	0.2129	0.6198
2011	0.2153	0.2026	0.2309	0.6564	2017	0.2089	0.1947	0.2188	0.6111
2012	0.2077	0.1987	0.2283	0.6431					

资料来源：根据历年《中国统计年鉴》数据整理而得。

由表 5.4 可知，1997～2017 年人均 GDP 衡量的地区间经济增长差距大体呈现先增后减的"倒 U"形变动趋势；而人均消费支出的"倒 U"形转折点稍晚于人均 GDP 出现；人均投资支出的基尼系数较高且处于不断下降的变动中；人均进出口总额的基尼系数在较高的水平上实现了"倒 U"形变动。首先，就全国区域间经济增长差距而言，人均 GDP 的基尼系数整体呈现下降趋势，这说明在经济发展初期，人口较多的省份人均 GDP 更接近平均水平，而人口较少的省份则处于区域经济增长的两极。具体而言，河南、山东、四川等人口较多省份的人均 GDP 水平居中，而人口较少的北京、天津、上海等省份的人均 GDP 则明显高于其他省份。随着经济发展水平的提高，劳动力不断由落后省份转移至经济相对发达的北京、上海、广东等地。劳动力转移部分抵消了地区间人均 GDP 差距的扩大，在经济增长过程中区域间差距呈现收敛趋势。其次，就人均消费支出而言，在 1997～2017 年，地区间的人均消费差距并未随着劳动力的转移而发生改变。数据表明，虽然中西部地区劳动力大量转移至东部地区，为当地带来劳动力资源及人均 GDP 的增加，但是人均消费水平仍然保持转移前的水平，地区间消费差距既未随着经济增长水平的提高而收敛也未随着劳动力的转移而缩小。再次，就人均投资支出而言，在举国招商引资的大背景下，各地区间的人均投资支出的差距不断缩小，然而资本资源的集聚效应更加明显，而集聚效应削弱了这种外力作用，收敛速度明显降低。最后，就人均进出口总额而言，在经济发展初期，进出口总额取决于当地的资源禀赋；而中国加入 WTO 后，进出口总额急剧上升，劳动力发生转移，特别是东部地区出口企业吸纳大量中西部地区转移出来的劳动力，基尼系数明显下降，这说明在国际贸易中遵循优势要素禀赋原则，并由此带来的劳动力转移有助于缩小贸易输出国地区间差距。

（三）不同测度指标之间区域经济增长不平衡的比较与分解

（1）泰尔 T 指数、泰尔 L 指数与基尼系数的对比分析

泰尔 T 指数、泰尔 L 指数以及基尼系数均是衡量地区经济增长差距的常用指标，泰尔 T 指数更加侧重于经济发展较快地区对区域经济增长不平衡的影响，泰尔 L 指数则侧重于经济发展较慢地区对区域经济不平衡的作用，而基尼系数用来衡量整体的不平衡性。为了更加准确地描述我国区域经济增长不平衡的现实情况，本部分将泰尔 T 指数、泰尔 L 指数和基尼系数进行比较分析，具体如图 5.14 所示。

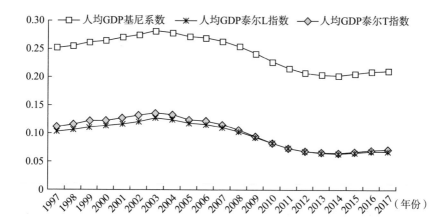

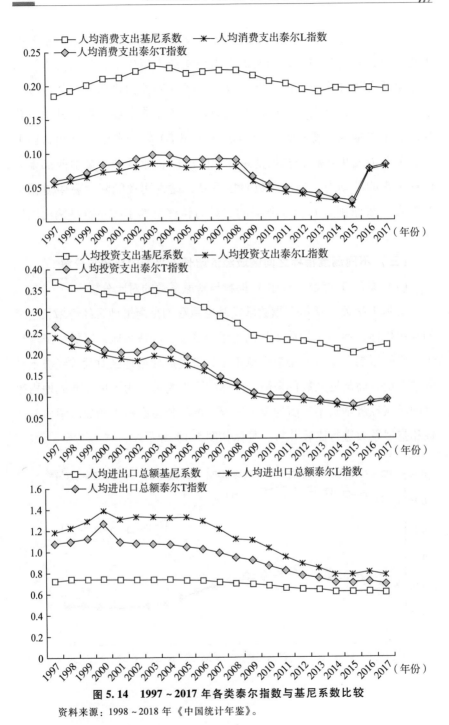

图 5.14 1997～2017 年各类泰尔指数与基尼系数比较

资料来源：1998～2018 年《中国统计年鉴》。

由图 5.14 可看出，我国地区间人均 GDP 的泰尔 T 指数、泰尔 L 指数与基尼系数的整体变动情况差异不大，说明我国地区经济增长的差距从人均 GDP 的角度衡量，基尼系数与泰尔指数均呈现相似的变动趋势。换言之，无论是侧重于发达地区经济增长过快对差距的拉大作用，还是侧重于落后地区经济增长过慢对差距的拉大作用，抑或是重点观察中等发展水平地区内部发展的不均衡对差距的影响作用，我国地区经济发展差距均经历了一个由升转降再升的变动过程。若从人均消费支出的角度衡量地区经济差距，情况则略有不同，以泰尔指数衡量的地区经济差距在 2008～2015 年的下降程度比以基尼系数衡量的地区差距大，原因在于与其他地区相比，我国经济发达地区的人均消费支出差距明显缩小，由 2009 年的 0.085 下降至 2013 年的 0.064，下降了 24.7%，但是在 2017 年增加到 0.069，这明显影响了泰尔 T 指数的大小（见图 5.15）。若从人均投资支出的角度衡量地区经济发展水平可以看到，对比泰尔 T 指数与 L 指数可知，在 2009 年之前泰尔 L 指数明显低于泰尔 T 指数，说明在经济发展初期贫困地区的投资差距略低于经济发达地区的投资差距。就人均进出口总额的差距而言，经济发达地区的进出口总额差距则

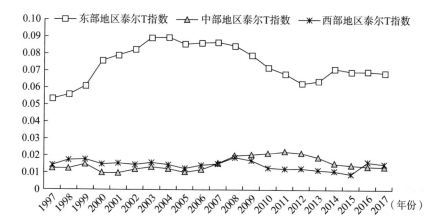

图 5.15　1997～2017 年我国区域经济增长不平衡的泰尔 T 指数比较

资料来源：1998～2018 年《中国统计年鉴》。

明显低于经济落后地区的进出口总额差距，全国范围内进出口总额的差距主要取决于经济发达地区的进出口总额。

（2）广义熵指数的地区分解

根据广义熵指数的可分解性，本书利用 1997 ～ 2017 年的《中国统计年鉴》数据，按照国家统计局提出的东中西部的划分方法将全国划分为东部、中部和西部三个地区，其中东部地区包括北京、天津、河北、辽宁、上海、江苏、浙江、福建、广东、山东和海南 11 个省（市）；中部地区包括山西、吉林、黑龙江、安徽、江西、河南、湖北和湖南 8 个省；西部地区包括内蒙古、广西、四川、重庆、西藏、贵州、云南、陕西、甘肃、青海、宁夏和新疆 12 个省（区、市）。通过运用泰尔 T 指数和泰尔 L 指数进行地区分解，考察东中西部地区间差距与东中西部地区内部差距对全国整体区域经济增长差距的影响，具体如表 5.5 所示。

表 5.5　1997～2017 年区域经济增长泰尔指数的地区分解

年份	泰尔 T 指数				泰尔 L 指数			
	东部地区	中部地区	西部地区	组间差距	东部地区	中部地区	西部地区	组间差距
1997	37.8	9.6	4.3	59.7	37.2	9.3	4.6	60.3
1998	40.1	9.3	4.3	62.0	39.4	9.0	4.6	62.8
1999	42.8	9.4	4.1	65.7	41.6	9.1	4.3	67.1
2000	40.8	9.7	4.3	67.8	40.1	9.4	4.5	68.6
2001	43.3	9.7	4.5	69.9	42.6	9.3	4.7	70.8
2002	44.6	10.2	4.7	72.2	44.1	9.8	4.9	72.9
2003	45.4	11.4	5.4	74.5	45.6	11.0	5.5	60.5
2004	44.7	12.0	5.9	70.8	44.4	11.5	6.0	71.6
2005	42.4	11.5	6.5	64.1	42.9	11.0	6.5	64.1
2006	40.7	12.3	7.4	61.1	41.5	11.8	7.2	61.0
2007	39.0	10.9	8.2	57.5	39.9	10.5	7.8	57.4
2008	34.8	10.8	10.2	50.7	36.0	10.4	9.5	50.6
2009	30.1	10.3	10.4	44.4	31.6	9.8	9.5	44.3
2010	26.1	8.1	10.4	38.6	27.8	7.7	9.7	38.0
2011	22.9	6.8	10.8	33.9	24.3	6.5	10.1	33.5

年份	泰尔 T 指数				泰尔 L 指数			
	东部地区	中部地区	西部地区	组间差距	东部地区	中部地区	西部地区	组间差距
2012	21.9	6.7	10.3	29.9	23.3	6.4	9.6	29.5
2013	21.8	6.9	9.2	28.7	23.2	6.6	8.5	28.2
2014	22.4	7.0	8.6	27.9	23.9	6.8	8.0	27.2
2015	24.1	7.4	7.7	29.0	25.9	7.2	7.2	28.0
2016	27.9	7.5	7.0	28.6	29.4	7.4	6.7	27.6
2017	29.3	6.5	5.4	30.2	31.2	6.3	5.4	28.5

由表 5.5 可知，无论是泰尔 T 指数还是泰尔 L 指数，整体来看，组间差距是我国区域经济增长差距的最主要因素。但是随着经济发展水平的不断提高，中西部地区内部的差距对总体经济增长差距的贡献越来越大，而东部地区内部的人均 GDP 差距对整体地区间差距的贡献率明显下降。原因有两个方面：其一，东部地区的人均 GDP 的比重及人均 GDP 的区域内部差距在 2006 年后同时开始下降；其二，中西部地区内部的人均 GDP 差距随着其在经济体中占比的提高而不断拉大。这说明中西部地区的经济增长主要来自个别省份的崛起，而在区域内部则呈现发散的趋势。

（3）拟基尼系数及地区经济增长差距的地区分解

本部分利用 1998～2018 年的《中国统计年鉴》数据将表征经济增长的 GDP 按照支出法进行分解，包括最终消费支出、投资支出和净出口三个部分，通过对拟基尼系数的加权分解可以看出各种构成 GDP 的内部差距即经济增长各种动力的区域间差距对整体地区差距的影响，具体如图 5.16 所示。

第一，从 1997～2017 年地区经济增长不平衡的平均情况来看，贡献率最高的为投资支出，平均达到 46.75%；贡献率次之的为最终消费支出，平均为 36.81%；贡献率最低的为净出口，贡献率为 16.43%。这说明地区间经济增长不平衡主要是由投资支出的不平等引起的。

第二，从各年地区经济增长不平衡的贡献率的变动情况来看，投资

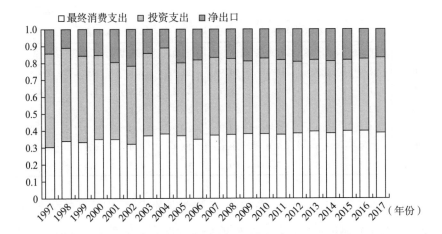

**图 5.16　1997～2017 年我国区域经济增长不平衡的各种经济增长
动力拟基尼系数贡献率**

资料来源：根据历年《中国统计年鉴》中的数据计算整理。

支出的差距对经济增长不平衡差距的贡献率在波动中先降后升，由
1997 年的 56.1% 大幅下降至 2005 年的 43.1%，下降了 13 个百分点，
但随后缓慢上升至 2017 年的 44.5%。在经济发展初期，各省大幅招商
引资试图通过投资缩小地区间差距，但是这种粗放的经济增长方式并未
缩小地区差距；在经济发展到一定程度后，投资支出的地区间差距大幅
缩小，对地区经济增长不平衡的贡献率略有减小。

　　第三，真正决定地区间经济增长差距不断扩大的是地区间最终消费
支出差距的不断扩大，其贡献率在轻微波动中不断上升，由 1997 年的
29.81% 上升至 2017 年的 40.17%，上升了 10.36 个百分点，其中 1997～
2005 年最终消费支出的拟基尼系数由 0.135 上升至 0.205，上涨了
51.85%，但是最终消费支出的地区间差距在 2003 年后并未下降，直到
2009 年拟基尼系数才由 0.205 下降至 2017 年的 0.185，下降了 9.76%。
以上数据表明，最终消费支出的地区间差距的变动明显滞后于投资支出
的地区间差距的变动，甚至是人均 GDP 的变动。事实上，最终消费支出
的地区间差距的变动与收入之间的关系更加密切。

第四，虽然净出口的地区间差距最大，但是由于其占总体 GDP 的比重较低，因此对地区间经济增长差距的贡献最小，贡献率除了在 2001 年加入 WTO 之后显著提高，之后并未发生明显变化，始终保持在 18% 左右。

以上我们观察了经济增长的三大动力——消费、投资、净出口对地区间总体差距的贡献率，地区间经济发展的总体差距是由经济发展的各种动力的差距与其比重的乘积的变动共同解释或组成的。那么进一步的问题是，1997～2005 年我国地区间经济增长的差距逐渐扩大，由 0.240 增加到 0.293，增长了 22.1%，而这种差距自 2005 年开始出现明显的缩小，下降到 2017 年的 0.230，减少了 21.5%。地区间经济增长差距的 "倒 U" 形变动主要是由何种因素造成的？主要是由经济增长动力自身差距的变动导致的，还是由经济增长动力的结构变化影响的？抑或是两者共同作用造成的？利用拟基尼系数的分解法可以对这一问题展开详细的数理分析，分解公式如下：

$$dG/dt = \sum dG_i/dt \times Y_i + \sum dY_i/dt \times G_i \tag{5.1}$$

其中，$dG_i/dt \times Y_i$ 表示各种经济增长动力地区间差距的变动造成的地区总体经济增长差距的变化，称之为增长效应；$dY_i/dt \times G_i$ 表示由经济增长的动力结构的变动造成的地区总体经济增长差距的变化，称之为结构效应。

利用上述方法分别对 1997～2005 年及 2006～2017 年两个阶段的地区经济增长差距的变动进行分解分析。计算结果如表 5.6 所示。

表 5.6　1997～2017 年我国区域经济增长不平衡的增长效应与结构效应的分解结果

年份	效应		最终消费支出	投资支出	净出口	合计
1997～2005	增长效应	数值	0.038	-0.006	-0.002	0.031
		比重（%）	99.49	-14.72	-4.07	80.70
	结构效应	数值	-0.002	-0.002	0.011	0.007
		比重（%）	-5.81	-5.20	30.31	19.30

续表

年份	效应		最终消费支出	投资支出	净出口	合计
2006~2017	增长效应	数值	-0.011	-0.086	-0.039	-0.135
		比重（%）	-8.03	-64.74	-29.15	-101.91
	结构效应	数值	0.001	0.050	-0.048	0.003
		比重（%）	0.97	37.39	-36.45	1.91

资料来源：根据历年《中国统计年鉴》中的数据计算整理。

表 5.6 中数据表明，从总体上看，我国地区间经济增长差距的"倒U"形变动主要是由经济增长的三大动力自身地区间差距的变动造成的，其中 1997~2005 年增长效应的贡献率为 80.70%，而 2006~2017 年增长效应的贡献率增加至 101.91%。

首先，在 1997~2005 年我国地区间经济增长差距的扩大主要是由地区间最终消费支出差距的扩大造成的，贡献率高达 99.49%，占绝对的优势。最终消费支出的变动与收入的变动关系更加密切，而地区间正是通过最终消费支出差距在很大程度上影响地区间经济增长差距的。此外，净出口结构的不平衡也加剧了地区间经济增长的差距，贡献率为 30.31%。

其次，在 1997~2005 年，并非所有的变动都导致了地区间经济增长差距的拉大，由表 5.6 可知，投资支出和净出口地区间差距缩小，虽然贡献率较低，但是仍在一定程度上缓解了地区间经济增长差距的扩大。

最后，2006~2017 年我国地区间经济增长差距的缩小主要来自地区间投资支出差距的缩小，贡献率为 64.74%，而地区间最终消费支出差距的缩小和地区间净出口差距的缩小也有助于缩小地区整体经济增长差距，贡献率分别为 8.03% 和 29.15%。

第三节　经济增长效率测度

一　测算方法

全要素生产率是反映动态变化趋势的分析指数，可以直观反映自身及其来源的变化情况，以及对经济增长效率的动态贡献程度等。[1] 因此，本部分主要利用全要素生产率（TFP）作为衡量经济发展效率的代理量。核算全要素生产率的方法主要有以下两种：一种是参数方法，也即索洛余值法；另一种则是非参数方法（DEA）。由于 DEA 方法只是对相对效率进行评估，缺少较强的理论支撑，所以，本部分采用传统的最常见的索洛余值法。这种计算方法是由索洛提出的，索洛在研究人均产出增长时认为需要考虑技术因素，因为经济增长不只受资本和劳动力的影响，还有一部分无法解释的因素，这部分因素可以理解为技术因素，也即技术进步率。随着理论的不断丰富，后人将那部分技术因素称为"增长余值"，具体函数模型如下：

$$Y_t = Ae^{\lambda t} K_t^{\alpha} L_t^{\beta} \tag{5.2}$$

其中，Y_t 为实际产出，L_t 为劳动投入，K_t 为资本投入，α、β 为平均资本产出份额和劳动力产出份额，$\alpha + \beta = 1$。

对式（5.2）两边同时取对数得：

$$\ln Y_t = \ln A + \lambda t + \alpha \ln K_t + \beta \ln L_t \tag{5.3}$$

由 $\alpha + \beta = 1$，对式（5.3）进行整理得到：

$$\ln(Y_t/L_t) = \ln A + \lambda t + \alpha \ln(K_t/L_t) \tag{5.4}$$

利用最小二乘法对方程进行回归分析，得到 α、β 的值，进而计算出全要素生产率的值。

二　变量选择和数据处理

选用索洛余值法估计全要素生产率，所涉及的变量为总产出 Y_t、劳动投入 L_t 和资本投入 K_t，所有选择的数据均来自历年的地方统计年鉴，

① 张红霞、李猛、王悦：《环境规制对经济增长质量的影响》，《统计与决策》2020 年第23 期，第 112~117 页；余泳泽、杨晓章、张少辉：《中国经济由高速增长向高质量增长的时空转换特征研究》，《数量经济技术经济研究》2019 年第 6 期，第 3~21 页。

时间区间为 2010～2018 年，其中各个变量的处理方法如下。

第一，总产出 Y_t。采用不变价国内生产总值作为衡量经济增长的基本指标，以 2010 年不变价为基期，对 2010～2018 年的数据进行调整。

第二，劳动投入 L_t。采用各地区年末三次产业从业人员数作为劳动投入指标。

第三，资本投入 K_t。采用资本存量的概念并按永续盘存法测算，基本公式为：

$$K_t = I_t P_t + (1 - \delta) K_{t-1} \tag{5.5}$$

其中，K_t 为第 t 年的实际资本存量，K_{t-1} 为第 $t-1$ 年的实际资本存量，P_t 为 t 年的价格指数，I_t 为以当期价格计价的固定资产投资额，δ 为折旧率。本部分采用固定资产投资价格指数代替 P_t，并按照固定的折旧率提取固定资产折旧。参照单豪杰的研究①，采用 10.96% 的折旧率。

三　索洛余值法测算 TFP 及其变动

根据上文可知，在规模报酬不变的情况下，可通过 OLS 估计取对数后的产出方程，得到 α 和 β 的值。为了简化，并且使数据更为平稳，进一步对式（5.4）进行一阶差分后进行最小二乘法估计，可得到如下结果：

$$\ln(Y_t/L_t) - \ln(Y_{t-1}/L_{t-1}) = 0.0910 + 0.6709 \left[\ln(K_t/L_t) - \ln(K_{t-1}/L_{t-1}) \right]$$

$$(0.65) \qquad\qquad (36.65)$$

$$R^2 = 0.9899 \qquad\qquad DW = 0.4029 \tag{5.6}$$

由上可知，回归结果显著，并且得出了资本产出份额为 0.6709，

---

① 单豪杰：《中国资本存量 K 的再估算：1952～2006 年》，《数量经济技术经济研究》2008 年第 10 期，第 17～31 页。

通过对现有的研究理论进行梳理，笔者发现，国内学者张军和施少华在研究资本收入份额时计算的资本产出份额是 0.609[①]，而郭庆旺和贾俊雪的计算结果是 0.7[②]，这意味着本书的计算结果与上述学者们的计算结果较为相近。在这个前提下，测算出劳动力的平均产出份额，通过计算，最终结果为 0.3291。

确定劳动和资本的平均产出份额后，进一步根据张军和施少华采用的全要素生产率计算公式 $TFP = \dfrac{Y_t}{K_t^{\alpha} L_t^{1-\alpha}}$ 对全国 30 个省（区、市）的 TFP 进行测算，具体结果如表 5.7 所示。

表 5.7　2010～2018 年全国 30 个省（区、市）绿色金融综合发展水平

省（区、市）	2010 年	2011 年	2012 年	2013 年	2014 年	2015 年	2016 年	2017 年	2018 年
北京	1.554	1.551	1.593	1.645	1.677	1.711	1.778	1.825	2.058
天津	1.382	1.259	1.279	1.274	1.271	1.248	1.281	1.347	0.934
河北	1.080	1.054	1.052	1.045	1.022	0.970	0.982	0.997	0.915
辽宁	1.223	1.179	1.221	1.220	1.218	1.244	1.032	1.014	1.002
上海	1.584	1.571	1.601	1.651	1.629	1.661	1.759	1.817	2.042
江苏	1.404	1.382	1.419	1.473	1.525	1.553	1.629	1.724	1.792
浙江	1.303	1.303	1.327	1.355	1.370	1.374	1.425	1.474	1.581
福建	1.187	1.113	1.133	1.156	1.165	1.152	1.184	1.232	1.389
山东	1.164	1.116	1.147	1.177	1.191	1.189	1.218	1.252	1.135
广东	1.529	1.476	1.487	1.488	1.502	1.501	1.514	1.553	1.628
海南	1.070	1.043	1.059	1.025	1.010	0.993	1.017	1.039	1.084
山西	1.110	1.064	1.063	1.018	0.985	0.942	0.899	1.028	1.046
吉林	0.955	0.915	0.951	0.974	0.965	0.911	0.899	0.893	0.656

①　张军、施少华：《中国经济全要素生产率变动：1952～1998》，《世界经济文汇》2003 年第 2 期，第 17～24 页。

②　郭庆旺、贾俊雪：《中国全要素生产率的估算：1979—2004》，《经济研究》2005 年第 6 期，第 51～60 页。

省 (区、市)	2010 年	2011 年	2012 年	2013 年	2014 年	2015 年	2016 年	2017 年	2018 年
黑龙江	1.139	1.123	1.134	1.106	1.066	1.007	0.969	0.958	0.754
安徽	1.001	0.986	1.017	1.050	1.056	1.035	1.063	1.104	1.318
江西	1.040	1.048	1.084	1.127	1.159	1.158	1.187	1.207	1.301
河南	0.947	0.877	0.878	0.869	0.857	0.837	0.847	0.883	0.946
湖北	1.083	1.059	1.118	1.150	1.169	1.175	1.213	1.235	1.381
湖南	1.139	1.114	1.152	1.176	1.190	1.204	1.242	1.276	1.314
内蒙古	1.284	1.198	1.186	1.118	1.082	1.021	0.994	0.903	0.893
广西	0.869	0.813	0.821	0.843	0.861	0.860	0.880	0.871	0.904
重庆	1.077	1.053	1.118	1.157	1.206	1.228	1.281	1.328	1.434
四川	1.035	1.008	1.073	1.121	1.143	1.134	1.166	1.231	1.359
贵州	0.833	0.816	0.888	0.935	0.967	0.975	0.976	1.016	1.071
云南	0.829	0.779	0.801	0.818	0.815	0.774	0.762	0.771	0.919
陕西	1.055	1.029	1.185	1.222	1.221	1.159	1.161	1.215	1.238
甘肃	0.888	0.880	0.909	0.941	0.944	0.866	0.847	0.887	0.914
青海	0.864	0.844	0.846	0.834	0.801	0.747	0.714	0.670	0.648
宁夏	0.873	0.869	0.878	0.887	0.852	0.796	0.776	0.779	0.746
新疆	1.046	1.031	1.034	1.016	0.990	0.894	0.850	0.869	0.984

　　由表 5.7 可知，我国大部分地区的经济增长效率水平较低，仅北京、上海的经济增长效率处于高水平，平均分别为 1.710 和 1.702，并呈现总体上涨的态势；江苏、广东分别位于第 3、4 名，经济增长效率的平均水平分别为 1.545 和 1.520，处于较高水平；位于第 5、6、7 名的浙江、天津、重庆的平均经济增长效率分别为 1.390、1.253、1.209，明显高于其他地区（见图 5.17）。此外除重庆（1.209）和湖南（1.201）外，其他地区的经济增长效率均处于 1.2 以下，广西、云南、青海、甘肃、宁夏、河南的经济增长效率在 0.9 以下，排名靠后。经济增长效率与地区经济发展程度密不可分，尤其北京、上海地区有着优越

的区位条件和先进的技术，使其能够依托核心竞争力带动全国经济迅猛发展。

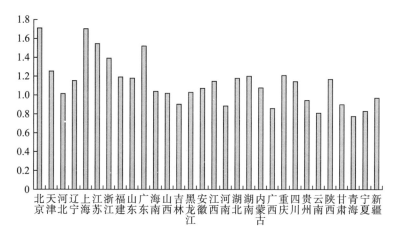

图 5.17 2010～2018 年全国 30 个省（区、市）TFP 平均水平

四 经济增长效率的时空演变特征

（一）时间演变特征

为了进一步了解我国经济增长效率的时间演变特征，本部分比较了 2010 年、2012 年、2014 年、2016 年和 2018 年 5 年横截面数据的分位数，如表 5.8 所示。

表 5.8 我国经济增长效率统计特征

年份	总值	均值	标准差	P25	P50	P75	最小值	最大值
2010	33.545	1.118	0.366	0.966	1.048	1.214	0.649	1.584
2012	33.455	1.115	0.209	0.967	1.077	1.186	0.714	1.601
2014	33.553	1.131	0.279	0.972	1.078	1.216	0.800	1.677
2016	33.922	1.118	0.227	0.899	1.101	1.236	0.801	1.778
2018	35.392	1.180	0.203	0.916	1.113	1.376	0.830	2.058

注：P25、P50、P75 分别表示 25%、50%、75% 分位数。

从经济增长效率的总值和均值来看，经济增长效率总体呈上升趋势，均值在 1.1 左右，说明整体而言经济增长效率水平偏低。从最大值和最小值来看，经济增长效率的区间范围由最小值（0.649）到最大值（2.058），差异为 2 倍之多，说明地区间经济增长效率存在明显差异。从标准差来看，虽然中间有波动，但整体呈缩小趋势，说明地区间经济增长效率的差异在减小。从分位数来看，各值更偏向于最小值，也说明各地区经济增长效率水平差异显著，且整体水平偏低。同时，分位数呈上升趋势，说明经济增长效率水平稳步上升。

（二）　空间演变特征

由于我国各地区的区位优势、资源禀赋以及政策导向情况存在显著的差异性，各地区的经济增长效率具有明显的异质性，具体如图 5.18 所示。

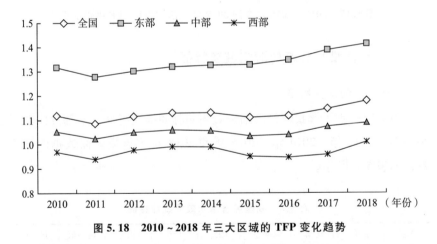

图 5.18　2010～2018 年三大区域的 TFP 变化趋势

从图 5.18 可看出，全国、东部、中部和西部地区的 TFP 除了在 2011 年和 2015 年有小幅下降外，整体呈现逐年上升的态势，全要素生产率从东部、中部、西部地区呈现逐渐递减的特征。此外，就全国而言，东部地区仍然是 TFP 水平最高的区域，中西部地区的全要素生产率近 3 年来一直保持上升态势，虽然西部地区近年来 GDP 增长率相对全国较高，但能看出，全要素生产率依然需要着力改善。

第四节　本章小结

本章分别对经济增长的发展历程、发展现状及发展水平进行介绍和分析，具体内容如下。

首先，对经济增长的发展历程进行详细回顾，本书根据国家颁布并实施的各项方针政策，将我国的经济增长历程分为非均衡增长阶段、促进欠发达地区增长阶段和均衡增长阶段。其中，非均衡增长阶段（1978～1998年），通过建立经济特区、沿海开放城市以及沿海经济开放区，形成了全方位、多层次的发展格局；促进欠发达地区增长阶段（1999～2016年），通过实施"西部大开发""振兴东北老工业基地""中部崛起"等战略缩小地区经济发展差距，为促进经济协调发展奠定了坚实的基础；均衡增长阶段（2017年至今），国家相继实施了京津冀协同发展、长江经济带发展、粤港澳大湾区建设等发展战略，对所涉区域的经济增长起到了推动作用。

其次，分别从经济增长总量、经济结构及区域经济增长不平衡的视角详细阐述了经济增长的发展现状。其中，我国总体经济增长平稳向好、各地区经济增长差距显著；产业结构发展的不平衡不仅表现在地区分布上，更体现在三次产业的内部结构上，劳动密集型产业和资本密集型产业占据绝对主导地位，产业附加值普遍偏低；就经济增长的不平衡来说，无论是采用相对指标还是绝对指标进行衡量，我国区域经济增长不平衡现象均较为突出。

最后，对经济增长水平进行测度。由于经济增长水平不能直接观测，而全要素生产率能较好地反映经济增长状况，所以本书采用索洛余值法对我国经济增长水平进行测度。结果发现，东部地区是 TFP 水平最高的区域，中西部地区的全要素生产率近 3 年来一直保持上升态势，虽然西部地区近年来 GDP 增长率相对全国来说较高，但全要素生产率依然需要着力改善。

第六章 绿色金融对企业经营绩效的影响分析

　　企业是经济活动的微观主体，是经济政策的主要实施对象，是推动产业结构优化与宏观经济增长的主要动力。绿色金融政策的实施主要是通过区别对待污染项目与环保项目来改变污染企业与环保企业的融资成本，激励企业开展绿色技术创新，进而推动产业结构生态化发展，促进绿色经济增长。在绿色发展理念盛行的背景下，绿色金融如何推动企业转型是社会各界关注的重要话题。鉴于此，本章考察了绿色金融对企业经营绩效的影响，以此为绿色金融影响经济增长的微观机理。

　　本章的安排如下：首先，明确研究样本，结合样本特点进行精细划分，继而从融资约束水平、绿色技术创新水平及全要素生产率等方面分析绿色企业和污染企业的发展情况，同时针对绿色金融对绿色企业与污染企业的影响问题提出理论假设；其次，实证比较绿色金融对绿色企业与污染企业经营绩效的作用效果；再次，按照企业规模、产权性质以及属性划分等标准考察绿色金融对不同类型企业的非对称影响；最后，分别以融资约束水平及绿色技术创新水平为中介变量，探讨绿色金融对绿色企业和污染企业经营绩效的影响机制。

第一节　样本选择、特征事实与理论假设

一　样本选择

（一）绿色企业样本选择

本部分的研究对象是 2010～2018 年所有 A 股上市企业，参考 He 和 Liu 的研究[①]，并结合中国证监会于 2012 年修订的《上市公司行业分类指引》以及中国银监会于 2013 年公布的《绿色信贷指引》等相关内容，确定了绿色企业的范围，这里主要指的是以绿色林业、农业开发、节能节水环保、污染防治以及自然保护、资源再利用和生态修复等为主营业务的企业。按照马骏对绿色企业的划分标准[②]，将绿色企业进一步划分为节能环保企业、绿色生产企业和绿色能源企业。

选择样本时，采取的是 Brandt 等提出的序贯识别法[③]。在一般情况下，利用法人代码来识别企业；一旦发现无法匹配或者存在信息重复等情况，再使用法人名称和区域代码进行匹配。如果发现这两种方法均无法达成目的，再另寻其他匹配途径。采用这种匹配方法有一定的弊端，比如当匹配范围过宽时，就可能会出现同一地方有不同企业在同一时段从事某一行业的情况。为了缩小范围，提高匹配的精准程度，这里采用了地区代码 + 电话号码 + 成立时间这三项信息作为匹配条件，从而提高匹配的成功率。

经过相应的匹配过程，最终挑出了 405 家企业合计 1564 个样本观

---

① He, L. Y., and Liu, L. "Stand by or Follow? Responsibility Diffusion Effects and Green Credit." *Emerging Markets Finance and Trade* 54 (2018): 1740 - 1760.

② 马骏:《论构建中国绿色金融体系》,《金融论坛》2015 年第 5 期, 第 18～27 页。

③ Brandt, L., Biesebroeck, J. V., and Zhang, Y. "Creative Accounting or Creative Destruction? Firm - level Productivity Growth in Chinese Manufacturing." *Journal of Development Economics* 97 (2012): 339 - 351.

测值。同时，结合杨汝岱提出的筛选方法①，剔除一些无效观测值。比如，那些总产出以及其对应的增加值和企业的固定资产净值没有现实数据或者数据为负值的、企业员工数小于 8 人的，均被排除在外，最终形成 358 家企业共 2247 个样本。在此基础上，剔除企业成立年份失效以及不满足会计准则的样本后，剩下的就只有 319 家企业合计 2043 个样本观测值；在剔除投资额和投资率以及长期负债为 0 的企业之后，最终确定只有 282 家企业合计 1804 个有效观测值的非平衡面板数据。

（二）污染企业样本选择

依据《上市公司行业分类指引》，手动筛选上市污染企业，并借鉴赵细康提出的方法②，按照污染物排放强度（γ_i）的大小对污染企业进行划分，即若 $\gamma_i \geqslant 0.3278$，则定位为重度污染企业；若 $0.2 < \gamma_i < 0.3278$，则定位为中度污染企业；若 $\gamma_i \leqslant 0.2$，该企业属于轻度污染企业。其中，重、中、轻度污染行业具体如表 6.1 所示。

表 6.1　污染企业类型及其对应细分行业

污染物排放强度	污染企业类型	细分行业
$\gamma_i \geqslant 0.3278$	重度污染企业	化学原料和化学制品制造业，非金属矿物制品业，黑色金属冶炼和压延加工业，有色金属冶炼和压延加工业，石油加工、炼焦和核燃料加工业，电力、热力生产和供应业
$0.2 < \gamma_i < 0.3278$	中度污染企业	采矿业，煤炭开采和洗选业，石油和天然气开采业，黑色金属矿采选业，有色金属矿采选业，纺织业，皮革、毛皮、羽毛及其制品和制鞋业，造纸和纸制品业，医药制造业，金属制品业，橡胶和塑料制品业，建筑业，房地产业
$\gamma_i \leqslant 0.2$	轻度污染企业	农副食品加工业，食品制造业，家具制造业，木材加工和木、竹、藤、棕、草制品业，化学纤维制造业，印刷和记录媒介复制业，通用设备制造业，汽车制造业，铁路、船舶、航空航天和其他运输设备制造业，电气机械和器材制造业，计算机、通信和其他电子设备制造业，其他制造业

---

① 杨汝岱：《中国制造业企业全要素生产率研究》，《经济研究》2015 年第 2 期，第61 ~ 74 页。

② 赵细康：《环境保护与产业国际竞争力——理论与实证分析》，中国社会科学出版社，2003。

在样本选择方面，以 2010～2018 年沪深 A 股上市的污染企业为原始样本，并按照表 6.1 中的企业划分标准进行筛选，具体过程如下：一是选择数据全面和经营正常的企业，有 3038 家企业合计 16569 个样本符合观测要求；二是在此基础上，人工剔除那些在 2018 年尚未发布排污费数据的企业，此时符合条件的研究对象有 2930 家合计 15716 个样本观测值；三是再进行详细分析，对于那些排污费中除了包含环保费用之外还掺杂了其他费用的，予以剔除，此时符合观察条件的有 2728 家合计 14689 个样本。由于我国对部分企业实行"政策性免征"的优惠政策，而且很多企业自身已经完成了清洁化升级无须再向政府缴纳，所以这些企业也不符合观察条件，最终只确定 2552 家合计 14354 个样本符合有效观测条件。同时，为了确保不对回归结果造成影响，进一步对筛选出来的数据进行了 1% 的缩尾处理。

（三）一般企业样本选择

本书认定的一般企业是除上述绿色企业和污染企业处，剩余的上市企业，具体包括农业，林业，畜牧业，渔业，商业，餐饮业，交通运输、仓储和邮政业，信息技术服务业，以及一系列服务民生的行业等。样本的筛选过程同污染企业类似，因而不再做重复介绍。通过层层筛选，最后只有 663 家企业合计 2838 个样本符合有效观测条件。同样，也对所筛选出来的数据做了 1% 的缩尾处理。

二 特征事实

融资水平对企业的经营发展和技术创新至关重要，任何企业在经营过程中都会受到融资约束的限制[①]；绿色技术创新是促进企业转型升级、进一步推动社会经济可持续发展的有力抓手；全要素生产率体现了技术、规模和管理等对企业发展起到的作用，它可以看作扣除资本、劳

---

① 张成思、刘贯春：《中国实业部门投融资决策机制研究——基于经济政策不确定性和融资约束异质性视角》，《经济研究》2018 年第 12 期，第 51～67 页。

动等要素成本之后对产出增加之后的"剩余"①。综上所述,融资约束水平、绿色技术创新以及全要素生产率是衡量企业发展水平的重要指标。由于绿色企业和污染企业受绿色金融的影响程度较大,所以本部分将从以上三个方面重点分析绿色企业和污染企业发展的现实情况。

(一)绿色企业发展现状

近年来,在国家倡导绿色发展的背景下,在绿色金融政策的支持下,我国绿色企业发展势头强劲,产值由 2010 年的 1.01 亿元增加至 2018 年的 5.73 亿元,增长了近 5 倍,年均增长率高达 24.23%。2010~2018 年,我国绿色企业的综合发展水平不断提高。表 6.2 列出了我国绿色企业在 2010~2018 年的融资约束水平、绿色技术创新及全要生产率的发展情况。

表 6.2　绿色企业的发展现状

年份	融资约束水平	绿色技术创新	全要素生产率
2010	4.7554	3.9728	7.275341
2011	4.6473	4.2735	7.276679
2012	4.4781	4.2788	7.392662
2013	4.2331	4.3941	7.461767
2014	4.0266	4.4078	7.579703
2015	3.8326	4.4900	7.643960
2016	3.7281	4.4914	7.847247
2017	3.6578	4.5317	7.941159
2018	3.5524	4.5842	7.964057

注:融资约束水平采用 SA 指数法进行测算;绿色技术创新水平采用绿色专利授权数取自然对数表示;企业全要素生产率采用 LP 法进行测算。

资料来源:根据上市企业公司年报计算得出。

由表 6.2 可以看出,在融资约束方面,2010~2018 年绿色企业的融资约束水平逐年递减,由 2010 年的 4.7554 降至 2018 年的 3.5524。可

---

① 鲁晓东、连玉君:《中国工业企业全要素生产率估计:1999~2017》,《经济学》(季刊)2012 年第 2 期,第 541~558 页。

见，绿色金融政策的实施功不可没，我国绿色企业的融资约束得到有效缓解。在绿色技术创新方面，2010～2018 年我国绿色企业的绿色技术创新水平逐年提升，由 2010 年的 3.9728 上升至 2018 年的 4.5842。这表明绿色企业对绿色技术创新水平的重视程度不断提高，对绿色创新的研发投入也不断加大。在全要素生产率（TFP）方面，2010～2018 年绿色企业的 TFP 稳步增加，由 2010 年的 7.2753 增加至 2018 年的 7.9641，说明绿色企业的综合生产效率不断提升。综上，2010～2018 年，绿色企业的融资约束得以改善，绿色技术创新水平与全要素生产率显著提高。

（二）污染企业发展现状

近年来，我国污染企业的产值平稳增长，由 2010 年的 12.29 亿元增加至 2018 年的 27.28 亿元，增长了 1 倍多，年均增长率为 10.48%。尽管如此，与同期绿色企业产值增速（24.23%）相比，污染企业的产值增长速度明显较慢。与此同时，尽管污染企业的绿色技术创新和全要素生产率均有所提升，但其面临的融资约束逐年提高（见表 6.3）。

表 6.3　污染企业的发展现状

年份	融资约束水平	绿色技术创新	全要素生产率
2010	4.6843	3.877609	8.714927
2011	4.7496	4.098326	8.787419
2012	4.8131	4.186826	8.770292
2013	4.9444	4.358838	8.833680
2014	4.9703	4.414101	8.790259
2015	4.9594	4.805285	8.657343
2016	4.9151	4.758144	8.701709
2017	4.8754	4.741506	8.860505
2018	4.9472	5.027810	8.988198

注：融资约束水平采用 SA 指数法进行测算；绿色技术创新水平采用绿色专利授权数取自然对数表示；企业全要素生产率采用 LP 法进行测算。

资料来源：根据上市企业公司年报计算得出。

由表6.3可以看出，在融资约束方面，2010~2018年污染企业的融资约束水平总体不断提高，由2010年的4.6843上升至2018年的4.9472，这说明我国污染企业面临的融资约束不断提高。显然，这与国家实施绿色金融政策限制污染项目投资密切相关。在绿色技术创新方面，2010~2018年，污染企业的绿色技术创新水平总体不断提升，由2010年的3.8776增至2018年的5.0278，这表明近年来污染企业为加速绿色转型不断加大绿色技术创新力度。在全要素生产率方面，2010~2018年污染企业的全要素生产率总体不断增加，由2010年的8.7149增加至2018年的8.9882。尽管如此，与绿色企业全要素生产率的增速相比，污染企业全要素生产率的增长速度明显较低。综合来看，2010~2018年我国污染企业的融资约束水平不断提高，但绿色技术创新水平和企业全要素生产率均逐年递增。

三　理论假设

优化金融资源配置是绿色金融的首要功能。绿色金融通过降低信贷成本、放宽额度限制、加大金融杠杆等方式支持更多资金流向绿色环保项目，支持环保企业进行绿色技术创新，扩大绿色产品的生产经营范围。与此同时，绿色金融将推动污染企业绿色转型，通过限制污染企业信贷规模、提高污染企业融资成本等方式，抑制污染产品的生产经营，迫使污染企业进行绿色技术创新，促进生产模式向绿色环保高效发展。因此，绿色金融对绿色企业与污染企业的作用机制与影响效果并不相同。此外，由于企业规模、类型及所有权性质的不同，这些企业所能承受的绿色金融压力不同，企业对绿色金融的态度和反应程度也并不相同，所以，绿色金融对不同企业的作用效果也将存在显著差异。基于以上分析，本章提出如下研究假设。

假设1：绿色金融对绿色企业与污染企业的影响机制与效果存在显著差异。

假设2：企业规模、类型及产权性质将影响绿色金融对企业经营绩效的作用效果。

　　绿色金融的作用是通过降低信贷成本、放宽额度限制，为具备绿色发展条件的企业提供更多资金支持，因此，绿色金融对企业经营绩效的作用与企业的经营规模、类型以及性质有着密切的关系。从对生态环境的影响角度来看，企业的类型可分为污染企业和绿色企业。作为生态环境的破坏者，污染企业的破坏性会随着其生产经营规模的扩大而增强。而绿色金融的本质是基于环境约束的资金配给，也就是说，两家企业在竞争绿色资金支持的过程中，绿色企业将会优先获取绿色金融资金的支持。在未来的金融发展中，环境信息对资金配置将发挥指导性作用。完善环境信息披露共享机制将是发展绿色金融的基础，建立以环境信息为基础的资金配置机制更是未来金融机构的发展重任。[①] 这两套机制的建立有利于促进企业环境信息的透明化，加大对金融机构审批流程的监督力度，真正地发挥绿色金融的作用。同时，在以环境信息为基础的资金配置机制下，能够进一步地提高污染企业融资的门槛，进而对污染企业形成一种融资压力，以此控制其发展规模。[②] 基于以上分析，本章提出假设3。

　　假设3：绿色金融通过提高融资约束水平进而影响绿色企业和污染企业的经营绩效。

　　绿色金融通过控制资金流向支持企业绿色发展，尤其是对企业投资环保技术与加强环境管理存在倒逼作用。为获取绿色资金支持，改善融资期限结构，降低融资风险，从长期发展的角度转变发展模式，以"节约""绿色""环保"为抓手，向环境友好型方向发展，将成为企业发展的新理念。企业将通过增加对 R&D 部门的科研投入，改良并创新绿

---

①　涂永前：《碳金融的法律再造》，《中国社会科学》2012 年第 3 期，第 95～113 页。

②　Allet, M., and Hudon, M. "Green Microfinance: Characteristics of Microfinance Institutions Involved in Environmental Management." *Journal of Business Ethics* 126 (2015): 395 – 414；高晓燕、王治国：《绿色金融与新能源产业的耦合机制分析》，《江汉论坛》2017 年第 11 期，第 42～47 页。

色生产技术，通过技术创新来促进生产要素的高效利用，在可变成本的投入上做到资源利用最大化，进而达到提高企业经营绩效的目标。基于以上分析，本章提出假设 4。

假设 4：绿色金融通过提高绿色技术创新水平进而提高企业经营绩效。

第二节　模型设定、变量选取与数据来源

一　模型设定

由于绿色金融本质上是基于环境约束的资金配给，即倾向于为绿色企业提供资金，为绿色企业开通融资绿色通道，优化其融资结构，进而提高绿色技术创新水平；另外，在污染企业的融资条件中提高其融资门槛，增加其融资难度，倒逼污染企业提升绿色技术创新能力。因此，绿色金融主要通过企业融资约束水平以及绿色技术创新水平作用于企业的经营绩效。目前，学术界主要采用 KZ 指数、WW 指数以及 SA 指数测算企业的融资约束水平，但因 KZ 指数、WW 指数存在内生性变量较多的问题，不利于样本的回归分析，所以本文参考 Hadlock 和 Pierce、陈金勇等的做法[①]，采用 SA 指数作为定量衡量企业融资约束的方法，计算公式如下：

$$SA_{i,t} = 0.043(Size_{i,t})^2 - 0.04Age - 0.737Size_{i,t} \qquad (6.1)$$

其中，$Age_{i,t}$ 是企业年龄，即企业成立至报告期的年限；$Size_{i,t}$ 表示企业规模，这里用企业资产总额的自然对数加以衡量。

为实证考察绿色金融对企业经营绩效的影响以及企业融资约束、绿色技术创新的调节效应，本部分以全要素生产率为衡量企业经营绩效的

---

① Hadlock, C. J., Pierce, J. R. "New Evidence on Measuring Financial Constraints: Moving Beyond the KZ Index." *The Review of Financial Studies* 23 (2010): 1909 – 1940；陈金勇、舒维佳、牛欢欢：《区域金融发展、融资约束与企业技术创新投入》，《哈尔滨商业大学学报》（社会科学版）2020 年第 5 期，第 38 ~ 54 页。

代表性指标，作为被解释变量；核心解释变量为绿色金融发展水平。为了能够进行更加客观、全面的分析，提高实证结果的参考价值，在进行模型设定的过程中，本书充分结合了其他控制变量在企业经营绩效中发挥的作用，并在排除这些因素影响的情况下建立了调节效应模型，以此对绿色金融影响企业经营绩效的结果进行客观的衡量。具体如下：

$$Y_{i,t} = c + \alpha_1 QGF_{i,t} + \alpha_2 SA_{i,t} + \alpha_3 TIN_{i,t} + \alpha_4 (QGF_{i,t} \times SA_{i,t}) +$$

$$\alpha_5 (QGF_{i,t} \times TIN_{i,t}) + \alpha_6 X_{i,t} + \alpha_7 D_{i,t} + \delta_i + \theta_t + \varepsilon_{i,t} \tag{6.2}$$

其中，i 和 t 分别为企业标识和年度标识。被解释变量 Y 代表的是以全要素生产率（TFP）衡量的企业经营绩效水平；核心解释变量为绿色金融发展水平（QGF）；调节变量分别为融资约束水平（SA）和绿色技术创新（TIN）；X 表示一系列控制变量，包括企业规模（$Size$）、融资结构（LRD）、资产负债率（Lev）、成长性（$Growth$）、现金流量（CFO）。为提高估计的有效性，进一步控制其他区域变量对绿色金融发展与企业经营绩效关系的影响，在模型中引入宏观省际控制变量 D，包括区域经济发展水平（$PGDP$）与传统金融发展水平（Fin）；同时，为了提高模型的有效性，在模型构建过程中，还设置企业固定效应 δ_i 以及时间固定效应 θ_t，并增加了随机误差项，用 $\varepsilon_{i,t}$ 表示。

二　变量选取

本部分在王洪盾等的研究[①]基础上，运用 LP 法对企业全要素生产率进行测算，以此为企业经营绩效的代理指标；另外，参考刘海英、蔡海静的研究[②]，将利息支出占总支出的比重作为企业绿色金融发展水

---

① 王洪盾、岳华、张旭：《公司治理结构与公司绩效关系研究——基于企业全要素生产率的视角》，《上海经济研究》2019 年第 4 期，第 17~27 页。

② 刘海英：《企业环境绩效与绿色信贷的关联性——基于采掘服务、造纸和电力行业的数据样本分析》，《中国特色社会主义研究》2017 年第 3 期，第 85~92 页；蔡海静：《我国绿色信贷政策实施现状及其效果检验——基于造纸、采掘与电力行业的经验证据》，《财经论丛》2013 年第 1 期，第 69~75 页。

平。为了更加清晰明了地体现所有变量的定义及其测度，本部分以表格的形式对其进行概括和归类，具体如表 6.4 所示。

表 6.4　变量的定义及其测度

变量属性	变量名称	变量测度
被解释变量	企业全要素生产率（TFP）	运用 LP 法对其进行测度
解释变量	绿色金融发展水平（QGF）	利息支出/总支出
调节和中介变量	融资约束（SA）	利用 SA 指数对其进行测算
	绿色技术创新（TIN）	绿色技术专利授权数自然对数值
控制变量	融资结构（LRD）	长期负债/总资产
	企业规模（Size）	总资产的自然对数
	资产负债率（Lev）	负债总额/资产总额
	成长性（Growth）	营业收入/总资产
	现金流量（CFO）	经营性现金流净额/总资产
	区域经济发展水平（PGDP）	各地区人均生产总值的自然对数值
	传统金融发展水平（Fin）	各地银行信贷总额/实际 GDP
稳健性检验变量	资产收益率（ROA）	净利润/总资产
	绿色信贷发展水平（QGF2）	贷款余额取自然对数值

三　数据来源与描述性统计

2009 年，《中国银行业金融机构企业社会责任指引》的发布，为银行业开展绿色金融业务提供了指导。本部分参考 Bai 等的研究[1]，以 2010 年为时间起点进行研究。所有企业数据均来源于 CSMAR 数据库及上市企业公司年报；区域经济发展水平（PGDP）及传统金融发展水平（Fin）的数据来源于 2011 ~ 2019 年各地区《城市统计年鉴》。主要变量的描述性统计如表 6.5 所示。

---

[1]　Bai, Y., Faure, M., and Liu, J. "The Role of China's Banking Sector in Providing Green Finance." *Duke Environmental Law & Policy Forum* (2014): 89 - 101.

表6.5　主要变量的描述性统计

变量	均值	标准差	最小值	最大值
TFP	7.3798	0.9003	0.9606	9.9887
QGF	0.2257	0.5389	0.0013	9.9610
TIN	0.0456	0.0960	0.0001	7.6239
SA	4.0505	1.2719	−1.4398	7.6296
LRD	0.1989	0.1076	0.0001	0.7751
Size	22.0245	1.1444	16.1613	24.9572
Lev	0.5145	0.3833	−0.1947	7.0343
Growth	0.4040	0.2736	0.0005	3.9191
CFO	0.0070	0.3733	−10.2184	0.2555
PGDP	2.6388	0.4229	0.0002	3.3322
Fin	0.1301	1.0792	0.0049	0.4038

从表6.5中可以看出，*TFP* 的均值为7.3798，标准差为0.9003，说明以企业全要素生产率衡量的企业经营绩效在各企业间存在显著差异。同时还可以发现，*LRD* 的均值、标准差分别是0.1989、0.1076，这从另一面反映了融资时限短，也就是说，绿色企业的融资方式多是短期。同样，其他变量在不同公司之间也存在明显的差异。

第三节　实证结果与分析

一　全样本估计结果

本部分首先在未引入调节变量的情况下，对绿色金融与企业经营绩效之间的关系进行固定效应回归估计，然后对引入绿色金融与调节变量的交叉项的扩展模型——形式同式（6.1）也进行固定效应回归。表6.6分别给出了2010～2018年所有A股上市的全部企业、绿色企业、一般企业及污染企业的回归结果。

表 6.6　绿色金融对企业经营绩效的影响考察

变量	全样本		绿色企业全样本		一般企业全样本		污染企业全样本	
	（1）	（2）	（1）	（2）	（1）	（2）	（1）	（2）
QGF	0.199*	0.294***	0.311***	0.318***	0.036	0.057	0.138*	0.172***
	（1.91）	（3.73）	（9.03）	（5.44）	（0.41）	（0.63）	（1.73）	（3.54）
SA		-0.034***		-0.048***		-0.026***		-0.043***
		（-4.93）		（-3.00）		（-2.92）		（-3.95）
TIN		0.071***		0.095***		0.011*		0.069***
		（3.25）		（4.45）		（1.61）		（2.66）
QGF×SA		-0.108***		0.138***		-0.028		-0.125***
		（-8.10）		（3.66）		（-0.26）		（-4.30）
QGF×TIN		0.140***		0.232***		0.036***		0.177***
		（3.07）		（4.09）		（0.64）		（5.68）
LRD	-0.029***	-0.034***	0.042***	0.147**	-0.056***	-0.055***	-0.119***	-0.154***
	（-3.57）	（-3.99）	（4.19）	（2.18）	（-4.46）	（-4.79）	（-3.26）	（-3.02）
Size	0.609***	0.228***	0.665***	0.131***	0.574***	0.339***	0.629***	0.187***
	（6.46）	（7.96）	（7.72）	（5.79）	（4.01）	（6.77）	（3.62）	（5.80）
Lev	-0.055***	-0.050***	-0.066***	-0.054***	-0.279***	-0.193***	-0.036**	-0.030**
	（-4.16）	（-2.83）	（-4.16）	（-7.04）	（-4.17）	（-3.09）	（-2.35）	（-2.10）
Growth	0.078***	0.087***	0.085***	0.081***	0.048***	0.045***	0.149***	0.180***
	（11.01）	（3.71）	（4.17）	（5.42）	（3.11）	（3.16）	（10.54）	（8.99）
CFO	0.294**	0.127***	0.089***	0.132***	0.310***	0.252***	0.083***	0.074***
	（2.42）	（3.42）	（3.39）	（6.39）	（4.03）	（3.53）	（2.81）	（2.71）
PGDP	0.033***	0.039***	0.096***	0.075***	0.096***	0.116***	0.067***	0.054***
	（6.08）	（5.18）	（5.09）	（4.49）	（5.57）	（7.19）	（3.34）	（6.65）
Fin	0.021*	0.016	0.011	0.105	0.013**	0.015***	0.018	0.021
	（1.73）	（0.76）	（0.65）	（0.74）	（2.40）	（3.14）	（0.10）	（0.81）
常数项	-0.684***	0.186**	0.171**	0.197*	0.194**	0.068	-0.618***	0.187**
	（-3.44）	（2.30）	（2.30）	（2.01）	（2.44）	（0.75）	（-9.50）	（3.22）
时间固定效应	控制	控制	控制	控制	控制	控制	控制	控制
N	18996	18996	1804	1804	2838	2838	14354	14354
R²	0.7531	0.7683	0.6023	0.7221	0.7700	0.7719	0.7736	0.7837

注：括号内为相应的 t 值；***、**、* 分别表示在 1%、5%、10% 的水平下显著。

根据表 6.6 的估计结果可看出，首先，在未引入调节变量时，绿色金融对各全样本企业的经营绩效具有明显的差异性。具体而言，根据各全样本下的第（1）列可知，除一般企业外，绿色金融与全部企业、绿色企业和污染企业经营绩效的回归系数分别为 0.199、0.311 和 0.138，且分别在 10%、1% 和 10% 的水平下显著为正，说明绿色金融对各类企业的经营绩效具有改善作用。绿色金融与一般企业经营绩效的回归系数为 0.036，但并不显著，说明绿色金融的发展并未改善一般企业的经营绩效。其次，在引入调节变量时，绿色金融和调节变量的交互项的系数对各企业经营绩效的影响同样具有显著的差异性。

首先，由全样本估计结果可看出，绿色金融与融资约束的交互项对企业经营绩效的影响在 1% 的水平下显著为负（-0.108）；绿色金融与绿色技术创新的交互项对企业经营绩效的影响在 1% 的水平下显著为正（0.140），可见，绿色金融通过融资约束和绿色技术创新的调节作用对企业经营绩效的综合影响显著为正，说明绿色金融能够通过限制污染企业成本、提高企业绿色技术创新水平，进而提高企业的经营绩效。其次，由绿色企业全样本的回归结果可知，融资约束、绿色技术创新与绿色金融交互项的系数均在 1% 的水平下显著为正（0.138 和 0.232），说明绿色企业融资约束与绿色技术创新都正向调节了绿色金融对企业经营绩效的影响。再次，由一般企业全样本的估计结果可知，绿色金融的实施并不能从根本上影响企业的经营绩效，融资约束以及绿色技术创新虽然在某种程度上对企业融资造成一定的影响，但对企业经营绩效的调节效应影响极小。最后，由污染企业全样本的回归结果可知，绿色金融与融资约束的交互项对企业经营绩效的影响在 1% 的水平下显著为负（-0.125），表明融资约束在污染企业中负向调节了绿色金融对企业经营绩效的影响；绿色金融与绿色技术创新的交互项对企业经营绩效的影响在 1% 的水平下显著为正（0.177），说明污染企业的绿色技术创新正向调节了绿色金融对企业经营绩效的影响。此外，还可以看出，无论是绿色金融本身，还是其受到的调节变量的影响，绿色金融对污染企业经营绩效的提升作用明显大于对绿色企业的促进作用，假设 1

得以验证。综上，后文重点分析受绿色金融影响的绿色企业和污染企业。

现实的情况是，各地区在绿色发展理念下，不断加大绿色金融的发展力度，各类金融机构也在不断增加流向绿色企业和绿色项目的资金，所以政府和金融机构的重视都会促进绿色企业经营绩效的提高。绿色金融对市场经济的调节作用将会随着其自身体制的完善而扩大对经济市场的影响，更好地发挥高效配置资源的作用，通过放宽绿色企业的融资约束进而促进资金流动，最终实现企业健康可持续经营，切实提高企业经营效益。另外，绿色金融发展水平的提升，提高了绿色企业技术创新水平，有利于企业全要素生产率的提升。就一般企业而言，由于其污染水平介于绿色企业与污染企业之间，政府及各类金融机构对一般企业并未给予绿色资金倾斜，而是引导一般企业向绿色企业转型，所以，绿色金融对一般企业的调节作用并不大，从整体的经营绩效上看，效果更是微乎其微。

就模型设置的控制变量而言，在所有企业中，企业规模和企业成长性系数为正且在1%的水平下显著，从企业融资结构、资产负债率和企业现金流量的回归结果系数值可知，其系数为负且在1%的水平下显著。这与中国的实际情况相符。为了激活经济市场的活力、提高企业在经济市场中的竞争力，在国家层面，政府会通过发布相关激励措施来引导和鼓励企业进行技术创新，符合政策发展要求的企业无疑更具备市场竞争力，可享受更大的政策福利，资金流向和政策偏向将会提高企业的全要素生产率；而融资结构、资产负债率和现金流量过高使得企业面临严重的负债困境及少量的投资资金，不利于企业的发展，降低了企业的全要素生产率。在宏观层面，地方经济发展水平的系数为正且显著，说明地方经济的发展为企业扩大市场范围提供了有力保障；而从企业经营效益的积极性来看，传统金融的发展对绿色企业和一般企业并没有发挥很大的作用；相反，当传统金融发展更大时，污染企业也随之扩大经营，说明传统金融在利益最大化的驱使下，并不青睐于绿色企业和一般企业，因此流向绿色企业的资金有限，对企业全要素生产率的提升作用并不显著。

二　基于企业类型视角

根据前文对样本选择的分析，本部分按照企业的生产类型将绿色企业全样本划分为环保企业、绿色生产企业和绿色能源企业三类子样本，以及按照污染物排放程度将污染企业全样本划分为重度污染企业、中度污染企业和轻度污染企业三类子样本。实证考察绿色金融发展对绿色企业和污染企业经营绩效的影响是否因企业类型的不同而存在明显的异质性，具体回归结果如表 6.7 和表 6.8 所示。

表 6.7　绿色金融发展对绿色企业经营绩效的影响

变量	环保企业		绿色生产企业		绿色能源企业	
	（1）	（2）	（3）	（4）	（5）	（6）
QGF	0.3257 ***	0.3533 ***	0.0467	0.0430	0.1055	0.0885
	(5.18)	(2.76)	(1.18)	(1.40)	(1.25)	(1.23)
SA		− 0.1747 *		− 0.0413 **		− 0.0405 *
		（− 1.50）		（− 2.56）		（− 1.94）
TIN		0.1204 ***		0.0205		0.1037
		(4.15)		(1.01)		(1.23)
$QGF \times SA$		0.2397 ***		0.2011 *		0.1743
		(5.27)		(2.14)		（− 0.49）
$QGF \times TIN$		0.2475 ***		0.2104		0.1254
		(5.15)		(1.19)		(1.25)
控制变量	控制	控制	控制	控制	控制	控制
时间固定效应	控制	控制	控制	控制	控制	控制
N	712	712	539	539	553	553
R^2	0.7724	0.8305	0.7124	0.7614	0.8616	0.8618

注：括号内为相应的 t 值；*** 、** 、* 分别表示在 1% 、5% 、10% 的水平下显著。

表6.8　绿色金融发展对污染企业经营绩效的影响

变量	重度污染企业		中度污染企业		轻度污染企业	
	（1）	（2）	（3）	（4）	（5）	（6）
QGF	0.1453***	0.1831***	0.1081*	0.1016	0.0663	0.0672
	(11.21)	(4.74)	(1.57)	(1.17)	(0.69)	(0.71)
SA		-0.0657***		-0.0296**		-0.0929
		(7.96)		(-2.23)		(-1.40)
TIN		0.1032***		0.0439		0.0578
		(5.73)		(1.04)		(1.23)
QGF×SA		-0.1332***		-0.1215		-0.1695
		(-3.21)		(-1.11)		(-1.30)
QGF×TIN		0.2021***		0.1748		0.1834
		(3.47)		(1.25)		(1.21)
控制变量	控制	控制	控制	控制	控制	控制
时间固定效应	控制	控制	控制	控制	控制	控制
N	6545	6545	3876	3876	3933	3933
R^2	0.6769	0.6923	0.6765	0.6856	0.7126	0.7147

注：括号内为相应的 t 值；***、**、*分别表示在1%、5%、10%的水平下显著。

由表6.7和表6.8可看出，绿色金融对绿色企业内部结构与污染企业内部结构的影响存在显著的异质性。具体而言，就绿色企业来说，表6.7中第（1）、（3）和（5）列的估计结果显示，相较于绿色生产企业和绿色能源企业，环保企业的绿色金融对经营绩效的影响在1%的水平下显著为正（0.3257），说明绿色金融的发展对环保企业的经营绩效具有明显的促进作用。由表6.7中第（2）、（4）和（6）列的估计结果能看出，在绿色生产企业和绿色能源企业子样本中，调节变量的调节作用并不显著；而在环保企业子样本中，融资约束、绿色技术创新均能够发挥其正向调节作用（0.2397、0.2475），说明环保企业的绿色金融能够显著减小企业的融资约束，提升企业的绿色技术创新水平，进而提高环保企业的经营绩效。可能的解释是，当前我国的绿色金融发展水平仍比较低，相关的保障与监管措施仍有待完善，而环保企业凭借其先天优势，能够获得政府和金融机构的重点关注，是绿色金融的主要倾斜对象。

就污染企业而言，表6.8中第（1）、（3）和（5）列的估计结果显示，相较于中、轻度污染企业，重度污染企业的绿色金融对经营绩效的影响在1%的水平下显著为正（0.1453），说明绿色金融的发展能够明显改善重度污染企业的经营绩效。由表6.8中第（2）、（4）和（6）列的估计结果可知，在中、轻度污染企业子样本中，融资约束和绿色技术创新的调节作用并不明显；而在重度污染企业子样本中，融资约束在1%的水平下存在显著的负向调节效应（-0.1332），说明受融资约束的影响，企业的生产成本相应增加，绿色金融对企业经营绩效的提升作用被弱化；而绿色技术创新对重度污染企业的经营绩效在1%的水平下具有显著的正向调节作用（0.2021），说明受绿色技术创新的影响，绿色金融对企业经营绩效的促进作用被增强。可能的解释是，与中、轻度污染企业相比，重度污染企业在排污方面的强度更大。绿色金融能够充分立足企业是否存在环境污染行为，以保护环境为贷款发放的重要门槛，通过提高融资水平，在一定程度上倒逼重度污染企业进行绿色技术创新，进而提升企业的经营绩效。

由此可见，绿色金融在融资约束和绿色技术创新的调节作用下对企业经营绩效的作用效果受企业类型的影响。所以，在后文的研究中将环保企业和重度污染企业作为重点考察对象。

三　基于产权性质视角

随着经济体制的不断变革，在经济转型的趋势下，所有权差异在经济制度体系中发挥着重要作用，是进一步研究企业融资问题、剖析企业经营绩效的重要因素。[①] 为进一步研究产权性质对以上结论所产生的作

---

① 李健、陈传明：《企业家政治关联、所有制与企业债务期限结构——基于转型经济制度背景的实证研究》，《金融研究》2013年第3期，第157~169页。

用，在本部分的研究过程中，充分立足企业实际控制人的不同属性这一特点，把排污程度较高的重度污染企业和环保企业作为全样本，并将这两类企业分别划分为国有企业和民营企业两类子样本，通过运用调节效应模型检验绿色金融对企业经营绩效的作用是否存在产权性质的差异，具体的回归结果如表 6.9 所示。

表 6.9　绿色金融发展对企业经营绩效的影响：基于所有制视角

变量	国有企业				民营企业			
	环保企业		重度污染企业		环保企业		重度污染企业	
	(1)	(2)	(3)	(4)	(5)	(6)	(7)	(8)
QGF	0.1989 ***	0.2124 ***	0.1096 **	0.1255 ***	0.0472 ***	0.1408 ***	0.0254 ***	0.0376 ***
	(11.94)	(4.68)	(2.72)	(2.71)	(4.36)	(5.31)	(3.26)	(3.12)
SA		-0.1384 ***		-0.0673 ***		-0.2016 *		-0.0910
		(5.23)		(-4.95)		(-2.03)		(-1.04)
TIN		0.1378 ***		0.1274 ***		0.2043 *		0.0927 *
		(5.21)		(4.97)		(1.98)		(1.43)
QGF × SA		0.1956 ***		-0.1646 ***		0.0850		-0.0321
		(3.53)		(-3.62)		(0.51)		(-0.54)
QGF × TIN		0.2405 ***		0.2317 ***		0.1106		0.1543
		(4.79)		(4.53)		(1.27)		(1.17)
控制变量	控制	控制	控制	控制	控制	控制	控制	控制
时间固定效应	控制	控制	控制	控制	控制	控制	控制	控制
N	320	320	2860	2860	392	392	3685	3685
R^2	0.8623	0.8773	0.6314	0.6463	0.8316	0.8571	0.7333	0.7442

注：括号内为相应的 t 值；*** 、** 、* 分别表示在 1%、5%、10% 的水平下显著。

表 6.9 的回归结果显示，在所有制视角下，重度污染企业和环保企业的绿色金融对企业经营绩效的影响存在显著的差异性。由显著性可看出，不管企业的性质如何，绿色金融均对环保企业和重度污染企业的经营绩效产生显著的正向影响，即国有企业和民营企业的绿色金融都能

够改善企业的经营绩效。由回归系数可知，相较于民营企业（0.0472、0.0254），国有企业（0.1989、0.1096）的绿色金融对环保企业和重度污染企业经营绩效的提升作用更为明显。调节效应的估计结果显示，民营企业融资约束和绿色技术创新的调节作用均不显著；而国有企业融资约束在环保企业中存在显著的正向调节作用（0.1956），在重度污染企业中存在明显的负向调节作用（-0.1646），表明在有融资约束的国有企业，绿色金融对环保企业经营绩效的促进作用有所提升，而对重度污染企业经营绩效的提升作用被削弱；国有企业绿色技术创新在环保企业和重度污染企业中均存在显著的正向调节效应（0.2405 和 0.2317），说明绿色技术创新能够显著促进国有环保企业和重度污染企业经营绩效的提升；此外，对于重度污染企业而言，绿色技术创新的调节作用所产生的效果明显高于融资约束的调节作用。可见，假设 2 得以验证。

对于这种情况，可能做出的解释是，由于国有企业享有国家政策的扶持和职能部门的担保，在融资方面能够享受更优惠的政策①，同时，国有企业的经营管理以国家的政策为导向。然而，同国有企业相比，民营企业在融资过程中难以享受到政策优惠和扶持，大多数金融机构对民营企业的融资意愿并不高。也就是说，基于环境保护的绿色金融，能够利用融资条件等手段，倒逼国有企业提高自身的环境保护能力，提高环保企业的经营绩效，而限制国有重度污染企业的发展，这与丁杰、苏冬蔚和连莉莉的研究结果②相一致。此外，绿色技术创新通过"创新补偿"效应弥补了融资约束导致的企业经营绩效下降的部分。

四 基于企业规模视角

由于我国的企业规模存在明显的异质性，所以为进一步考察企业规

---

① 李广子、刘力：《债务融资成本与民营信贷歧视》，《金融研究》2009 年第 12 期，第 137～150 页。

② 丁杰：《绿色信贷政策、信贷资源配置与企业策略性反应》，《经济评论》2019 年第 4 期，第 62～75 页；苏冬蔚、连莉莉：《绿色信贷是否影响重污染企业的投融资行为?》，《金融研究》2018 年第 12 期，第 123～137 页。

模对上述结论的影响，本部分以企业规模的平均值为参照，将企业划分为大规模企业子样本和小规模企业子样本，实证考察绿色金融发展对企业经营绩效的影响是否拟合已有理论分析，存在规模异质性，回归结果如表 6.10 所示。

表 6.10　绿色金融发展对企业经营绩效的影响：基于企业规模视角

变量	大规模企业				小规模企业			
	环保企业		重度污染企业		环保企业		重度污染企业	
	（1）	（2）	（3）	（4）	（5）	（6）	（7）	（8）
QGF	0.1093 ***	0.1495 ***	0.0592 ***	0.0677 ***	0.0748 ***	0.1146 ***	0.0295 **	0.0387 **
	（7.52）	（5.19）	（6.83）	（5.38）	（4.62）	（3.13）	（2.38）	（2.51）
SA		−0.1239 *		−0.1095 *		−0.0581		−0.0253
		（−1.60）		（−1.89）		（−0.18）		（−0.27）
TIN		0.1408 ***		0.1308 ***		0.2117 ***		0.1031 *
		（4.91）		（5.07）		（4.98）		（1.37）
QGF × SA		0.1332 **		−0.1053 **		0.1213		−0.0793
		（2.31）		（−2.26）		（0.66）		（−0.98）
QGF × TIN		0.2617 ***		0.1504 ***		0.2048 ***		0.1274
		（5.04）		（5.19）		（5.27）		（1.05）
控制变量	控制	控制	控制	控制	控制	控制	控制	控制
时间固定效应	控制	控制	控制	控制	控制	控制	控制	控制
N	374	374	3076	3076	338	338	3469	3469
R^2	0.8723	0.8744	0.7026	0.7061	0.7551	0.7644	0.6478	0.6592

注：括号内为相应的 t 值；*** 、** 、* 分别表示在 1%、5%、10% 的水平下显著。

　　表 6.10 的回归结果显示，在企业规模视角下，环保企业和重度污染企业的绿色金融对企业经营绩效的影响体现出显著的异质性。对于大规模企业和小规模企业而言，绿色金融对环保企业和重度污染企业的经营绩效均产生显著的正向影响，即无论企业规模如何，绿色金融都可改善环保企业和重度污染企业的经营绩效。由回归系数可知，相较于小规

模企业（0.0748 和 0.0295），大规模企业（0.1093 和 0.0592）绿色金融对环保企业和重度污染企业经营绩效的提升作用更强。调节变量的估计结果显示，小规模企业融资约束的调节作用均不显著；大规模企业的融资约束和绿色技术创新在环保企业中均存在显著的正向调节作用（0.1332 和 0.2617），融资约束在重度污染企业中存在明显的负向调节效应（-0.1053），而绿色技术创新在绿色金融对重度污染企业经营绩效的影响中起到显著的正向调节作用（0.1504）。由此看出，在有融资约束的大规模企业，绿色金融对环保企业经营绩效的促进作用有所提升，而对重度污染企业经营绩效的提升作用被削弱；绿色技术创新水平在环保企业和重度污染企业中均存在正向调节作用（0.2617 和 0.1504），且调节作用效果显著大于融资约束，说明绿色技术创新水平能够较好地促进重度污染企业经营绩效的提升。可见，假设 2 得以验证。

对于这种情况，可能做出的解释是，当前的制度体系更有利于规模较大企业的发展，使大规模环保企业在融资中的优势更加明显，与此同时，当前的制度体系要求大规模绿色环保企业必须主动承担更多的社会义务。[①] 在当前，绿色金融已经成为金融体系的重要组成部分，为了达到绿色金融的放贷要求，绿色企业必须树立良好的社会形象，打造自己的绿色声誉。[②] 大规模绿色企业凭借其规模优势以及相对低的违约风险，在激烈的市场竞争环境中凭借自身的绿色声誉优势，利用绿色股票、债券等金融产品降低融资成本，提高融资安全系数。另外，绿色金融体系的存在，对发展规模较大的重度污染企业形成强烈震慑，不仅约束了这类企业的融资规模，还使其生产成本相应提高，为了保持原有的生产经营利润，企业不得不加快绿色转型的步伐，倒逼这类企业通过绿色技术创新不断提高生产效率。

---

① 林毅夫、刘明兴、章奇：《政策性负担与企业的预算软约束：来自中国的实证研究》，《管理世界》2004 年第 8 期，第 81~89、127~156 页。

② 周于靖、罗韵轩：《金融生态环境、绿色声誉与信贷融资——基于 A 股重污染行业上市公司的实证研究》，《南方金融》2017 年第 8 期，第 21~32 页。

第四节　稳健性检验

一　更换经营绩效指标

为了确保前文研究结果的稳健性，本节通过调整代理变量，将资产收益率（ROA）作为衡量企业经营绩效的代理指标，将企业年末贷款余额作为绿色金融发展水平的替代变量，对上述模型进行检验，结果如表6.11所示。由表6.11可知，核心解释变量（QGF）、调节变量（SA）以及交互项系数的显著性及符号尚未发生改变，说明在更换变量后回归结果稳健，本章所得结论成立。

表6.11　稳健性检验：更换经营绩效指标

变量	绿色企业		一般企业		污染企业	
	（1）	（2）	（1）	（2）	（1）	（2）
QGF	0.291 ***	0.302 ***	0.041	0.063	0.143 *	0.181 ***
	(6.54)	(7.13)	(0.58)	(0.74)	(1.64)	(4.06)
SA		−0.107 ***		−0.026 ***		−0.043 ***
		(−2.94)		(−2.92)		(−3.95)
TIN		0.127 ***		0.011 *		0.069 ***
		(5.68)		(1.61)		(2.66)
$QGF \times SA$		0.159 ***		−0.028		−0.125 ***
		(4.71)		(−0.26)		(−4.30)
$QGF \times TIN$		0.263 ***		0.036 ***		0.177 ***
		(5.14)		(0.64)		(5.68)
常数项	0.575 ***	−0.891 **	−0.502 ***	−0.507	0.356 ***	−0.487 ***
	(4.81)	(−1.84)	(−4.45)	(−0.32)	(7.63)	(−8.43)
控制变量	Yes	Yes	Yes	Yes	Yes	Yes
时间固定效应	控制	控制	控制	控制	控制	控制
N	1804	1804	2838	2838	14354	14354
R^2	0.3035	0.7311	0.3575	0.7610	0.4012	0.7788

注：括号内为相应的 t 值；***、**、*分别表示在1%、5%、10%的水平下显著。

二 替换控制变量

本部分以托宾 Q 值代替原模型中的企业成长性指标，回归结果如表 6.12 所示。可见，核心解释变量（QGF）、调节变量（SA）以及交互项系数的显著性及符号尚未发生改变，说明在替换控制变量后回归结果稳健，本章所得结论成立。

表 6.12 稳健性检验：替换控制变量

变量	绿色企业		一般企业		污染企业	
	（1）	（2）	（1）	（2）	（1）	（2）
QGF	0.280 **	0.317 **	0.014	0.017	0.105 ***	0.108 ***
	(2.03)	(1.86)	(1.11)	(1.04)	(7.73)	(5.33)
SA		− 0.314 **		− 0.143 ***		− 0.305 ***
		(2.27)		(3.05)		(− 3.58)
TIN		0.139 ***		0.109 *		0.069 ***
		(4.68)		(1.42)		(2.66)
$QGF \times SA$		0.106 **		− 0.057		− 0.117 **
		(2.08)		(0.87)		(− 2.53)
$QGF \times TIN$		0.217 ***		0.129 ***		0.107 ***
		(6.47)		(5.64)		(5.68)
常数项	0.575 ***	− 0.891 **	− 0.502 ***	− 0.507	0.356 ***	− 0.487 ***
	(4.81)	(− 1.84)	(− 4.45)	(− 0.32)	(7.63)	(− 8.43)
控制变量	Yes	Yes	Yes	Yes	Yes	Yes
时间固定效应	控制	控制	控制	控制	控制	控制
N	1804	1804	2838	2838	14354	14354
R^2	0.3035	0.7311	0.3575	0.7610	0.4012	0.7788

注：括号内为相应的 t 值；*** 、** 、* 分别表示在 1%、5%、10% 的水平下显著。

第五节 绿色金融影响企业经营绩效的中介效应分析

在上述分析中，我们发现绿色金融与企业经营绩效之间存在显著的关系，且总体上，绿色金融对环保企业经营绩效起到的促进作用明显大于对重度污染企业的促进作用，且在融资约束水平与绿色技术创新的作用下，绿色金融对不同企业经营绩效的影响正负交错，其具体影响机制错综复杂。本部分将对其具体影响机制进行详细分析，为了更加全面、清晰地探究可能存在的影响机制，分别从融资约束水平及绿色技术创新水平两条路径采用中介效应的方法对其影响机制进行分析。

在研究变量 X 与变量 Y 的关系时，如果变量 X 对变量 Y 有影响，并且前者是通过变量 M 对后者产生的影响，则称变量 M 为中介变量。中介变量能够进一步解释变量 X 对变量 Y 的内在影响机制，在这种内在机制的基础上，前者对后者产生了一定的作用。本章的研究过程充分借鉴了温忠麟等提出的中介效应模型①，并借鉴朱磊、宇文晶等的模型设定与指标选取②，构建如下中介效应模型考察绿色金融通过融资约束水平及绿色技术创新对企业经营绩效的影响。

$$TFP_{i,t} = \alpha_0 + \alpha_1 QGF_{i,t} + \alpha_2 X_{i,t} + \varepsilon_{i,t} \tag{6.3}$$

$$M_{i,t} = \beta_0 + \beta_1 QGF_{i,t} + \beta_2 X_{i,t} + \varepsilon_{i,t} \tag{6.4}$$

$$TFP_{i,t} = \gamma_0 + \gamma_1 QGF_{i,t} + \gamma_2 M_{i,t} + \gamma_3 X_{i,t} + \varepsilon_{i,t} \tag{6.5}$$

其中，i 和 t 分别为企业标识和年度标识。TFP 表示企业经营绩效，QGF 表示绿色金融发展水平，M 表示中介变量，即融资约束水平及绿色技术创新水平；X 表示一系列控制变量，$\varepsilon_{i,t}$ 为误差项。

一　绿色金融、融资约束与企业经营绩效

前文的分析初步探究了绿色金融影响企业经营绩效的传导机制，但

---

① 温忠麟、张雷、侯杰泰、刘红云：《中介效应检验程序及其应用》，《心理学报》2004年第5期，第614~620页。

② 朱磊：《负债期限结构对企业投资行为影响的实证研究》，《软科学》2008年第7期，第128~133页；宇文晶、王振山、李丽：《财务报告质量、债务期限结构与过度投资分析——基于中国上市公司的实证研究》，《统计与信息论坛》2016年第1期，第46~54页。

是绿色金融与企业融资约束的交互项系数显著，只能在某种程度上解释两者之间存在一定的内在互动关系，而无法确定绿色金融通过改善企业融资约束进而促进企业经营绩效这一内在机制。为了进一步验证这一传导机制的有效性，在本部分的研究过程中，充分借助中介效应检验方法，构建如下依次递归模型进行检验：绿色金融发展→融资约束水平→企业经营绩效的传导机制。具体回归估计结果如表 6.13 所示。

表 6.13　绿色金融发展通过融资约束水平对企业经营绩效的影响

变量	环保企业			重度污染企业		
	SA	TFP		SA	TFP	
	（1）	（2）	（3）	（4）	（5）	（6）
QGF	0.1837 *	0.3053 ***	0.3843 ***	-0.1618 *	0.2297 *	0.1359 ***
	(1.65)	(11.21)	(3.27)	(-1.76)	(2.34)	(5.18)
SA			-0.4302 *			-0.5795 ***
			(-1.45)			(-8.23)
常数项	-0.3729 ***	-0.3642 ***	-0.3158	-0.2112 ***	-0.8073 ***	-0.3848 ***
	(-12.17)	(-13.34)	(-1.01)	(-7.89)	(-17.15)	(-10.99)
时间固定效应	控制	控制	控制	控制	控制	控制
控制变量	控制	控制	控制	控制	控制	控制
N	712	712	712	6545	6545	6545
R^2	0.9929	0.7724	0.7734	0.9869	0.6769	0.6903

注：括号内为相应的 t 值；*** 、** 、* 分别表示在 1%、5%、10% 的水平下显著。

表 6.13 揭示了绿色金融通过融资约束影响企业经营绩效的检验结果。第一步对式（6.3）进行回归估计，验证绿色金融对企业经营绩效是否存在显著影响。第（2）列和第（5）列的估计结果显示，α_1 系数显著为正，表明绿色金融改善了环保企业和重度污染企业的经营绩效，也就是说，对于企业而言，绿色金融发展水平越高，企业的经营绩效水平就能够得到进一步强化，这与前文的研究结果一致。第二步对式（6.4）进行回归估计，检验绿色金融对中介变量——融资约束水平的

影响是否显著，第（1）列的结果表明，β_1系数显著为正，说明绿色金融能够改善环保企业的融资约束；第（4）列的估计结果显示，β_1系数始终显著为负，说明绿色金融发展加剧了重度污染企业的融资约束。第三步对式（6.5）进行回归估计，第（3）列的估计结果显示，γ_1和γ_2的系数均显著，但是直接和间接两种效应的方向并不一致，表明存在遮掩效应（25.87%），系数γ_1与系数α_1相比有所上升，说明绿色金融在直接促进环保企业经营绩效改善的过程中，融资约束的作用在这一过程中被遮掩。而第（6）列的估计结果显示，γ_1和γ_2两个系数均显著，且系数γ_1与系数α_1相比有所下降，这说明存在部分中介效应，即融资约束在绿色金融影响重度污染企业经营绩效的过程中起到的中介作用效果为17.28%。综上，绿色金融能够通过融资约束影响企业的经营绩效，假设3得以验证。

二 绿色金融、绿色技术创新与企业经营绩效

企业发展面临着绿色技术创新不足导致的经营绩效不高的问题。绿色金融通过约束资金流向对企业环保技术与环境管理活动存在倒逼作用，为了获取投资满足企业长远发展需求，企业必须提高绿色技术创新水平，进而提高企业经营绩效。为了能够进一步论证这个机制的有效性，在本部分的研究过程中，充分发挥中介效应检验方法的作用，构建绿色金融→绿色技术创新→企业经营绩效的传导机制，具体回归估计结果如表6.14所示。

表6.14 绿色金融发展通过绿色技术创新对企业经营绩效的影响

变量	环保企业			重度污染企业		
	TIN	*TFP*		*TIN*	*TFP*	
	（1）	（2）	（3）	（4）	（5）	（6）
QGF	0.1301*	0.1053***	0.0662**	0.0456*	0.0715***	0.0627**
	(1.98)	(11.21)	(2.36)	(2.06)	(5.18)	(7.60)
TIN			0.6510***			0.4759**
			(12.00)			(2.31)

续表

变量	环保企业			重度污染企业		
	TIN	*TFP*		*TIN*	*TFP*	
	（1）	（2）	（3）	（4）	（5）	（6）
常数项	0.2119 ***	− 0.3642 ***	− 0.6330 ***	0.1429 ***	− 0.8073 ***	− 0.6798 ***
	（3.07）	（− 13.34）	（− 12.46）	（7.07）	（− 17.15）	（− 7.80）
控制变量	控制	控制	控制	控制	控制	控制
时间固定效应	控制	控制	控制	控制	控制	控制
N	712	712	712	6545	6545	6545
R²	0.6324	0.7724	0.7090	0.6176	0.6769	0.7890

注：括号内为相应的 t 值；*** 、** 、* 分别表示在 1%、5%、10% 的水平下显著。

表 6.14 的第（2）列和第（5）列的结果显示，不管是环保类型企业，还是排污强度较高的污染型企业，绿色金融均对其经营绩效在总体上产生了促进作用。第（1）列和第（4）列的结果显示，β_1 的系数始终显著为正，表明绿色金融发展提升了环保企业和重度污染企业的绿色技术创新水平。第（3）列和第（6）列的结果显示，γ_1 和 γ_2 两个系数均显著为正，且系数 γ_1 较系数 α_1 的值均有所下降，这说明存在部分中介效应，即绿色技术创新在绿色金融影响环保企业经营绩效的过程中起到的中介作用效果为 37.15%，在重度污染企业中所起到的中介效应为 30.35%。可见，绿色金融通过绿色技术创新这一传导路径对企业经营绩效的促进作用更为强烈，假设 4 得以验证。

第六节　本章小结

在当今绿色经济发展的背景下，在经济转型的时代要求下，绿色金融对企业发展发挥了重要作用。

首先，本章利用 2010～2018 年我国 113000 个上市企业年度数据对绿色企业和污染企业的融资约束水平、绿色技术创新以及全要素生产率进行了分析，结果发现，绿色企业的各项发展指标均得到改善；而污染企业的融资约束受到限制，绿色技术创新与全要素生产率得到明显改善。

其次，在理论分析绿色金融影响企业经营绩效的基础上，依据政策界定，本章筛选出 2010~2018 年 A 股 282 家绿色企业、2552 家污染企业和 663 家一般企业作为样本，构建调节效应模型，实证比较分析了绿色金融对绿色企业与污染企业经营绩效的影响受调节变量的作用效果。分析结果进一步指出，不管是融资约束还是绿色技术创新，在绿色金融对绿色企业经营绩效的影响方面都产生了一定的调节作用，且这种调节作用是正向的。对于污染企业而言，融资约束所产生的调节作用是反向的，绿色技术创新所产生的调节作用是正向的。从这两者的调节效果来看，绿色技术创新的调节效果要明显好于融资约束的调节效果。

再次，本章分别按照企业类型、产权性质以及企业规模等标准实证检验绿色金融对不同性质的企业的非对称影响，结果表明，对于绿色企业而言，绿色金融对国有大规模环保企业的经营绩效具有更为显著的正向促进作用；而对非国有以及小规模的绿色生产企业和绿色能源企业经营绩效的影响并不显著。对于污染企业而言，绿色金融对国有大规模重度污染企业的影响较为显著，且表现为正向促进作用；而对于那些民营性质且发展规模不大的企业而言，其作用并不明显。

最后，本章分别以融资约束及绿色技术创新为中介变量，探讨绿色金融影响绿色企业和污染企业经营绩效的路径机制，结果表明，对于环保企业而言，绿色金融通过改善企业融资约束、提高绿色技术创新水平两条路径进而促进企业经营绩效的提升；而对于污染企业而言，绿色金融通过恶化企业融资约束、提高绿色技术创新水平两条路径共同作用于企业经营绩效，而绿色技术创新水平的推动作用超过了融资约束的抑制作用。

第七章 绿色金融对经济增长的
影响路径分析

进入新发展阶段后，我国经济增长由过去的追求速度向追求质量转变。在经济转型过程中，绿色金融不仅能够改善生态环境，促使社会、生态和经济效益协调发展，而且能够改变我国经济发展的方式和提高经济发展质量。在此过程中，绿色金融对经济增长的作用机制与效果如何，是理论界和学术界关注的焦点。由第六章的分析可知，绿色金融能够通过融资约束和绿色技术创新对环保企业和污染企业的发展产生显著影响，因此，本章将从产业结构生态化和绿色技术创新的角度实证考察绿色金融对经济增长的影响路径。

本章的结构安排如下：首先，对产业结构生态化与绿色技术创新水平进行简要的描述与分析，并提出相应的理论假设；其次，利用绿色金融与经济增长的测算方法，选取 2010～2018 年的省级面板数据，并借助系统 GMM 模型开展实证分析检验；最后，以产业结构生态化、绿色技术创新为中介变量，通过构建中介效应模型考察绿色金融影响经济增长的路径。

第一节 样本选择、特征事实与理论假设

一 样本选择

考虑到数据的可得性和一致性，本章根据 2017 年国民经济行业分

类标准（GB/T 4754—2017）和《中国工业经济统计年鉴》中的产业类型，将废弃资源综合利用业、水的生产和供应业、环保及社会公共服务业、其他专用设备制造业界定为环保产业；将化学原料及化学制品制造业，非金属矿物制品业，黑色金属冶炼及压延加工业，有色金属冶炼及压延加工业，石油加工、炼焦及核燃料加工业，电力、热力生产和供应业等高耗能产业界定为重度污染产业。

二　特征事实

（一）产业结构生态化水平简析

产业结构生态化是仿照自然生态的有机循环模式建立能耗小、污染少的环保生态型产业结构，在使资源得以高效循环利用的同时将污染生产可能造成的环境负担减到最小的限度。产业结构生态化是解决当前出现的能源生态问题的根本出路和有效途径，也是使产业结构转型调整为低污染、低能耗生态型产业的关键路径。本章在魏学文、吕明元等的研究基础上[①]，采用如下方法测度产业结构生态化水平，即：

$$产业结构生态化(ISO) = \frac{\dfrac{环保产业增加值}{GDP} \times 增长率}{\dfrac{重度污染产业增加值}{GDP} \times 增长率} \qquad (7.1)$$

产业结构生态化要求排放少、环保、节约、高效利用资源的环保产业迅速发展，同时高污染、高耗能产业的发展得到有效抑制，进而促进产业结构向着环保产业方向演进，最终实现整体经济的可持续发展。近年来，我国的产业结构生态化水平不断提高，以高耗能产业为主的污染产业的发展得到初步控制，以环保产业为主的绿色产业的发展取得较大

---

① 魏学文：《黄河三角洲产业结构生态化发展路径研究》，《生态经济》2012 年第 6 期，第 106～112 页；吕明元、孙献贞、吕清舟：《生态化中的产业结构内生于其要素禀赋结构的实证分析——基于中国 30 个省份的数据》，《软科学》2018 年第 10 期，第 49～53 页。

进展，具体如图 7.1 和图 7.2 所示。

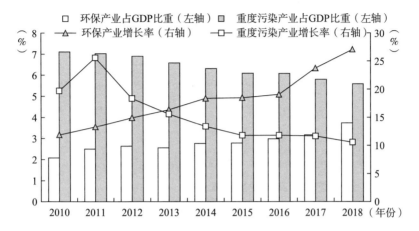

图 7.1　2010～2018 年我国环保产业与重度污染产业发展水平情况
资料来源：历年《中国工业经济统计年鉴》。

图 7.2　2010～2018 年我国产业结构绿色化发展水平

由图 7.1 可知，2010～2018 年，环保产业增加值占 GDP 的比重从
2010 年的 2.07% 上升至 2018 年的 3.72%，增长率由 2010 年的 11.86%
增加至 2018 年的 27.04%，可见，环保产业的发展整体呈现稳步上升的
态势；重度污染产业增加值占 GDP 的比重由 2010 年的 7.11% 下降至
2018 年的 5.58%，增长率由 2010 年的 19.69% 降至 2018 年的 10.54%；
表明重度污染产业的发展正在逐渐萎缩。由图 7.2 可以看出，我国产业结构绿色化水平在逐年提高，从 2010 年的 0.176 提升至 2018 年的 1.713，提升了 8.73 倍，特别是在 2017 年，首次突破 1.0 达到 1.113。由此看出，环保产业的快速发展与重度污染产业的逐渐收缩，加速了我国产业结构向生态化方向稳步发展。这主要是由于我国在 2016 年发布了《关于构建绿色金融体系的指导意见》，明确指出了发展绿色金融的重要性，并动员和激励更多社会资本流向环保产业，与此同时，对重度污染产业的发展通过采取多种措施加以限制，以达到促进经济向生态化方向发展的目的，着力培育新的经济增长点，进一步增强经济增长的综合实力。

（二）绿色技术创新的发展状况简析

随着环境污染问题的日益突出与不断恶化，我国越来越重视从高耗能、高排放的粗放型经济发展方式向自然与社会和谐发展、可持续增长的绿色经济发展方式转型。从长期来看，技术创新是有效解决环境污染问题的主要措施[1]，尤其是以绿色技术为导向的创新[2]。从国家知识产权局的数据统计看，2010 年之后我国涌现了大量绿色技术创新活动，其中本土创新居于主导地位，为我国清洁生产和绿色经济发展提供了重要技术保障。但绿色技术创新由于是一个较为宽泛的概念，到目前为止仍未形成统一的测量方法。绿色技术创新的测量方法主要有以下三种：一是通过构建指标体系的方式，采用熵值法计算绿色技术创新评分[3]；二是使用 DEA 测算绿色技术创新效率[4]；三是直接以专利数量来衡量绿色技术创新水平[5]。本部分将从产出角度选取绿色专利授权数衡量我国

---

[1] Andreoni, J., Levinson, A. "The Simple Analytics of the Environmental Kuznets Curve." *Journal of Public Economic* 80 (2001): 269 - 286.

[2] Acemoglu, D., Aghion, P., Bursztyn, L., and Hemous, D. "The Environment and Directed Technical Change." *The American Economic Eeview* 102 (2012): 131 - 166.

[3] 赵少飞、赵鑫、陈翔：《基于改进密切值法的区域工业绿色技术创新能力评价》，《工业技术经济》2020 年第 7 期，第 152～160 页。

[4] 张峰、任仕佳、殷秀清：《高技术产业绿色技术创新效率及其规模质量门槛效应》，《科技进步与对策》2020 年第 7 期，第 59～68 页。

[5] 斯丽娟：《环境规制对绿色技术创新的影响——基于黄河流域城市面板数据的实证分析》，《财经问题研究》2020 年第 7 期，第 41～49 页。

绿色技术创新水平，原因在于：首先，这一指标不仅全面，而且数据比较容易获得；其次，这一数据中剔除了申请专利中代表性不强以及没有被授权的专利，数据更为科学准确。图 7.3 展示了 2010～2018 年我国绿色专利授权数情况。

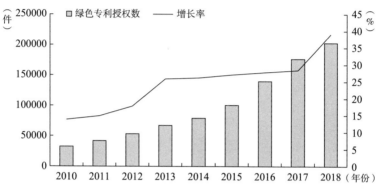

图 7.3　2010～2018 年我国绿色专利授权数情况

　　绿色专利授权数是开展科技创新活动的重要结果，是能够有效评价科技活动产出的指标。根据图 7.3 的发展趋势来看，绿色专利授权数由 2010 年的 32503 件增加至 2018 年的 202585 件，增幅高达 5 倍之多，年均增长率为 25.7%；9 年来我国绿色专利授权数一直呈现递增的趋势，增长率从 2010 年的 13.87% 增长至 2018 年的 39.06%。近年来，我国实施的绿色发展战略对经济转型的促进作用已经开始凸显，绿色发展不仅提高了经济增长质量，而且对污染产业的技术创新具有显著的推动作用。

三　理论假设

　　绿色金融作为将环保产业和金融业连通的桥梁，其发展的主要目标是促使更多金融资源投入环保产业，以便更好地支持环保产业发展，进而改善我国产业结构，提升产业结构生态化水平。虽然我国环保产业发展起步较晚，环保产业的产值仍落后于重度污染产业的产值，但其增长率却在不断提升，自 2013 年以来，环保产业产值的增长速度已远远超过重度污染产业。因此，绿色资本运用金融市场这一桥梁中介，实现了更高效的资金配置，但由于环保产业与重度污染产业此消彼长的发展特征，产业结构生态化对经济增长的影响情况并不明确。随着绿色金融的不断发展，环保产业逐步产生规模效应，并带动其他产业向生态化方向转型以及社会资源的优化配置。另外，严格限制对重度污染产业的发展，并使其逐渐萎缩，产业结构向绿色化方向发展，能够推动经济的高质量增长。综上，本章提出如下假设。

假设1：绿色金融能够促进环保产业发展、抑制污染产业发展，进而对经济增长的影响具有不确定性。

假设2：随着绿色金融的不断发展，绿色金融能够通过产业结构生态化促进经济高质量增长。

此外，绿色金融还可以通过绿色技术创新影响经济增长。在收益—风险机制的综合作用下，企业不断创新绿色技术，提高资源的使用效率，降本增效，以推动经济增长。在绿色金融的资金约束下，各产业对环保技术投资与环境管理活动存在倒逼作用，为了获取投资满足企业长远发展需求，企业必须进行环境友好型生产，增加对 R&D 部门的科研投入，改良并创新绿色生产技术，减少污染排放量，提高企业的全要素生产率，实现资源节约和循环利用。因此，绿色金融将倒逼污染企业创新绿色生产技术，提高污染产业的生产效率。综上，本章提出如下假设。

假设3：绿色金融通过绿色技术创新对经济增长产生促进作用。

第二节 模型设定、变量选取与数据说明

一 模型设定

（一）基准模型构建

首先，在不考虑中介变量的情况下，为了检验绿色金融对经济增长的总效应，本节构建如下基准模型：

$$Y_{i,t} = c_0 + \alpha_1 GF_{i,t} + \theta_i X_{i,t} + \mu_i + \delta_t + \varepsilon_{i,t} \tag{7.2}$$

其中，i 和 t 分别表示地区和时间；Y 为经济增长水平，分别用经济增长率（GDP）和经济增长效率（GE）表示，GF 为绿色金融发展水平，X 为一系列控制变量，包括利用外资水平、人力资本水平、企业平均规模、投资水平及科技创新水平。该模型还对地区和年份固定效应分别进行了设置，即 μ_i 和 δ_t，$\varepsilon_{i,t}$ 为随机误差项。

考虑到经济增长会受到政策制定、落实和实施等方面的影响，需要对其进行一定的调整，上一期的经济增长水平同样会对本期经济增长造成影响。因此，为了反映经济增长的动态变化和控制经济增长自身的内在冲击，本部分将滞后一期的经济增长作为解释变量，以分析绿色金融、产业结构生态化或绿色技术创新对经济增长的动态效应，构建如下动态面板回归模型：

$$Y_{i,t} = c_1 + \gamma_1 Y_{i,t-1} + \alpha_2 GF_{i,t} + \theta_i X_{i,t} + \mu_i + \delta_t + \varepsilon_{i,t} \tag{7.3}$$

其中，$Y_{i,t-1}$ 是经济增长水平的滞后一期项，用以反映地区经济增长的动态效应，γ_1 为对应变量的待估参数，其余变量含义与前文相同。

（二）中介效应模型构建

为了检验经济增长受到绿色金融影响时产业结构生态化、绿色技术创新的中介作用，分别以产业结构生态化、绿色技术创新为被解释变量，以绿色金融为解释变量设定如下面板模型：

$$ISO_{i,t} = c_2 + \gamma_1 ISO_{i,t-1} + \alpha_3 GF_{i,t} + \theta_i X_{i,t} + \mu_i + \delta_t + \varepsilon_{i,t} \tag{7.4}$$

$$GTI_{i,t} = c_3 + \gamma_2 GTI_{i,t-1} + \alpha_4 GF_{i,t} + \theta_i X_{i,t} + \mu_i + \delta_t + \varepsilon_{i,t} \tag{7.5}$$

其中，ISO 表示产业结构生态化水平，GTI 表示绿色技术创新水平，其他变量含义同上。

为了检验绿色金融通过产业结构生态化和绿色技术创新影响经济增长的总效应中是否存在直接效应，设定如下面板模型：

$$Y_{i,t} = c_4 + \gamma_3 Y_{i,t-1} + \alpha_5 GF_{i,t} + \varphi_1 ISO_{i,t} + \theta_i X_{i,t} + \mu_i + \delta_t + \varepsilon_{i,t} \tag{7.6}$$

$$Y_{i,t} = c_5 + \gamma_4 Y_{i,t-1} + \alpha_6 GF_{i,t} + \varphi_2 GTI_{i,t} + \theta_i X_{i,t} + \mu_i + \delta_t + \varepsilon_{i,t} \tag{7.7}$$

其中，α_2 表示绿色金融对经济增长的总效应，α_5 和 α_6 表示绿色金融对经济增长的直接效应。在借鉴大量学者的研究基础上，提出本章中介效应的检验思路：检验绿色金融对经济增长的总效应，若式（7.3）中系数 α_2 不为 0，则证明绿色金融对经济增长影响显著；检验乘积联合显著性，若式（7.4）和式（7.5）中 α_3 和 α_4 以及式（7.6）和式（7.7）中 α_5 和 α_6 显著，则证明影响显著，若至少有一个不显著，则通过 Bootstrap 法检验其乘积的联合显著性；判断中介效应程度，若式（7.6）和式（7.7）中的 φ_1 和 φ_2 不显著，则证明为完全中介效应，若 φ_1 和 φ_2 显著，则证明为部分中介效应。

二　计量方法

在本章构建的回归模型中，绿色金融（解释变量）与经济增长（被解释变量）之间可能存在双向因果关系，换言之，前者会影响后者，同样地，一般经济增长越快的地区产业结构已处于后工业阶段，该地区的经济发展质量也会越高，从而进一步促进当地绿色金融发展规模的扩大。所以本模型可能存在双向因果关系所导致的内生性问题。此外，考虑到经济增长的连续性，本期的经济增长会对下一期的经济增长造成影响。鉴于此，为了解决上述内生性问题，本部分选用动态面板模型并进行广义矩估计（GMM），确保实证分析得到更加有效可靠的结果。GMM 方法包括差分广义矩估计（DIF‑GMM）、系统广义矩估计（SYS‑GMM），其中前一种方法的核心是将水平变量定义为差分变量的工具变量进行一致性估计，后一种方法的核心是将差分方程、水平方程视作统一系统进行合并分析，水平变量、差分变量因此互为工具变量，能够得到更有效的参数估计结果。Che 等指出差分 GMM 本就有一定的弱工具变量问题，同时系统 GMM 更加高效。[1] 所以本章选择效率更高

---

① Che, Y., Lu, Y., Tao, Z., and Wang, P. "The Impact of Income on Democracy Revisited." *Journal of Comparative Economics* (2013): 159–169.

的系统广义矩估计（SYS‑GMM）进行模型估计。

三 变量选取

根据本章的研究目的以及前文相关指标的测度与数据选取，在计量模型中加入产业结构生态化和绿色技术创新两个中介变量，模型中所包含的变量和定义具体说明如表 7.1 所示。

表 7.1 变量的定义及其测度

变量属性	变量名称	变量测度
被解释变量	经济增长率（GDP）	（本期人均 GDP－上期人均 GDP）/上期人均 GDP
	经济增长效率（GE）	索洛余值法测算
解释变量	绿色金融发展水平（GF）	熵值法测算
中介变量	产业结构生态化（ISO）	［（环保产业增加值/GDP）×增长率］/［（重度污染产业增加值/GDP）×增长率］
	绿色技术创新水平（GTI）	各地区绿色专利授权量取自然对数
控制变量	对外开放水平（FDI）	地区实际利用外资额/地区生产总值
	人力资本水平（EDU）	各地区每年的普通高等院校在校生数/当年该地区人口总量
	市场化水平（$Mopen$）	地方政府预算内财政支出/地区生产总值
	城镇化水平（UR）	城镇人口/地区总人口
	企业平均规模（$Size$）	规模以上工业总产值/规模以上工业企业数量
	投资水平（TZ）	固定资产投资数额取自然对数

四 数据说明

本章选用 2010～2018 年省级面板数据进行分析，考虑到西藏自治区及港澳台地区存在部分数据缺失的现象，所以本章研究去除了西藏自治区及港澳台地区数据，选择了剩余 30 个省（区、市）的面板数据展开研究。其中，绿色金融数据全部提取自 Wind 数据库和 CSMAR 数据库；绿色技术创新数据全部取自国家知识产权局官网，录入专利分类号检索，在进一步根据专利摘要以及绿色技术、绿色产品的概念识别后筛选获得；其他各变量数据都来源于 2011～2019 年的《中国统计年鉴》。此外，本章在研究过程中，运用 Winsorize 处理了明显异常的数据，应用差值法补足了存在缺失的少部分数据，采用 GDP 平减指数处理了固定资产投资额，最终得到主要变量的描述性统计如表 7.2 所示。

表 7.2　主要变量的描述性统计

变量	变量定义	样本数	平均值	标准差	最小值	最大值
GDP	人均 GDP 增长率	270	0.1040	0.0666	− 0.2228	0.2730
GE	经济增长效率	270	1.1261	0.2584	0.6490	2.0580
GF	绿色金融发展水平	270	0.2731	0.0928	0.1047	0.6198
ISO	产业结构生态化	270	0.0382	0.0965	0.0002	0.6734
GTI	绿色技术创新水平	270	5.6257	1.4536	0.6931	8.6259
FDI	对外开放水平	270	0.0520	0.0510	0.0001	0.2257
EDU	人力资本水平	270	0.0190	0.0050	0.0080	0.0336
Mopen	市场化水平	270	0.7562	0.1022	0.3726	0.8942
UR	城镇化水平	270	0.5653	0.1258	0.3381	0.8960
Size	企业平均规模	270	1.2572	0.5252	− 0.2327	3.8730
ln（TZ）	投资水平	270	1.8699	0.8218	− 0.6968	3.3619

第三节　绿色金融对经济增长的中介效应检验

一　绿色金融对经济增长的总效应检验

按照前文所构建的计量模型，表 7.3 列示了绿色金融分别对经济增长率和经济增长效率影响的系统 GMM 估计结果。基于动态面板模型所具备的特征，本章的内生解释变量主要包括被解释变量的滞后一期项和绿色金融、人力资本水平、企业平均规模等解释变量的滞后一期项，为了进一步增强模型回归分析结果的可靠性，运用相关方法检验了设定模型的合理性以及设定工具变量的有效性。从表 7.3 总效应回归估计结果分析可知，扰动项的差分一阶自相关，无二阶自相关，因此接受扰动项无自相关的原假设；Sargan 过度识别检验结果表明，在 5% 的显著性水平下无法拒绝"所有工具变量均有效"的原假设。由此可知，本章构建的模型以及工具变量的设定较为合理，应用系统 GMM 估计能够得到稳健而有效的结果。

表 7.3　总效应回归估计结果

变量	GDP		GE	
	（1）	（2）	（3）	（4）
L. GDP	0.3522 ***	0.4627 ***		
	（6.63）	（17.58）		
L. GE			0.8787 ***	0.9347 ***
			（5.22）	（15.99）
GF	0.2179 **	0.1372 **	0.2699 ***	0.2722 ***
	（2.50）	（2.28）	（11.37）	（3.47）
FDI		0.7684 **		0.0784
		（2.39）		（0.26）
EDU		− 0.0137		− 0.0081
		（− 1.04）		（− 0.26）
Mopen		0.0453 ***		− 0.0642 **
		（2.88）		（− 2.09）
UR		− 0.2224		0.3206
		（− 1.19）		（1.38）
Size		0.4507 ***		0.5129 ***
		（5.01）		（4.48）
ln（TZ）		0.0318 **		0.0795 ***
		（1.99）		（3.14）
常数项	− 0.0086	0.1775 ***	− 0.1653 ***	0.4313 ***
	（− 0.26）	（6.43）	（− 3.14）	（5.78）
AR（1）	0.0039	0.0064	0.0016	0.0052
AR（2）	0.9728	0.1570	0.2498	0.4715
Sargan 检验	0.7439	1.0000	0.7887	1.0000
观测值	270	270	270	270

注：表中括号内为 z 统计量；*、**、*** 分别表示在 10%、5%、1% 的水平下显著；所有回归模型均为两步法回归，并采用稳健标准差调整的系统 GMM 估计结果；所有回归中均控制了年份固定效应；L. 表示滞后一期项。

　　由表7.3的估计结果可知，各模型的核心解释变量均为绿色金融发展水平，回归估计采用逐步将控制变量引入的方式进行。其中第（1）、（3）列为引入绿色金融发展水平时分别对经济增长率、经济增长效率进行估计得到的回归结果；第（2）、（4）列分别为进一步将控制变量引入后进行回归分析得到的估计结果。上述回归模型中经济增长率和经济增长效率的一阶滞后项的估计系数均在1%的水平下显著为正，说明经济增长率和经济增长效率的变化在时间上具有明显的持续性。

　　表7.3第（1）列和第（2）列的估计结果表明，绿色金融对经济增长率的影响具有明显的正向效应，即绿色金融能够显著促进经济增长率的提升。第（1）列的回归结果表明，绿色金融发展水平的估计系数为正值，且通过5%的显著性检验；第（2）列引入控制变量后，绿色金融发展水平的估计系数方向保持不变，且依然通过5%的显著性检验，说明绿色金融确实能够显著促进经济增长率的提升。从经济意义来看，引入控制变量后，绿色金融发展水平每提高1个单位，经济增长率就会相应提高0.1372个单位。这说明绿色金融的发展有利于企业、政府和金融机构之间信息共享，更加合理地配置和利用资金要素，更有效地使用资金，同时在市场机制的高效作用调节下，绿色企业有更多的机会获得发展所需要的资金，并能在更大范围内实现生产要素的高效配置，有力地提高绿色金融发展水平并将绿色金融与经济发展有效融合，促进经济增长率的提高。因此，绿色金融的发展对经济增长率的提高存在正向效应。

　　表7.3第（3）列和第（4）列的估计结果表明，绿色金融显著正向影响经济增长效率，即对于经济增长效率而言，绿色金融有明显的促进作用。第（3）列的回归结果表明，绿色金融发展水平的估计系数为正值，且通过1%的显著性检验；第（4）列在引入控制变量后，绿色金融发展水平的估计系数方向保持不变，且依然通过1%的显著性检验，即绿色金融能够显著促进经济增长效率的提升。从经济意义

来看，引入控制变量后，绿色金融发展水平每提升 1 个单位，经济增长效率会相应增加 0.2722 个单位。这说明绿色金融通过约束污染企业的资金使用，对企业环保技术投资与环境管理活动存在倒逼作用。企业为了获取投资满足其长远发展需求，必须进行环境友好型生产，增加对 R&D 部门的科研投入，改良并创新绿色生产技术，减少污染排放量，提高企业的全要素生产率，实现资源节约和循环利用。因此，绿色金融将倒逼污染企业创新绿色生产技术，提高污染产业的生产效率，最终实现整体经济增长效率的提高。综上，绿色金融对经济增长效率的促进作用远大于对经济增长率的拉动作用，假设 1 得以验证。其原因在于产业结构内部的环保产业与重度污染产业此消彼长的发展现实。

各控制变量对经济增长的影响有所差异。对外开放水平能够明显推动经济增长率的进一步提升，但是并不能显著影响经济增长效率，可能是由于我国吸引的外商投资直接导致了产业投资规模的扩大，而由外资技术溢出产生的技术进步效应较小，对经济增长效率的积极作用未能得到充分体现。市场化水平对经济增长率具有明显的促进作用，而对经济增长效率却表现出明显的抑制作用，这说明在现阶段政府主导的区域发展模式下，各级政府采用减免税收、财政补贴以及发展基建等多种方式发展经济，有利于产业间的协调发展，促进经济增长率的提高及经济高质量增长；但是地方政府的行为却不利于资源空间效率的提高，从而抑制了产业空间结构调整和高技术产业的发展，对经济增长效率具有负向调节作用。对于经济增长率及经济增长效率，企业平均规模均具有明显的促进作用，说明企业的发展规模能够有效带动经济增长。投资水平对经济增长率及经济增长效率具有明显的促进作用，说明随着投资水平的不断提高，各产业的生产效率也得以迅速提升，进而实现规模经济，推动经济增长。人力资本水平与城镇化水平对经济增长率及经济增长效率的影响并不明显。

二 绿色金融、产业结构生态化与经济增长

(一) 绿色金融对产业结构生态化的影响

本部分通过引入动态面板模型分析绿色金融对产业结构生态化的影响，应用系统 GMM 对动态面板数据进行估计，以解决本模型的内生性和估计偏误问题，在式（7.4）中加入滞后一期的产业结构生态化水平作为解释变量进行回归。表 7.4 是绿色金融影响产业结构生态化的系统 GMM 估计结果，本部分工具变量的选取同前文。同时为了进一步增强模型回归分析结果的可靠性，检验了设定模型的合理性以及设定工具变量的有效性，结果如表 7.4 所示，扰动项的差分存在一阶自相关，但不存在二阶自相关，故接受扰动项无自相关的原假设；Sargan 检验对应的 p 值均大于 0.5，说明回归结果不存在过度识别。为了深入分析绿色金融对产业结构生态化的影响，本部分在前文基础上增加了污染产业增加值占 GDP 的比重（*WR-rate*）和环保产业增加值占 GDP 的比重（*HB-rate*）作为被解释变量，以确保分析的全面性。

表7.4 绿色金融影响产业结构生态化的回归结果

变量	ISO	WR-rate		HB-rate	
	(1)	(2)	(3)	(4)	(5)
L. *ISO*	0.6014 *** (14.23)	0.2522 *** (3.15)	0.3756 *** (4.39)	0.1025 *** (4.75)	0.1852 *** (5.35)
GF	0.2629 *** (13.51)	− 0.3585 ** (− 1.76)	− 0.2686 ** (− 2.29)	0.4748 ** (2.14)	0.5347 *** (3.69)
FDI	0.2057 (0.31)		1.6441 ** (2.44)		0.6366 *** (4.54)
EDU	0.4383 (1.29)		0.0422 ** (3.11)		0.1414 ** (2.47)
Mopen	0.0584 ** (1.74)		− 0.0653 *** (− 3.49)		0.0657 *** (3.22)
UR	0.0752 ** (2.42)		− 0.2879 ** (− 3.35)		0.0641 *** (5.41)

续表

变量	ISO	WR-rate		HB-rate	
	(1)	(2)	(3)	(4)	(5)
ln (TZ)	-0.2281 *** (3.17)		-0.0750 *** (-4.62)		0.0025 ** (2.51)
Size	0.2496 (1.50)		0.0370 *** (3.08)		0.1956 *** (2.94)
常数项	0.0884 *** (3.24)		0.4375 *** (7.61)		0.4298 *** (5.13)
观测值	270	270	270	270	270
AR (1)	0.0298	0.0126	0.0010	0.0019	0.0037
AR (2)	0.0298	0.7887	0.6862	0.2967	0.4212
Sargan 检验	0.5547	0.6193	0.8645	0.5669	0.7952

注：表中括号内为 z 统计量；*、**、*** 分别表示在10%、5%、1% 的水平下显著；所有回归模型均为两步法回归，并采用稳健标准差调整的系统 GMM 估计结果；所有回归中均控制了年份固定效应；L. 表示滞后一期项。

由表 7.4 可知，前一期的产业结构生态化水平显著影响滞后一期的产业结构生态化水平，证实前文假设，即产业结构生态化具有惯性。由第（1）列可看出，绿色金融对产业结构生态化的影响在 1% 的水平下显著为正，说明绿色金融对产业结构生态化起到了正向引导和促进作用。从回归结果来看，绿色金融的回归系数为 0.2629，即当绿色金融发展水平提高 1% 时，产业结构生态化水平就相应提高 0.2629%，证明绿色金融的确能够引导资金从低效率、低附加值、高能耗的生产部门退出，流入高效率、高附加值、低能耗的生产部门。在其他条件不变的情况下，绿色金融发展水平每提高 1%，产业结构生态化水平将表现出 0.2629% 的增长。可能的解释为，绿色金融通过额度控制、利率调节、差异杠杆、补贴担保，以及绿色金融创新等手段，改变不同项目的投资风险、投资回报率和融资可获得性，在投资收益和投资风险调整的双重作用下，更好地引导资金逐步从污染产业转入绿色环保产业，从而实现产业结构的生态化调整。第（2）~（5）列是绿色金融影响污染产业和环保产业增加值占比的分组回归，结果显示，绿色金融对污染产业的影响系数在5%的显著性水平下为负（-0.2686），对环保产业的影响系数在1%的显著性水平下为正（0.5347），说明绿色金融对污染产业的发展具有明显的抑制作用，对环保产业的发展具有明显的促进作用，同时促进环保产业发展的效果要远超抑制污染产业发展的效果。验证了前文提出的假设1和假设2。

（二）产业结构生态化的中介效应分析

为了验证产业结构生态化在绿色金融影响经济增长的传导机制中是否起到中介作用，对中介效应模型即式（7.6）进行回归估计，估计结果如表7.5所示。结果显示，扰动项的差分一阶自相关，但不存在二阶自相关，因此接受扰动项无自相关的原假设；Sargan过度识别检验表明，在5%的显著性水平下无法拒绝"所有工具变量均有效"的原假设。因此，动态面板模型设定较为合理，克服内生性问题的系统GMM估计结果是有效和稳健的。

表7.5　产业结构生态化的中介效应模型估计结果

变量	产业结构生态化	经济增长率	经济增长效率
	（1）	（2）	（3）
L. *ISO*	0.6014 *** (14.23)		
L. *GDP*		0.2573 *** (7.34)	
L. *GE*			0.8627 *** (14.30)
GF	0.2629 *** (13.51)	0.1057 *** (4.21)	0.1724 ** (6.27)
ISO		0.1201 ** (2.05)	0.1034 * (1.79)
FDI	0.2057 (0.31)	1.0254 *** (6.00)	0.9248 *** (3.04)

变量	产业结构生态化	经济增长率	经济增长效率
	（1）	（2）	（3）
EDU	0.4383	0.0108	0.0236
	(1.29)	(0.54)	(0.72)
Mopen	0.0584 **	−0.0184 **	0.0183
	(1.74)	(−2.22)	(1.21)
ln（TZ）	−0.2281 ***	−0.1372 ***	0.0029
	(3.17)	(−11.60)	(0.08)
UR	0.0752 **	0.1023 *	0.1374
	(2.42)	(1.42)	(1.02)
Size	0.2496	0.5314	0.7061 ***
	(1.50)	(0.69)	(2.70)
常数项	0.0884 ***	0.2946 ***	0.8754 ***
	(3.24)	(13.89)	(23.20)
AR（1）	0.0298	0.0067	0.0017
AR（2）	0.0298	0.8783	0.9040
Sargan 检验	0.5547	0.9989	0.9979
观测值	270	270	270

注：表中括号内为 z 统计量；* 、** 、*** 分别表示在 10% 、5% 、1% 的水平下显著；所有回归模型均为两步法回归，并采用稳健标准差调整的系统 GMM 估计结果；所有回归中均控制了年份固定效应；L. 表示滞后一期项。

表 7.5 是绿色金融对经济增长的产业结构生态化效应的回归结果，第（1）列复制了表 7.4 中的估计结果，说明绿色金融明显推动了环保产业的发展，促进产业结构向生态化方向发展。就经济增长率而言，第（2）列的估计结果表明，绿色金融和产业结构生态化的估计系数分别为 0.1057 和 0.1201，分别在 1% 和 5% 的水平下通过显著性检验，说明产业结构生态化能够起到显著的部分中介效应，即绿色金融通过产业结构生态化影响经济增长率。结合表 7.3 可知，绿色金融通过产业结构生态化路径影响经济增长率的总效应、直接效应和间接效应分别为 0.1372、0.1057 和 0.0315，总效应中大约有 22.96% 是由产业结构生态化的中介效应实现的。就经济增长效率而言，第（3）列的估计结果表

明，绿色金融和产业结构生态化的估计系数分别为 0.1724 和 0.1034，且分别在 5% 和 10% 的水平下通过显著性检验，说明绿色金融通过产业结构生态化对经济增长效率的影响显著。结合表 7.3 可以看出，绿色金融通过产业结构生态化途径影响经济增长效率的总效应、直接效应和间接效应分别为 0.2722、0.1724 和 0.0998，总效应中大约有 36.66% 是由产业结构生态化的中介效应实现的，假设 2 得以验证。综上，绿色金融的发展通过引导资金流向的方式促进环保产业的发展并抑制污染产业的发展，改变了产业结构，提升了产业结构的生态化水平，二者相互影响促进了经济增长水平，且直接效应的估计系数小于基准回归模型中的总效应估计系数，进一步证明了产业结构生态化也是绿色金融促进经济增长的重要作用渠道。

上文已经提到绿色金融使产业结构在很大程度上得以改进，绿色金融通过引导资金流向的方式使资本要素向高附加值和高技术含量的产业集聚，在这一过程中，传统高耗能产业因为绿色金融的间接惩罚效应，发展受限，促使产业结构从传统产业、污染产业向新兴产业、环保产业的方向转变。持续发展的绿色金融将促使地区同一产业始终处于激烈竞争的局势之中，因此能够更好地优化产业结构，自此逐步提高经济发展质量，实现高质量增长。在产业结构不断优化升级的过程中，对污染产业采取限制措施是重要的途径，也是必要手段。污染产业具有投入大、能耗高、污染严重、产出小等特征，对产业结构生态化和持续经济增长具有明显的抑制作用，在各产业中污染产业占比较大，未能快速有效地进行升级优化。污染产业决定着产业结构生态化的进程和程度。污染产业会大量排放废气、废水以及废渣等多种污染物，从而影响产业结构的升级优化。而环保产业能够有效地防治污染，促进生态恢复，加强生态保护，提高资源利用率，更好地满足人们的生态环保需求，是能够有效保障经济社会可持续发展的产业。环保产业作为国家的新兴战略性产业，具有生态环保和高技术的特征，这一领域有较大的创新发展潜力。因此，产业结构的生态化发展能够显著推动经济的高质量增长。

三 绿色金融、绿色技术创新与经济增长

前文分析了绿色金融对经济增长的综合影响，其中应包括直接效应和间接效应，但二者的影响在总效应回归分析中并未直接体现。本部分将分别对式（7.5）和式（7.7）进行参数估计，以验证经济增长水平是否受到绿色金融的间接影响，即中介作用是否由绿色技术创新（*GTI*）得以体现。具体的回归结果如表7.6所示。结果表明，动态面板模型的设定较为合理。

表7.6 绿色技术创新的中介效应回归估计结果

变量	绿色技术创新		经济增长率	经济增长效率
	（1）	（2）	（3）	（4）
L. *GDP*			0.2638 ***	
			(7.74)	
L. *GE*				0.7558 ***
				(18.69)
L. *GTI*	0.7043 ***	0.7135 ***		
	(34.16)	(22.21)		
GF	0.5728 **	0.6507 ***	0.1161 ***	0.1762 ***
	(2.17)	(6.53)	(2.95)	(3.01)
GTI			0.0324 *	0.1477 ***
			(6.90)	(3.14)
FDI		0.5882 ***	0.6952 ***	0.6436 **
		(4.74)	(4.26)	(2.05)
EDU		− 0.3016 **	− 0.0064	0.0132
		(− 2.39)	(− 0.38)	(0.39)
Size		0.5493 ***	0.0147	0.0355 ***
		(9.57)	(1.58)	(4.58)
ln （*TZ*）		0.2397 ***	− 0.0659 ***	0.0621 ***
		(15.54)	(− 4.34)	(5.67)
UR		0.3865	0.5285	0.8743 ***
		(0.26)	(0.75)	(2.87)

变量	绿色技术创新		经济增长率	经济增长效率
	(1)	(2)	(3)	(4)
常数项	0.1321 ***	0.3694 ***	0.4616 ***	1.0331 ***
	(21.32)	(14.55)	(15.28)	(17.78)
AR (1)	0.0074	0.0002	0.0037	0.0090
AR (2)	0.2392	0.3743	0.7784	0.9493
Sargan 检验	0.9932	0.9970	0.9985	0.9993
观测值	270	270	270	270

注：表中括号内为 z 统计量；*、**、*** 分别表示在 10%、5%、1% 的水平下显著；所有回归模型均为两步法回归，并采用稳健标准差调整的系统 GMM 估计结果；所有回归中均控制了年份固定效应；L. 表示滞后一期项。

由表 7.6 可知，各模型的核心解释变量都是绿色金融发展水平，模型回归分析采用了将控制变量逐步引进的方式进行。第（1）列是在模型中引入绿色金融发展水平时对绿色技术创新进行的回归估计结果；第（2）列是在此基础上引入控制变量进行模型估计得到的回归结果。由此可见，滞后一期的绿色技术创新水平的回归系数在 1% 的水平下均显著为正，即后一期的绿色技术创新水平明显受到前一期绿色技术创新水平的影响，证实了上文中的猜想，即绿色技术创新的变化在时间上具有明显的持续性。

第（1）列中绿色金融对绿色技术创新影响的回归结果表明，绿色金融对绿色技术创新的影响在 5% 的水平下显著为正，影响系数为 0.5728；第（2）列中的回归结果表明，在引入控制变量后，绿色金融对绿色技术创新的影响效果及系数（0.6507）均显著大于未引入控制变量时的回归结果，说明控制变量会显著影响绿色技术创新水平，因而证明本章所选取的控制变量是稳健的，与预期基本一致。在其他条件不变的情况下，绿色金融发展水平每增加 1%，绿色技术创新水平就相应的提高 0.6507%。可能的解释是，绿色金融能更高效地配置和利用资金，使企业发展有了更大的资金支持，能够更有效地抓住机遇。在当前经济和市场制度背景下，企业创新技术的过程要求投入大量资金，但是大部分企业在创新技术的前一阶段不仅无法有效地保证其经营效益，而且还需要承担技术创新的高风险，所以传统金融在没有其他因素影响的情况下并没有选择投入这一领域的动机和意愿，企业也不愿意对投入大、风险高的项目投资立项。① 开展绿色金融能够更好地支持研发团队开展创新研发，并且能够有效地降低金融风险。所以绿色金融对企业实施技术创新开展绿色技术研发具有较好的推动作用。

表7.6第（3）列和第（4）列是绿色金融对经济增长的绿色技术创新效应的回归结果。就经济增长率而言，第（3）列的估计结果表明，绿色金融和绿色技术创新的估计系数分别为0.1161和0.0324，且分别在1%和10%的水平下通过显著性检验，说明绿色技术创新能够起到部分中介效应，即绿色金融通过绿色技术创新影响经济增长率。结合表7.3可知，绿色金融通过绿色技术创新途径影响经济增长率的总效应、直接效应和间接效应分别为0.1372、0.1161和0.0211，总效应中约有15.38%是由绿色技术创新的中介效应实现的。就经济增长效率而言，第（4）列的估计结果表明，绿色金融和绿色技术创新的估计系数分别为0.1762和0.1477，且均在1%的水平下显著为正，说明绿色金融通过绿色技术创新对经济增长效率的影响显著。结合表7.3可看出，绿色金融通过绿色技术创新途径影响经济增长效率的总效应、直接效应和间接效应分别为0.2722、0.1762和0.0960，总效应中大约有35.27%是由绿色技术创新的中介效应实现的。综上，绿色金融通过约束资金的流向对企业环保技术与环境管理活动存在倒逼作用，为了获取投资满足企业长远发展需求，企业必须进行环境友好型生产，不得不增加对R&D部门的科研投入，改良并创新绿色生产技术，提高了绿色技术创新水平，二者的相互影响对经济增长具有较好的促进作用，且直接

---

① 戚湧、王明阳：《绿色金融政策驱动下的企业技术创新博弈研究》，《工业技术经济》2019年第1期，第3～10页。

效应的估计系数小于基准回归模型中的总效应估计系数，证明绿色技术创新确实也是绿色金融促进经济增长的重要作用渠道。因此，假设 3 得以验证。

第四节　稳健性检验

为了检验实证分析得出的绿色金融影响经济增长内在作用机制的估计结果是否具有稳健性，本部分分别采用更换计量方法、变更样本范围这两种方法对前文的回归估计结果进行稳健性检验。

一　更换计量方法

为了进一步验证上文所得结论的稳健性，本部分采用差分 GMM 方法对上述模型进行检验，结果如表 7.7 所示。

表 7.7　稳健性检验：更换计量方法

变量	GDP		GE	
	（1）	（2）	（3）	（4）
L. GDP	0.2911 *** （8.13）	0.1914 *** （4.09）		
L. GE			0.8233 *** （24.13）	0.3325 *** （5.10）
GF	0.1882 ** （2.31）	0.2845 *** （5.36）	0.1966 *** （9.20）	0.2501 *** （3.58）
FDI		0.7673 ** （2.47）		0.2016 *** （5.47）
EDU		- 0.0401 *** （- 3.30）		- 0.0944 *** （- 4.17）
Mopen		0.3774 *** （6.37）		0.0863 *** （3.43）
UR		- 0.3104 （- 1.23）		0.0879 （1.13）

续表

变量	GDP		GE	
	(1)	(2)	(3)	(4)
Size		0.0958 ***		0.0689 ***
		(3.23)		(6.73)
ln (TZ)		0.1036 ***		0.0140 ***
		(9.91)		(3.96)
常数项	0.0454 ***	0.1459 ***	0.0368 **	0.0610 ***
	(5.29)	(3.09)	(2.04)	(7.63)
AR (1)	0.0028	0.0041	0.0054	0.0059
AR (2)	0.4352	0.6910	0.3605	0.9885
Sargan 检验	0.9087	0.6011	0.9003	0.8429
观测值	270	270	270	270

注：表中括号内为 z 统计量；*、**、*** 分别表示在 10%、5%、1% 的水平下显著；所有回归模型均为两步法回归，并采用稳健标准差调整的系统 GMM 估计结果；所有回归中均控制了年份固定效应；L. 表示滞后一期项。

可以看出，表 7.7 的回归结果与表 7.3 的结果类似，由此说明，调整计量方法、改变控制变量的加入，绿色金融作为核心变量的回归系数没有发生显著波动变化，仅数值和显著性发生微小变动，说明绿色金融对经济增长的促进作用较为明显，即使采用差分 GMM 方法进行估计时，这一作用也十分稳健。

二　变更样本范围

本部分通过改变样本范围，剔除了 2010 年和 2018 年的所有样本，以 2011～2017 年为研究对象进行回归分析，以验证前文所得结论的可靠性，具体回归结果如表 7.8 所示。由此可看出，表 7.8 的回归结果与表 7.3 的结果类似，即使变更了样本范围，不论是否加入控制变量，核心解释变量绿色金融的回归系数也未发生明显变化，仅数值和显著性发生微小变动，说明即使变更样本范围进行估计，绿色金融对经济增长产生的促进作用依然稳健。

表 7.8　稳健性检验：变更样本范围

变量	GDP		GE	
	(1)	(2)	(3)	(4)
L. GDP	0. 1121 ***	0. 1842 ***		
	(7. 13)	(5. 29)		
L. GE			0. 3822 ***	0. 3523 ***
			(8. 23)	(7. 49)
GF	0. 1074 **	0. 1906 ***	0. 2096 ***	0. 2105 ***
	(4. 06)	(6. 63)	(6. 07)	(7. 58)
FDI		0. 6731 **		0. 2601 ***
		(2. 39)		(5. 74)
EDU		- 0. 0517 ***		- 0. 0494 ***
		(- 4. 01)		(- 4. 71)
Mopen		0. 2477 ***		0. 0683 ***
		(7. 63)		(5. 34)
UR		- 0. 4013		0. 0978
		(- 1. 09)		(1. 09)
Size		0. 1098 ***		0. 1698 ***
		(4. 32)		(6. 37)
ln（TZ）		0. 2306 ***		0. 1407 ***
		(8. 89)		(4. 69)
常数项	0. 2173 ***	0. 0194 ***	0. 0683 **	0. 1061 ***
	(7. 82)	(4. 27)	(2. 14)	(6. 73)
AR (1)	0. 0011	0. 0025	0. 0045	0. 0051
AR (2)	0. 5273	0. 7014	0. 8516	0. 9581
Sargan 检验	0. 9102	0. 8106	0. 8932	0. 8924
观测值	270	270	270	270

　　注：表中括号内为 z 统计量；＊、＊＊、＊＊＊分别表示在10%、5%、1%的水平下显著；所有回归模型均为两步法回归，并采用稳健标准差调整的系统 GMM 估计结果；所有回归中均控制了年份固定效应；L. 表示滞后一期项。

　　表 7.8 的回归估计结果表明，核心解释变量绿色金融的回归系数未发生明显变化，仅数值和显著性发生微小变动，证明本章研究计量模型的形式设定合理，模型分析得到了稳健合理的结果。

第五节　本章小结

当前出现的资源和环境危机迫使经济不得不进行转型升级，因此绿色金融被我国定位为国家发展战略，以期通过调整资金供给，促使经济由粗放型增长模式向绿色节约型增长方式转变，以推动我国经济绿色可持续发展和高质量增长。由第六章的分析可知，绿色金融通过融资约束和绿色技术创新能够影响绿色企业和污染企业的生产经营绩效，佐证了绿色金融影响经济增长的微观机理。在此基础上，为考察绿色金融影响经济增长的具体路径，本章利用 2010～2018 年中国 30 个省（区、市）的面板数据，采用中介效应模型进行回归分析，具体如下。

首先，根据 2017 年国民经济行业分类标准（GB/T 4754—2017）和《中国工业经济统计年鉴》中的产业类型，选择环保产业和重度污染产业，以此构建产业结构生态化指标，即产业结构生态化 =

$$\cfrac{\dfrac{环保产业增加值}{GDP}\times 增长率}{\dfrac{重度污染产业增加值}{GDP}\times 增长率}；紧接着对 2010～2018 年我国环保产业、$$

重度污染产业、绿色技术创新的发展情况展开了分析探讨。研究结果表明，GDP 中环保产业占比逐年提高，重度污染产业占比逐年减小；前者的增速远超后者；绿色技术创新水平不断提升。在此基础上，提出了本章的 3 条基本假设，即绿色金融能够促进环保产业发展而抑制污染产业发展，进而对经济增长的影响具有不确定性；随着绿色金融的不断发展，绿色金融能够通过产业结构生态化促进经济高质量增长；绿色金融通过绿色技术创新对经济增长产生促进作用。

其次，基于绿色金融对经济增长影响的理论分析，并根据政策界定，采用中介效应模型实证考察绿色金融通过产业结构生态化这一路径对经济增长产生的影响。结果表明，绿色金融在影响经济增长率的总效应中大约有 22.96% 是由产业结构生态化的中介效应实现的；在影响经济增长效率的总效应中大约有 36.66% 是由产业结构生态化的中介效应实现的。这说明绿色金融通过引导资金流向的方式促进环保产业发展而抑制污染产业的发展，改变了产业结构，提升了产业结构的生态化水平，二者相互影响进一步促进了经济增长，说明产业结构生态化的确是绿色金融促进经济增长的一条重要作用渠道。

最后，实证考察绿色金融通过绿色技术创新渠道对经济增长产生的影响。结果表明，绿色金融在影响经济增长率的总效应中大约有 15.38% 是通过绿色技术创新的中介效应实现的；在影响经济增长效率的总效应中大约有 35.27% 是由绿色技术创新的中介效应实现的。由此说明，无论是对经济增长率的改善还是对经济增长效率的提升，绿色金融都会通过约束资金的流向对环保产业的技术创新与环境管理活动产生促进作用，对重度污染产业的技术创新产生倒逼作用，二者相互影响进一步促进了经济增长，且直接效应的估计系数小于基准回归模型中的总效应估计系数，说明绿色技术创新确实是绿色金融促进经济增长的另一条重要作用渠道。

第八章　绿色金融影响经济增长的区域异质性分析

　　由第七章的分析可知，绿色金融能够通过产业结构生态化和绿色技术创新水平显著影响我国的经济增长。但由于我国幅员辽阔，自然资源丰富，经济发展和资源分布都有明显的区域失衡现象，致使绿色金融政策的执行效果不尽相同，尤其是各地区在产业结构和技术吸纳能力等方面的差异性导致绿色金融对地区经济增长的影响存在明显的异质性。因此，本章将研究绿色金融对区域经济增长的异质性，这有助于厘清绿色金融作用于区域经济增长的机理与路径，明确区域绿色金融发展的方向与重点，实现区域经济与生态环境协调发展。

　　本章的结构安排如下：首先，对不同类型的绿色金融工具及各地区经济增长状况进行简要分析，并提出相应理论假设；其次，沿用第四章和第五章对绿色金融与经济增长的测算方法，选取 2010～2018 年省级面板数据，运用静态面板效应模型实证分析东中西部地区不同类型绿色金融工具影响效果的异质性；最后，以绿色金融为门限变量，构建面板门限效应模型检验不同发展程度的绿色金融在产业结构生态化和技术吸纳水平下对经济增长可能产生的异质性影响。

第一节　特征事实与理论假设

一　特征事实

（一）不同类型绿色金融工具的发展现状

绿色金融主要由绿色信贷、绿色基金、绿色股票、绿色债券、绿色保险、碳金融等六种绿色金融工具构成。本章根据研究需要，将绿色金融工具分成以下三类，即信贷类绿色金融工具、证券类绿色金融工具以及权益类绿色金融工具。由于衡量权益类绿色金融工具的指标有限，为统一全书研究口径，本部分主要分析东中西部地区信贷类绿色金融工具和证券类绿色金融工具的发展情况，具体如图 8.1 和图 8.2 所示。

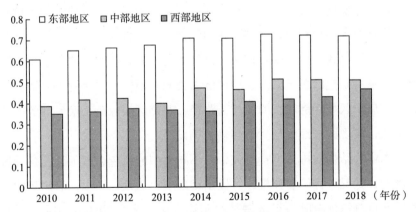

图 8.1　2010～2018 年东中西部地区信贷类绿色金融工具发展水平

由图 8.1 可知，各地区信贷类绿色金融工具的发展水平在 2010～2018 年整体呈现稳步上升的态势。其中，东部地区信贷类绿色金融工具的发展水平由 2010 年的 0.608 增长至 2018 年的 0.710，年均增长1.96%；中部地区由 2010 年的 0.387 增长至 2018 年的 0.499，年均增长 3.23%；西部地区由 2010 年的 0.350 增长至 2018 年的 0.457，年均增长 3.39%。由此看出，就发展水平而言，绿色信贷在东部地区发展得最好,中部地区次之,西部地区最差;而从其增速来看,绿色信贷的增速在西部地区最快,中部地区次之,东部地区最慢。其主要原因在于东部地区是我国经济发展速度较快的区域,环保产业在东部地区的发展能够获得大量资源和有力支持,这对绿色资金有着较强的吸引力,同时由于绿色金融在东部地区的发展水平相对较高,金融市场上的绿色金融产品琳琅满目,相对于绿色信贷这种间接融资工具,绿色证券这种直接融资工具更能获得企业的青睐,因而导致东部地区信贷类绿色金融工具的发展速度不快。

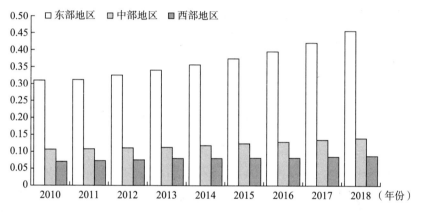

图 8.2　2010～2018 年东中西部地区证券类绿色金融工具发展水平

由图 8.2 可知,各地区证券类绿色金融工具的发展水平在 2010～2018 年基本呈现逐年递增的趋势。其中,东部地区证券类绿色金融工具的发展水平由 2010 年的 0.310 提升至 2018 年的 0.456,年均增长 4.94%;中部地区由 2010 年的 0.107 提升至 2018 年的 0.140,年均增长 3.42%;西部地区由 2010 年的 0.070 提升至 2018 年的 0.087,年均增长 2.75%。由此看出,无论从发展水平还是增速来看,东部地区表现得最好,西部地区最弱,中部地区居于中间水平。可能的解释是东部地区具有突出的资源优势,对绿色证券发展非常重视,投入了大量资源;中西部地区整体经济较为落后,推出的绿色金融产品较少,且以绿色信贷为主,所以绿色证券等相关金融工具产品少、发展慢。

（二）各地区经济增长现状

由于我国幅员辽阔，各地区经济增长水平存在明显差异。因此，本部分依据第五章对经济增长效率的测算结果，对我国东部、中部、西部三个地区经济增长状况进行分析，具体如图8.3所示。

图8.3　2010~2018年东中西部地区的经济增长效率

由图8.3可知，我国各地区经济增长效率除在2011年和2015年有小幅下降外，整体呈现逐年上升的态势。具体而言，东部地区的经济增长效率由2010年的1.316增加至2018年的1.415，年均增长率为0.91%；中部地区由2010年的1.051增加至2018年的1.089，年均增长率为0.44%；西部地区由2010年的0.968增加至2018年的1.010，年均增长率为0.53%。可见，经济增长效率表现最佳的是东部地区，最差的是西部地区，居于中间的是中部地区；而从增速表现看，表现最好的是东部地区，西部地区次之，中部地区最差。这主要与东部地区所拥有的充裕劳动力及高额资本投入密不可分。

二　理论假设

当前，我国经济仍以工业发展为主，区域间与产业间实施绿色金融政策的力度存在不平衡，由于各地区间环境规制、生态条件、经济发展目标等方面的差异，绿色金融发展水平存在明显的异质性。[①] 尽管绿色金融政策已出台多年,但仍有一些地区和金融机构在执行绿色金融政策方面没有实质性的效果。因而导致绿色金融对区域经济的影响程度有很大的差异性。[②] 我国东部地区的经济发展水平凭借其自身的资源禀赋及区位优势遥遥领先于中西部地区,尤其在绿色发展理念盛行的背景下,东部地区的主导产业逐渐由传统污染产业向节能环保产业转型,因而吸引了大量绿色资金的流入,使得经济增长有了强劲动力。中西部地区发展比较落后,技术创新实力也远远弱于东部地区,所以产业转型升级的进程较为缓慢,绿色金融对经济增长的促进作用稍显不足。为此,本章提出假设1。

假设1:绿色金融发展对经济增长的促进作用表现出区域异质性。

通过前文分析可知,不同类型的绿色金融工具在各地区的发展具有明显的差异性。信贷类绿色金融工具作为企业的间接融资工具,通过利率优惠、额度限制等方式支持环保企业而抑制重度污染企业的发展。证券类绿色金融工具作为企业最常用的直接融资工具,不仅融资期限长而且融资成本低,所以受企业青睐。目前我国东部地区的绿色金融发展水平较高,绿色金融工具种类繁多,企业以绿色债券、绿色基金等证券类直接融资方式为主。因此,东部地区经济之所以能够得到快速增长,绿色证券的带动作用不容小觑。绿色金融在中西部地区的发展水平较低,而且产品和服务比较单一,企业主要通过绿色信贷这种间接融资方式获得绿色资金,因此,中西部地区的经济增长主要由信贷类绿色金融工具拉动。综上,本章提出假设2。

假设2:不同类型的绿色金融工具对经济增长的影响存在区域异质性。

由前文分析可知,我国绿色金融发展水平存在明显的异质性。在绿色金融发展水平较低、各地区对环保产业及环保项目的发展积极性不高的情

① 李毓、胡海亚、李浩:《绿色信贷对中国产业结构升级影响的实证分析——基于中国省级面板数据》,《经济问题》2020年第1期,第37~43页。
② 陈伟光、胡当:《绿色信贷对产业升级的作用机理与效应分析》,《江西财经大学学报》2011年第4期,第12~20页。

况下，产业结构优化升级较为缓慢；同时，各地区更多关注数量型的经济增长，通常会将部分本应投入绿色技术创新的资金转向企业的规模扩张，导致绿色创新获得的资金不足，发展受限，影响经济高质量增长。因此，在绿色金融发展水平较低时，自然无法显著促进经济增长。当绿色金融发展水平达到一定高度时，带来的资金约束会倒逼污染产业，进一步管控环境优化技术，污染产业因此能够更快地转型实现环境友好型生产，并增加对 R&D 部门的科研投入，通过改良并创新绿色生产技术、减少污染排放量的方式提高经济增长质量。因此，绿色金融发展水平达到一定阶段后，能够显著刺激经济增长。综上，本章提出假设 3。

假设 3：绿色金融发展水平的高低对经济增长的影响存在区域异质性。

第二节　模型构建、变量选取与数据来源

一　模型构建

基于理论分析和经验总结，本章模型设定的主要思路着眼于绿色金融发展水平的高低是否会对经济增长产生影响。因而选用经济增长水平为被解释变量，以绿色金融发展水平为核心解释变量，从绿色金融的视角探讨当前经济增速放缓的原因。但对经济增长造成影响的因素有很多，如果仅仅考虑绿色金融这一因素，自然会导致实证分析结果与真实情况存在较大偏差。所以本节将对经济增长产生重要影响的其他因素以控制变量的形式纳入模型中，能够有效地剔除其他因素对经济增长产生的影响，更有效地分析绿色金融和经济增长的关系。综上，构建的计量经济模型如下：

$$Y_{it} = \alpha_0 + \beta_1 GF_{it} + \gamma X_{it} + \delta_i + \mu_t + \varepsilon_{it} \tag{8.1}$$

其中，i 表示省份，t 表示年份；被解释变量 Y 表示经济增长水平，具体包括经济增长率（GDP）和经济增长效率（GE）；核心解释变量

GF 表示各地区绿色金融发展水平；*X* 表示一系列控制变量，包括对外开放水平（*FDI*）、人力资本水平（*EDU*）、市场化水平（*Mopen*）、金融发展水平（*FIN*）、城镇化水平（*UR*）、技术创新水平（*TIN*）、基础设施状况（*FAC*）；同时，该模型还控制了地区固定效应 δ_i 和年份固定效应 μ_i，ε_{it} 为随机误差项；α_0、β_1、γ 为对应变量的待估参数。

二 变量选取

本章主要选用经济增长率（*GDP*）和经济增长效率（*GE*）为被解释变量，核心解释变量、控制变量、稳健性检验变量、门限变量及其测度如表 8.1 所示。

表 8.1 变量的定义及其测度

变量属性	变量名称	变量测度
被解释变量	经济增长率（*GDP*）	（本期人均 GDP － 上期人均 GDP）／上期人均 GDP
	经济增长效率（*GE*）	索洛余值法测算
核心解释变量	绿色金融发展水平（*GF*）	熵值法测算
	信贷类绿色金融发展水平（*GC*）	［（五大行绿色信贷总额／五大行贷款总额）＋（六大高耗能工业产业利息支出／工业产业利息总支出）］／2
	证券类绿色金融发展水平（*GS*）	［（环保企业总市值／A 股总市值）＋（六大高耗能企业总市值／A 股总市值）］／2
控制变量	对外开放水平（*FDI*）	地区实际利用外资额／地区生产总值
	人力资本水平（*EDU*）	各地区每年的普通高等院校在校生数／当年该地区人口总数
	市场化水平（*Mopen*）	地方政府预算内财政支出／地区生产总值
	金融发展水平（*FIN*）	各地金融机构贷款余额／地区生产总值
	城镇化水平（*UR*）	各地区城镇人口／地区总人口
	技术创新水平（*TIN*）	各地区专利申请授权数取自然对数
	基础设施状况（*FAC*）	人均道路面积取自然对数 每百人拥有病床数取自然对数

续表

变量属性	变量名称	变量测度
稳健性 检验变量	经济增长率（WGDP）	（本期 GDP－上期 GDP）／上期 GDP
	绿色金融发展水平（WGF）	环境污染治理投资额／地方财政支出
门限变量	产业结构生态化（ISO）	（环保产业 GDP）×增长率（重度污染产业 GDP）×增长率
	技术吸纳水平（RD）	R&D 支出／总支出

三　数据来源

由于本章主要考察绿色金融对经济增长的直接影响，且前文研究已经证实，绿色金融能够显著促进经济增长。基于此，本章选取的样本为2010～2018 年全国 30 个省（区、市）（除港澳台及西藏地区）。经济增长数据来自 2011～2019 年《中国统计年鉴》，绿色金融数据来自 Wind和 CSMAR 两个数据库；技术创新数据选自历年《中国科技统计年鉴》，其他各变量数据都来源于 2011～2019 年各地区的城市统计年鉴。同时，为了避免极端值对实证结果的影响，对连续变量进行了 Winsorize 缩尾处理，即对小于 1% 分位数（或 99% 分位数）的连续变量令其取值等于1% 分位数（或 99% 分位数）；此外，对于部分缺失值，利用插值法补足，主要变量的描述性统计如表 8.2 所示。

表 8.2　主要变量的描述性统计

变量	变量定义	样本数	平均值	标准差	最小值	最大值
GDP	人均 GDP 增长率	270	0.1040	0.0666	－0.2228	0.2730
GF	绿色金融发展水平	270	0.2731	0.0928	0.1047	0.6198
GC	信贷类绿色金融发展水平	270	0.5037	0.2283	0.0229	0.9813
GS	证券类绿色金融发展水平	270	0.2131	0.1832	0.0085	0.8826
FDI	对外开放水平	270	0.0520	0.0510	0.0001	0.2257
EDU	人力资本水平	270	0.0190	0.0050	0.0080	0.0336
Mopen	市场化水平	270	0.7562	0.1022	0.3726	0.8942

变量	变量定义	样本数	平均值	标准差	最小值	最大值
UR	城镇化水平	270	0.5653	0.1258	0.3381	0.8960
FIN	金融发展水平	270	0.3438	0.2201	0.0000	1.0000
TIN	技术创新水平	270	2.2747	0.1565	1.7185	2.5709
$\ln\ (pmed)$	每百人拥有病床数	270	2.6530	0.3680	1.3962	3.2511
$\ln\ (proad)$	人均道路面积	270	0.4767	0.1526	0.1470	0.9844

第三节　实证结果与分析

一　基于全样本的估计

本部分运用静态面板数据模型对研究样本加以探讨，将绿色金融指标作为解释变量，将经济增长率及经济增长效率作为被解释变量，并纳入相关的控制变量，按照式（8.1）进行回归估计。由于样本间存在异质性，如果直接使用 OLS 估计将会产生估计偏误，所以运用 Hausman 检验选择面板数据模型以避免上述问题的出现。若 Hausman 检验拒绝原假设，则认为应选用固定效应模型进行估计，具体估计结果如表 8.3 所示。

表 8.3　绿色金融对经济增长影响的回归估计结果

变量	GDP		GE	
	RE	FE	RE	FE
GF	0.1468 ** (2.41)	0.1846 *** (3.89)	0.4009 *** (3.59)	0.3734 *** (3.47)
FDI	0.5516 *** (4.23)	0.4285 *** (6.02)	0.6114 ** (2.42)	0.6071 ** (2.46)
EDU	0.0098 * (1.82)	0.0115 (0.63)	0.0388 ** (1.98)	0.0666 ** (2.41)

续表

变量	GDP		GE	
	RE	FE	RE	FE
Mopen	0.0141 *** (5.05)	0.0186 ** (2.24)	− 0.0792 *** (− 3.36)	− 0.1527 *** (− 5.61)
UR	− 0.0425 (− 0.75)	− 0.1393 (− 1.06)	− 0.2434 (− 1.14)	− 0.1059 (− 0.79)
FIN	0.0155 (0.46)	0.0344 * (1.79)	0.3708 *** (5.25)	0.4135 *** (5.97)
TIN	0.0294 ** (1.75)	0.0469 ** (2.32)	0.0050 ** (2.33)	0.0261 ** (2.25)
ln (pmed)	0.0791 *** (6.92)	0.0375 *** (5.05)	0.0910 ** (2.19)	0.0548 ** (2.04)
ln (proad)	− 0.2853 *** (− 3.67)	− 0.1724 *** (− 3.28)	− 0.1786 ** (− 2.19)	− 0.1463 ** (− 2.16)
常数项	0.2716 *** (12.48)	0.2990 *** (14.41)	0.8182 *** (22.02)	0.8893 *** (23.98)
Hausman	0.0000	0.0000	0.0087	0.0087
R^2	0.4210	0.5194	0.4618	0.5046
观测值	270	270	270	270

注：表中括号内为 z 统计量；* 、** 、*** 分别表示在 10%、5%、1% 的水平下显著。

　　由表 8.3 可看出，无论是经济增长率还是经济增长效率，p 值均未超过 0.01，即 Hausman 检验拒绝原假设，也就是说需要运用固定效应模型进行分析估计。固定效应模型分析估计的结果表明，绿色金融对经济增长率以及经济增长效率的回归系数大多在 1% 的水平下显著为正，说明绿色金融发展水平的提高能够带动经济增长。具体而言，绿色金融对经济增长率的估计系数为 0.1846，说明绿色金融发展水平每增加 1%，在其他条件保持不变的情况下，经济增长率会相应提高 0.1846%；绿色金融对经济增长效率的估计系数为 0.3734，说明绿色金融发展水平每增加 1%，在其他条件不变的情况下，经济增长效率会相应提高 0.3734%。对此可能的解释是，绿色金融通过资金导向功能引导生产资金流向节能环保产业，促进其知识积累和知识溢出，并迅速带动地区的技术进步，这将直接促进经济增长率的提升。同时，随着绿色金融发展水平的提高，相应地会引起绿色产业的地区集聚，并吸纳更多人员就业，影响经济发展中各产业的分布状况，促使产业结构与就业结构相协调，因此绿色金融会直接影响经济增长率。另外，绿色金融通过信息传递与要素整合功能倒逼传统产业进行绿色技术创新，促进区域内绿色技术创新水平的不断提升，进而提高地区经济增长效率。

就各控制变量而言，对外开放水平对经济增长率和经济增长效率两个指标都有显著的正向促进作用。这可能是由于我国吸引的外商投资直接推动了产业投资规模的扩大，从直观上看，其对经济增长率及经济增长效率的提升作用明显。市场化水平对经济增长率具有显著的促进作用，而对经济增长效率却表现出明显的抑制作用。这说明，当前在政府主导区域经济发展的情况下，政府通过减免税收、财政补贴以及发展基建等多种方式发展经济，有利于各产业间的协调发展，促进经济增长率的提升。金融发展水平对经济增长效率的影响显著为正，说明我国当前的金融环境有利于绿色金融的发展，为经济增长提供了良好的投融资外部环境支持。技术创新水平对经济增长有显著促进作用，证明科创水平提高，各产业的生产效率便得以迅速提升，进而实现规模经济，以此推动经济增长。人力资本水平显著促进经济增长水平的提升，表明人力资本水平越高，人们对精神文化的需求越丰富。城镇化水平不会显著影响经济增长率及经济增长效率。基础建设的两个变量与经济增长之间的关系均显著，说明它们也是影响经济增长的因素。

二　基于地区样本的估计

本部分采用地带尺度的三分法，即以经济发展水平和地理位置为依据，将我国划分为东部、中部和西部三大区域，分别考察绿色金融对经济增长的区域异质性影响。三大区域的回归结果如表8.4、表8.5和表8.6所示。

　　表 8.4 列示了东部地区的回归估计结果，无论是经济增长率还是经济增长效率，其对应的 p 值均低于 0.01，说明 Hausman 检验拒绝原假设，即应采用固定效应模型对其进行回归估计。由表 8.4 结果分析可知，绿色金融能够显著影响经济增长率和经济增长效率。具体而言，绿色金融对经济增长率的影响系数为正（0.2344）且在 5% 的水平下通过显著性检验，说明东部地区的绿色金融发展水平显著促进了经济增长率的提升。可能的解释是东部地区的区位优势非常显著，以京津冀、长三角、珠三角为龙头率先发展，对外开放程度较高，具有较强的吸引力，有效吸引了外部资源不断投入，充分释放了本区域的发展潜能，良好的市场经济条件为经济增长提供了便利。在当前绿色发展理念盛行的背景下，东部地区倚仗其优越的发展环境促使绿色金融迅速发展，以推动经济向绿色、可持续发展方向转型。与全国平均水平相比，东部地区的绿色金融发展水平相对较高且在地理空间上大量集中的现象较为突出。东部地区多样化的绿色金融工具带来了较高的边际效应，产业间差异化的绿色金融政策迫使污染产业进行绿色技术创新，并逐渐向绿色产业转型，这不仅能够提高经济增长率，而且有利于经济的高质量增长，对经济增长效率也有明显的促进作用。

表 8.4　东部地区经济增长的回归估计结果

变量	GDP		GE	
	RE	FE	RE	FE
GF	0.1506 * (1.43)	0.2344 ** (2.30)	0.4955 ** (2.26)	0.4790 *** (3.52)
FDI	0.4955 ** (2.37)	0.3586 ** (2.06)	0.8657 ** (2.09)	0.5513 ** (2.63)
EDU	0.0052 (0.33)	0.1007 ** (2.65)	0.0909 ** (2.44)	0.0249 *** (4.05)
Mopen	0.0025 (0.07)	0.0360 ** (2.71)	0.2155 ** (2.76)	0.4503 *** (5.47)

续表

变量	GDP		GE	
	RE	FE	RE	FE
UR	0.0492 (0.72)	0.0356 (1.24)	0.2915*** (3.03)	0.3973 (0.85)
FIN	0.0374** (2.46)	0.0509** (2.56)	0.3120* (1.89)	0.1485* (2.01)
TIN	0.0252* (1.96)	0.0399* (1.75)	0.0345** (1.99)	0.0294** (2.80)
ln（pmed）	0.0977*** (2.93)	0.0442*** (3.71)	0.0674** (2.03)	0.0479** (2.48)
ln（proad）	−0.1604* (−1.60)	−0.3523*** (−3.08)	−0.4594** (−2.25)	−0.1625* (−1.88)
常数项	0.0741** (2.07)	0.5755** (2.43)	0.5597* (1.66)	0.7811** (2.32)
Hausman	0.0087	0.0087	0.0000	0.0000
R^2	0.4764	0.5599	0.4909	0.6573
观测值	99	99	99	99

注：表中括号内为 z 统计量；＊、＊＊、＊＊＊分别表示在10%、5%、1%的水平下显著。

表8.5是中部地区的回归估计结果。就显著性而言，绿色金融对经济增长率和经济增长效率的影响大多在5%的水平下显著为正。从回归系数来看，绿色金融与经济增长率和经济增长效率的回归系数分别为0.1729和0.1746。由此说明，中部地区的绿色金融对经济增长率的增加及经济增长效率的提升均具有明显的促进作用。这可能是因为随着中部崛起战略的实施，大量资本要素进入中部地区，为资本要素的有效配置提供了有力支撑，而绿色金融作为绿色经济发展不可或缺的资本要素，通过激励环保产业的发展能够带动经济增长率的提升。另外，随着绿色金融发展水平的不断提高，污染企业能够提升环保意识和产品质量，提升企业竞争力，绿色产业的规模效应有助于推动企业生产成本的降低和绿色产业链的形成，进而促进中部地区整体经济增长率的提高。同时可以看到，绿色金融在一定程度上能够倒逼污染企业进行绿色技术

创新，使其转变传统的生产方式，提高生产效率，并通过扩散效应与规模经济效应带动整个经济增长率的提升。

表8.5 中部地区经济增长的回归估计结果

变量	GDP		GE	
	RE	FE	RE	FE
GF	0.1392 ***	0.1729 **	0.1683 **	0.1746 **
	(2.66)	(2.08)	(2.12)	(2.14)
FDI	0.7035 *	0.1509	0.0368	0.2901
	(1.96)	(1.19)	(0.04)	(0.33)
EDU	0.0031	0.0073 **	0.0759 **	0.1166 ***
	(0.22)	(2.40)	(2.01)	(2.83)
Mopen	0.0421 *	0.1031 **	0.1326 **	0.2383 ***
	(1.75)	(2.27)	(2.03)	(4.36)
UR	0.0388	0.0326	0.0219	0.0455
	(0.18)	(0.52)	(0.61)	(0.97)
FIN	0.2445 **	0.2601 **	0.3695 *	0.2417 *
	(2.36)	(2.31)	(1.91)	(1.80)
TIN	0.0271	0.0692 ***	0.0299 *	0.1061 ***
	(1.61)	(2.72)	(1.65)	(3.66)
ln (pmed)	0.0129 *	0.0934 **	0.0264 **	0.0272 **
	(1.69)	(2.04)	(2.17)	(2.64)
ln (proad)	− 0.0805 ***	− 0.6410 ***	− 0.6489 **	− 0.3729 ***
	(− 6.00)	(− 5.33)	(− 2.35)	(− 2.72)
常数项	0.6085 ***	0.5081 ***	− 0.2099	0.1487 *
	(3.89)	(3.89)	(− 0.49)	(1.48)
Hausman	0.0026	0.0026	0.0000	0.0000
R²	0.6803	0.7280	0.5744	0.7830
观测值	72	72	72	72

注：表中括号内为 z 统计量；* 、** 、*** 分别表示在10% 、5% 、1% 的水平下显著。

表8.6是西部地区绿色金融影响经济增长的回归分析结果。估计结果显示，绿色金融对经济增长率和经济增长效率的影响均在10%的水平下显著为正。从回归系数来看，绿色金融与经济增长率和经济增长效

率的回归系数分别为 0.0881 和 0.0395。由此可知，西部地区绿色金融发展对经济增长有显著促进作用，但是相较于东部和中部地区，这一作用发展的程度和显著性相对较弱。可能的解释是，西部地区的市场机制不健全，绿色金融不能充分自由流动，绿色资本在产业间的配置不均衡，其对经济增长率的提升作用并不大（0.0881%）。随着绿色金融发展水平的不断提升，尽管绿色金融具有"创新补偿"效应，但由于其存在时滞性和不确定性，往往并不能发挥其应有的作用，加之西部地区大多企业很难满足绿色资金的支持条件，且绿色金融方式较为单一，仅以绿色信贷这一种绿色金融工具为主，将制约企业的绿色创新投入，延缓绿色金融"创新补偿"效应的发展，导致西部地区绿色金融的发展对其经济增长效率的提升作用并不十分明显（0.0395%）。因此，西部地区应加大力度发展绿色金融，将其作为提高经济增长的着力点。

表 8.6　西部地区经济增长的回归估计结果

变量	GDP		GE	
	RE	FE	RE	FE
GF	0.0669 * （1.63）	0.0881 * （2.07）	0.0394 * （1.75）	0.0395 * （1.99）
FDI	0.5453 （0.86）	0.3640 （0.32）	0.0735 *** （3.16）	0.1528 *** （3.43）
EDU	0.0200 * （1.65）	0.0248 * （1.60）	0.0693 *** （6.22）	0.1791 *** （3.66）
Mopen	0.0280 * （1.67）	0.0370 * （1.84）	0.0157 * （1.70）	0.0357 ** （2.32）
UR	− 0.0447 *** （− 2.81）	− 0.0511 ** （− 2.94）	0.0493 *** （2.98）	0.1952 *** （3.54）
FIN	0.0164 （0.27）	0.0544 * （1.71）	0.1252 * （1.65）	0.1940 ** （2.33）
TIN	− 0.0421 *** （− 3.73）	− 0.0475 * （− 1.71）	0.0042 （0.29）	− 0.0779 ** （− 2.58）
ln（pmed）	− 0.0026 （− 0.05）	0.0608 ** （2.08）	0.1382 ** （2.14）	0.1399 * （1.68）

变量	GDP		GE	
	RE	FE	RE	FE
ln（proad）	− 0. 1233 *** （− 3. 42）	− 0. 0409 ** （− 1. 63）	− 0. 2053 *** （− 5. 14）	− 0. 1862 ** （− 2. 23）
常数项	0. 0545 *** （7. 66）	0. 9213 *** （5. 22）	0. 1511 *** （5. 89）	0. 2350 *** （6. 44）
Hausman	0. 0008	0. 0008	0. 0000	0. 0000
R²	0. 5897	0. 6050	0. 7154	0. 7331
观测值	99	99	99	99

注：表中括号内为 z 统计量；* 、** 、*** 分别表示在10% 、5% 、1% 的水平下显著。

综上可知，无论是从经济增长率还是从经济增长效率来看，绿色金融对东部地区的影响最为强烈，中部地区次之，西部地区最弱，即绿色金融对经济增长的影响存在明显的区域异质性。由此，假设 1 得以验证。

三　基于绿色金融工具的估计

由前文可知，绿色金融主要由信贷类、证券类及权益类这三种绿色金融工具构成。考虑到我国地域间有比较显著的差异性，不同地区的经济、环境、资源和发展情况也不尽相同，进而造成区域间各类绿色金融工具的发展水平参差不齐。绿色金融有利于经济增长水平的提升，且对不同区域的影响效果存在明显的异质性，那么，不同的绿色金融工具是否对各区域经济增长的影响具有差异性？为回答该问题，本部分以经济增长率及经济增长效率为被解释变量，分别考察信贷类和证券类绿色金融工具对各区域经济增长的影响，具体的回归结果如表 8. 7 和表 8. 8 所示。

由表 8. 7 可看出，就经济增长率而言，不同类型的绿色金融工具对其影响存在显著的异质性。就全国层面而言，不管是显著性还是影响系数，信贷类绿色金融工具对经济增长率的影响效果（0. 1825）明显大于证券类绿色金融工具的作用效果（0.1588），具体而言，信贷类绿色金融工具对经济增长率的影响在5%的水平下显著为正。从数量关系上看，信贷类绿色金融的发展水平与经济增长率之间的弹性系数为0.1825，表明信贷类绿色金融的发展水平每增加1%，相应的经济增长率会增加0.1825%，即随着信贷类绿色金融发展水平的提高，经济增长率会提高。这与前文在理论分析中的结论相符合。就各地区而言，东部地区的绿色信贷和绿色证券分别在10%和5%的水平下显著，可见东部地区各类绿色金融工具都能够显著推动经济增长率的提升，这与前文实证结果一致。对比东部地区各类绿色金融工具的作用效果可知，证券类绿色金融工具对经济增长率的影响效果（0.2875）显著高于信贷类绿色金融工具的作用效果（0.1614），究其原因可能是东部地区的经济发展实力较强，而且区位优势显著，使得绿色金融的种类更加多样化，出于成本考虑，企业更加倾向于采取直接融资的方式进行生产，因此，绿色证券成为企业绿色生产的首选。但由于绿色证券市场仍在不断完善，部分企业将绿色信贷这种间接融资方式作为补充，以满足企业绿色生产的资金需求。

表8.7 不同类型绿色金融工具对经济增长率的回归估计结果

变量	信贷类				证券类			
	全国	东部	中部	西部	全国	东部	中部	西部
GC	0.1825 ** (2.25)	0.1614 * (1.66)	0.1855 ** (3.04)	0.0911 * (2.08)				
GS					0.1588 * (1.69)	0.2875 ** (2.35)	0.1465 (1.04)	0.0149 (0.71)
FDI	0.4379 ** (2.60)	0.3726 * (1.69)	0.3245 * (2.41)	0.3421 (0.28)	0.4376 *** (2.62)	0.3672 * (1.66)	0.1683 * (2.22)	0.4410 (0.40)
EDU	0.0137 * (1.73)	0.0140 * (1.74)	0.1061 * (2.02)	0.0226 * (1.54)	0.0160 * (1.86)	0.1040 *** (2.70)	0.0057 (0.16)	0.0221 * (1.54)
$Mopen$	0.0314 * (1.70)	0.0383 * (1.75)	0.0175 * (2.33)	0.0369 * (2.41)	0.0325 * (1.77)	0.0344 * (1.68)	0.0375 * (1.78)	0.0386 * (2.57)

续表

变量	信贷类				证券类			
	全国	东部	中部	西部	全国	东部	中部	西部
UR	0.0449**	0.0373	0.0659	0.4829	0.0499**	0.0366	0.2825	0.5901
	(2.01)	(1.30)	(0.99)	(0.98)	(2.22)	(1.27)	(0.46)	(1.21)
FIN	0.3171*	0.4830*	0.2853*	0.0528*	0.3221*	0.4792*	0.0826	0.0452*
	(1.67)	(1.54)	(2.23)	(1.67)	(1.69)	(1.51)	(0.71)	(2.60)
TIN	0.0452***	0.0376*	0.0670**	0.0459*	0.0441***	0.0399*	0.0633**	0.0437*
	(3.20)	(1.64)	(2.55)	(1.66)	(3.15)	(1.76)	(2.52)	(1.60)
ln(pmed)	0.0412**	0.0312*	0.0913*	0.0454*	0.0305*	0.0420*	0.0804*	0.0345*
	(2.14)	(1.48)	(1.95)	(1.68)	(1.85)	(1.68)	(1.90)	(2.54)
ln(proad)	-0.1630***	-0.3260**	-0.6170***	-0.3605*	-0.1700***	-0.3430***	-0.6630***	-0.2913
	(-3.13)	(-2.04)	(-4.98)	(-2.05)	(-3.28)	(-3.23)	(-5.56)	(-0.12)
常数项	0.1971***	0.0998**	0.9301***	0.3092***	0.5874***	0.107***	0.0331***	0.1986***
	(9.50)	(2.29)	(3.43)	(5.24)	(9.45)	(5.23)	(3.94)	(5.29)
Hausman	0.0000	0.0023	0.0054	0.0026	0.0000	0.0014	0.0012	0.0007
R²	0.5585	0.5618	0.7107	0.6025	0.5638	0.5600	0.7369	0.6167
观测值	270	99	72	99	270	99	72	99

注：表中括号内为 z 统计量；＊、＊＊、＊＊＊分别表示在 10%、5%、1% 的水平下显著。

就中部地区而言，信贷类绿色金融工具对经济增长率的影响在 5% 的水平下显著为正，说明绿色信贷明显促进了经济增长率的提升；从数量关系上看，信贷类绿色金融的发展水平与经济增长率之间的回归系数为 0.1855，表明绿色信贷的发展水平每提高 1%，相应的经济增长率会提升 0.1855%，即随着信贷类绿色金融发展水平的提高，经济增长率将随之不断提升。然而，中部地区证券类绿色金融工具对经济增长率虽然存在正向影响，但作用效果并不显著。这可能是因为中部地区的绿色金融发展规模较小，绿色金融市场仍不完善，产品以绿色信贷为主，比较单一；加之中部地区的污染企业较多，企业通过绿色信贷这种单一的间接融资方式进行绿色技术创新和生产转型，可起到缓解中部地区的资源消耗和推动经济增长的作用。绿色证券这种直接融资方式在中部地区还未得到充分发展，因此对经济增长的促进作用比较有限。

　　就西部地区而言，信贷类绿色金融工具对经济增长率的影响在10%的水平下显著为正（0.0911），说明绿色信贷的发展水平每提高1%，相应的经济增长率将会提升0.0911%，即随着绿色信贷发展水平的提高，经济增长率将随之不断提高；而就证券类绿色金融工具来说，它虽然能够促进经济增长率的提升，但是并没有表现出显著的效果。其原因可能是西部地区绿色金融相比其他两个区域，无论是规模还是发展水平都更加落后，且绿色金融产品较为单一。据统计，西部地区的绿色信贷发展水平仅为东部地区的30%，且金融机构主要以绿色信贷这一种金融工具约束污染产业发展，对环保产业的支持力度仍略显不足。另外，西部地区居于主导地位的产业仍然是劳动密集型产业，大部分产业都面临融资困境和较大约束，随着绿色金融发展水平的提高，可能导致西部地区污染企业"搭便车"行为的增加，进而造成西部地区资源浪费，对经济增长率的提升作用较慢。

　　由表8.8可知，就经济增长效率而言，各类绿色金融工具对其影响效果均与经济增长率一致，即就全国层面而言，绿色信贷的作用效果明显好于绿色证券，说明我国仍是以绿色信贷为主要手段促进经济增长。就各地区而言，东部地区的证券类绿色金融工具对经济增长的促进作用明显优于信贷类绿色金融工具，而中、西部地区刚好相反，即中、西部地区信贷类绿色金融工具对经济增长的促进作用明显优于证券类绿色金融工具。综上可知，不同类型的绿色金融工具对各地区经济增长的影响存在显著的异质性，假设2得以验证。

表8.8　不同类型绿色金融工具对经济增长效率的回归估计结果

变量	信贷类				证券类			
	全国	东部	中部	西部	全国	东部	中部	西部
GC	0.3808 *** (2.97)	0.1465 * (2.09)	0.1801 * (2.16)	0.2418 * (2.03)				
GS					0.3647 ** (2.05)	0.4912 ** (2.49)	0.1247 (0.57)	0.0308 * (2.57)

续表

变量	信贷类				证券类			
	全国	东部	中部	西部	全国	东部	中部	西部
FDI	0.6021**	0.4316***	0.3259	0.6558	0.6686***	0.1029***	0.3821	0.6249
	(2.42)	(2.89)	(0.37)	(0.49)	(2.65)	(2.87)	(0.43)	(0.50)
EDU	0.0687**	0.2497***	0.1177***	0.1835***	0.0798***	0.2740***	0.1198***	0.1837***
	(2.47)	(4.04)	(2.85)	(3.98)	(2.83)	(4.39)	(2.92)	(4.03)
Mopen	0.1665***	0.4790***	0.2362***	0.0368	0.1626***	0.4639***	0.2343***	0.0374*
	(6.10)	(5.79)	(4.02)	(1.28)	(5.85)	(5.69)	(4.23)	(1.86)
UR	0.0679**	0.0399	0.4524*	0.0179***	0.0759**	0.0472	0.6071**	0.0983***
	(2.04)	(0.85)	(1.96)	(3.72)	(2.23)	(1.01)	(2.27)	(3.64)
FIN	0.3803***	0.3056*	0.2542*	0.1866**	0.4084***	0.1225*	0.2649*	0.1841**
	(5.40)	(1.73)	(1.87)	(2.14)	(5.75)	(1.85)	(1.96)	(2.18)
TIN	0.0310*	0.0251*	0.1071***	0.0739**	0.0352*	0.0293*	0.1055***	0.0732**
	(1.78)	(1.67)	(3.68)	(2.42)	(1.66)	(1.80)	(3.64)	(2.40)
ln(*pmed*)	0.0206*	0.0148*	0.0267**	0.1538**	0.0484**	0.0636*	0.0275**	0.1503**
	(1.38)	(2.14)	(2.52)	(2.10)	(1.89)	(1.63)	(2.67)	(2.09)
ln(*proad*)	−0.0804**	−0.2373*	−0.3644**	−0.1162	−0.0893**	−0.2465*	−0.3541**	−0.1344
	(−2.05)	(−2.36)	(−2.66)	(−0.14)	(−2.14)	(−2.44)	(−2.57)	(−0.16)
常数项	0.3175**	0.3109**	0.1136	0.2547***	0.2790*	0.7788**	0.0855	0.2509***
	(2.10)	(2.39)	(0.38)	(6.42)	(1.82)	(2.31)	(0.28)	(6.43)
Hausman	0.0000	0.0000	0.0000	0.0008	0.0000	0.0001	0.0000	0.0036
R^2	0.4980	0.6525	0.7823	0.6204	0.4794	0.6569	0.7835	0.6216
观测值	270	99	72	99	270	99	72	99

注：表中括号内为 z 统计量；*、**、*** 分别表示在 10%、5%、1% 的水平下显著。

第四节　稳健性检验

为了保证前述所得结论的稳健性，本部分先后通过剔除控制变量、指标再度量来进行稳健性检验。由于篇幅受限，所以仅展示经济增长率的稳健性检验结果，经济增长效率的稳健性检验结果与之类似，故不再赘述。

一　剔除控制变量

为保证本章所得结论不因控制变量的选取而发生变化，在原模型的基础上依次剔除基础设施状况、技术创新水平及城镇化水平等控制变量后进行回归，回归结果如表 8.9 所示，结果依旧稳健。

表 8.9　剔除控制变量的回归结果

变量	（1）	（2）	（3）
GF	0.1622 ** （0.0789）	0.1957 *** （0.0745）	0.2042 *** （0.0748）
FDI	0.2474 * （0.1461）	0.2400 *** （0.0795）	0.1910 ** （0.0749）
EDU	0.0002 （0.0050）	0.0307 * （0.0179）	0.0399 ** （0.0173）
Mopen	0.0871 *** （0.0263）	0.2335 *** （0.0516）	0.2431 *** （0.0517）
FIN	0.0189 ** （0.0041）	0.0218 ** （0.0027）	0.2749 ** （0.0032）
UR	− 0.1105 （0.0424）	− 0.0341 * （0.0201）	
TIN	− 0.0013 （0.0030）		
常数项	0.0289 ** （0.0286）	0.0327 * （0.0274）	0.0126 * （0.0251）
R^2	0.6943	0.7702	0.5309
观测值	270	270	270

注：表中括号内为稳健的标准误；*、**、*** 分别表示在 10%、5%、1% 的水平下显著。

二　指标再度量

前文以人均 GDP 增长率来衡量地区的经济增长水平，稳健性部分从衡量经济增长率水平的另一个维度入手，改用地区 GDP 增长率

（*WGDP*）作为表征经济增长率的变量。在借鉴前人研究的基础上①，绿色金融指标采用环境污染治理投资额占地方财政支出的比重（*WGF*）来衡量，据此进行稳健性检验，回归结果如表 8.10 所示。

表 8.10　绿色金融和经济增长指标的再度量

变量	地区 GDP 增长率	人均 GDP 增长率
	（1）	（2）
GF	0.4316 ***	
	(0.1379)	
WGF		0.0897 **
		(0.1042)
控制变量	Yes	Yes
R²	0.5466	0.6358
观测值	270	270

注：表中括号内为稳健标准误；** 、*** 分别表示在 5%、1% 的水平下显著。

由表 8.10 可看出，地区 GDP 增长率与绿色金融在 1% 的水平下显著为正，与用人均 GDP 增长率指标所得结果一致；环境污染治理水平与经济增长之间的关系在 5% 的水平下显著为正，与前文分析结论一致，说明本部分实证结果具有稳健性，不会由于度量指标的选择而出现变化。

第五节　门限效应检验

前文已经证实绿色金融能够直接促进经济增长，但是分样本及分不同绿色金融工具的回归结果显示，绿色金融对各地区的经济增长具有明显的异质性。随着经济增长以及绿色金融发展水平的不断提升，绿色金

---

① 徐胜、赵欣欣、姚双：《绿色信贷对产业结构升级的影响效应分析》，《上海财经大学学报》2018 年第 2 期，第 59~72 页；刘霞、何鹏：《绿色金融在中部地区经济发展中的影响效应研究》，《工业技术经济》2019 年第 3 期，第 76~84 页。

融和经济增长之间的关系能否出现方向性的变化、是否存在拐点及门限值具体为多少，都需进行门限效应检验。

一　面板门限模型设定

考虑到绿色金融对不同地区经济增长带来的促进作用有明显的区域差异，促进作用最显著的是东部地区，其次为中部地区，最弱的是西部地区。因此，仍需进一步分析绿色金融在发展过程中对各地区经济增长的阶段性影响。产业结构生态化和技术吸纳水平是各地区经济高质量增长的主要抓手，绿色金融主要通过影响产业结构生态化水平和技术吸纳水平来影响区域经济高质量增长。对于产业结构生态化而言，在绿色金融发展初期，由于环保产品的生产成本较高，再加上绿色金融能够引导的绿色消费资金有限，环保产业对污染产业并没有表现出明显的挤出效应，所以对经济增长的影响并不显著。不过随着绿色金融的进一步发展，与此有关的财税制度也随之不断完善，将导致污染产业经营成本持续提高，再加上绿色技术创新的影响，环保产业的生产成本逐渐下降，并成为促进经济增长的主要推动力量。对于技术吸纳水平而言，由于环保产业具有一定的外部性，所以在绿色金融发展初期，其对技术的吸引力远不及传统产业依赖传统金融对技术的吸引力。然而，伴随绿色金融的逐步发展，特别是国家的税收和财政相关政策的进一步完善，将提高传统产业的生产成本，此时绿色产业的外部性日渐减弱，绿色技术对经济增长的促进作用将表现得越来越显著。综上，绿色金融对产业结构生态化和技术吸纳水平影响经济增长的机制均具有门限效应。

由于产业结构生态化和技术吸纳水平在绿色金融的不同发展水平下对经济增长的影响程度可能发生显著变化，所以本部分将引入面板门限模型以考察绿色金融发展水平对经济增长可能产生的异质性影响。采用人均 GDP 增长率表示经济增长，*GF* 表示绿色金融发展水平，*ISO* 和 *RD* 分别表示产业结构生态化和技术吸纳水平，其中产业结构生态化的衡量如前文所述，即环保产业占重度污染产业的比重，技术吸纳水平（*RD*）

以各地区 R&D 支出占总支出的比重为其代理指标，设定面板门限回归模型如下：

$$GDP_{it} = \beta_0 + \beta_1 ISO_{it} \times I(GF_{it} \leq \gamma_1) + \beta_2 ISO_{it} \times I(\gamma_1 < GF_{it} \leq \gamma_2) +$$
$$\beta_3 ISO_{it} \times I(GF_{it} > \gamma_2) + \beta_4 X_{it} + \varepsilon_{it} \tag{8.2}$$

式（8.2）中相应变量的含义和前文一致，$I(\cdot)$ 为示性函数，GF_{it} 为门限变量，ISO_{it} 为产业结构生态化水平，X_{it} 表示一系列控制变量，γ_1 和 γ_2 为绿色金融发展的门限值，即当绿色金融发展水平处于 γ_1 及以下时，产业结构生态化水平对经济增长的影响为 β_1；当绿色金融发展水平处于 γ_1 和 γ_2 之间时，产业结构生态化水平对经济增长的影响为 β_2；只有当绿色金融发展水平超过 γ_2 时，产业结构生态化水平对经济增长的影响才为 β_3。在稳健性分析中，采用技术吸纳水平 RD 代替产业结构生态化水平 ISO。在门限变量选择合理的情况下，如果门限估计值通过显著性检验，则 β_1、β_2 和 β_3 的符号或估计值应显著不同。

二　门限效应存在性检验

由前文分析可知，绿色金融主要通过影响产业结构和绿色技术创新进而影响经济增长，但随着各地区的经济增长和绿色金融发展水平的不断提升，绿色金融与经济增长之间的影响关系是否会出现方向性改变，是否存在拐点以及门限值的大小如何，都需进行门限效应检验。考虑到无门限效应的零假设条件下，无法识别门限参数，导致样本分布不符合卡方分布，所以需运用 Bootstrap 方法得到统计量临界值，如果求得的 F 统计量超出临界值，证明有门限效应存在，否则不存在门限效应。为了深入探讨绿色金融通过产业结构生态化进而对经济增长产生的影响，本部分在运用面板门限模型分析之前，先用 Bootstrap 方法，经由 500 次迭代模拟似然比统计量，根据计算的 F 值、p 值进行门限效应检验，目的在于确定门限数量与门限值。表 8.11 显示了以绿色金融为门限变量的全样本及子样本门限效应检验结果。

表 8.11　门限效应存在性检验

门限类型	F 统计量	p 值	迭代次数	10% 临界值	5% 临界值	1% 临界值
单一门限	35.45***	0.0010	500	8.6021	12.2976	28.6322
双重门限	24.12**	0.0142	500	8.2129	12.7462	23.0844
三重门限	5.40	0.7233	500	5.4473	10.1959	17.9225

注：**、***分别表示在 5%、1% 的水平下显著。

根据表 8.11 进行数据分析可知：①单门限效应的 p 值在 1% 的显著性水平下拒绝了"不存在门限效应"的原假设；②三门限效应检验无法拒绝原假设。换言之，只有两个门限值存在。确定存在门限效应，并且确定门限数量以后，进一步估计得到门限变量的门限值 γ，结果如表 8.12 所示。

表 8.12　门限值估计结果

门限值	估计值	95% 置信区间
γ_1	0.2518	[0.2516, 0.2531]
γ_2	0.3294	[0.3692, 0.3699]

由表 8.12 可知，γ_1 约为 0.2518，γ_2 约为 0.3294，即产业结构生态化对经济增长的影响将在绿色金融发展达到 0.2518 和 0.3294 时发生实质性变化。

三　门限估计结果分析

（一）门限效应回归估计结果

由上文门限效应存在性检验的结果可知，存在双重门限。因此，本部分根据门限效应检验得到的估计结果，以绿色金融发展水平为门限变量分析经济增长受到的影响变化，即模型一；为消除异方差的存在，加入了稳健标准误，即模型二。具体估计结果如表 8.13 所示。

表 8.13　面板门限模型回归结果

变量	模型一	模型二
$ISO \times$ I ($GF \leqslant 0.2518$)	0.0595 (1.35)	0.0537 (1.29)
$ISO \times$ I ($0.2518 < GF \leqslant 0.3294$)	0.1387** (2.25)	0.1472*** (2.81)
$ISO \times$ I ($GF > 0.3294$)	0.3942*** (5.27)	0.3923*** (5.15)
控制变量	Yes	Yes
观测值	270	270
R^2	0.6727	0.6720

注：**、***分别表示在 5%、1% 的水平下显著。

　　由表 8.13 可知，当绿色金融发展水平较低（$GF \leqslant 0.2518$）时，产业结构生态化对经济增长的影响是不显著的，结合前文分析可知，西部地区除新疆外，其他地区的绿色金融发展水平均低于 0.2518，这与西部地区长期以污染型产业为主导的经济增长方式以及作为东部地区污染产业转移的承接地密切相关。由于污染产业发展水平较高，产业结构生态化发展缓慢，对经济增长的影响并不显著。而随着绿色金融的进一步发展（$0.2518 < GF \leqslant 0.3294$），产业结构生态化对经济增长的影响在 5% 或 1% 的水平下显著为正，说明在这一阶段绿色金融明显促进了环保产业的发展，并对污染产业的抑制作用也较为显著；中部地区及东部地区的海南省、福建省、辽宁省、河北省的绿色金融发展水平均处于这一阶段。这主要与以上各地区近年来加强环保产业发展、引导污染产业转型密切相关。据前文可知，各地区的环保产业占比已由 2010 年的 5% 上升至 2018 年的 10%，而重度污染产业占比已由 2010 年的 40% 降至 2018 年的 30%，由于环保产业的快速发展以及重度污染产业的不断萎缩，产业结构生态化发展较快，对经济增长的影响起到了显著的促进作用。当绿色金融发展水平进一步提高（$GF > 0.3294$），产业结构生态化影响经济增长的显著性明显提高（在 1% 的水平下显著），影响系数进一步增加。此时，东部地区的北京市、上海市、天津市、江苏省、浙江省、山东省、广东省等多地的绿色金融发展水平均处于这一区间，说明以上地区的绿色金融对环保产业的促进作用已经充分发挥，对污染产业的抑制作用也已非常显著，环保产业的生产效率大大提高。这与以上地区的主导产业转型密不可分。综上，产业结构生态化对经济增长的影响将显著依赖绿色金融的发展水平，特别是当污染产业和环保产业的发展存在较大差异的情况下，绿色金融可能会在特定情况下通过约束污染产业的生产成本降低其生产效率，此时绿色金融的发展对经济增长的影响并不显著。但从长远来看，绿色金融仍能将资金从低效率的高污染产业逐步投向效率更高的绿色环保产业，唯有绿色金融的发展达到一定水平后，才能够体现出有效促进经济增长的效应。总之，产业结构生态化促进经济增长的效果对绿色金融发展有较强依赖性，而且二者之间呈现明显的非线性变动关系和趋势。

（二）稳健性检验

根据上文的分析，可以得到表 8.14 和表 8.15 的估计结果。从表 8.14 可看出，双重门限和三重门限均不显著，因此，本部分运用单门限回归模型检验在绿色金融的不同发展阶段经济增长和技术吸纳水平之间的关系。

表 8.14 门限效应存在性检验（稳健性分析）

门限检验	F 统计量	p 值	迭代次数	10% 临界值	5% 临界值	1% 临界值
单门限检验	41.0350	0.0001	500	9.6340	15.0062	24.5575
双门限检验	13.4264	0.1752	500	13.2588	12.3059	19.6282
三门限检验	4.2683	0.5548	500	8.0275	12.3067	16.4075

在确定了门限效应的存在及门限个数后，进一步估算得出门限值 γ，约为 0.3051，换言之，技术吸纳水平与经济增长的关系会在绿色金融发展水平达到 0.3051 时出现方向性变化。

与前文相同，本部分结合门限效应检验结果，以绿色金融发展水平为门限变量对全样本进行估计,具体结果见表 8.15 中的模型三;为消除异方差的影响,加入稳健标准误,具体结果见表 8.15 中的模型四。

表 8.15　面板门限模型回归结果 (稳健性分析)

变量	模型三	模型四
$RD \times$ $I\ (GF \leqslant 0.3051)$	0.0316 * (1.54)	0.0320 * (1.57)
$RD \times$ $I\ (GF > 0.3051)$	0.1272 ** (2.35)	0.1298 ** (2.83)
控制变量	Yes	Yes
观测值	270	270
R^2	0.6128	0.6277

注:*、** 分别表示在 10%、5% 的水平下显著。

从表 8.15 的估计结果可看出,技术吸纳水平影响经济增长的效果受到绿色金融发展情况的影响。不过有别于产业结构生态化水平这一指标,绿色金融发展的影响出现了双重机制,即当绿色金融发展水平不高 ($GF \leqslant 0.3051$) 时,技术吸纳水平尽管会影响经济增长,但影响效果要远小于绿色金融得到充分发展时的影响效果。绿色金融发展处于较低水平的地区主要集中在西部和中部地区,这与前文所得结论相符。不管产业结构生态化对经济增长的影响是否显著,在绿色金融发展水平较低时,经济增长主要依靠技术吸纳能力的带动作用,但因污染产业受绿色资金的限制,其对技术的吸引程度有限,即其技术回报率是逐渐降低的,而绿色金融机构因绿色金融规模有限而无法发挥其对社会资金的杠杆作用。因此,技术吸纳水平对经济增长的影响尽管在 10% 的水平下显著为正,不过依旧远远小于在绿色金融得到充分发展的情况下对经济增长产生的影响。

第六节　本章小结

由第七章的分析结果可知，绿色金融通过产业结构生态化和绿色技术创新两条路径来影响经济增长。考虑到我国不同地区绿色金融的发展表现出显著的区域差异，因此，本章在前文研究的基础上，采用固定效应模型和门限效应模型分析绿色金融影响经济增长的区域异质性，具体如下。

首先，对不同类型的绿色金融工具以及各地区的经济增长状况进行简要的刻画与分析。结果显示，对于信贷类绿色金融工具而言，东部地区的绿色信贷发展水平最高，中部地区次之，西部地区最低；而对于证券类绿色金融工具而言，无论从其增长还是发展看，发展最好的都是东部地区，最差的是西部地区，中部地区居于中间水平。这主要是因为东部地区的经济发展水平较高，环保产业的发展势头不断增强，吸引了大量的绿色资金流入。对于经济增长效率而言，表现最佳的是东部地区，最差的是西部地区，居于中间的是中部地区；而从增速表现来看，表现最好的是东部地区，西部地区次之，中部地区最差。这主要与东部地区所拥有的充裕劳动力及高额资本投入密不可分。

其次，本章选取了 2010～2018 年省级面板数据进行研究，实证考察分样本绿色金融对经济增长的异质性。结果表明，在分区域的子样本中，无论是影响系数还是显著性，东部地区的绿色金融影响经济增长的效果最为显著，中部地区次之，西部地区最弱；在不同类型绿色金融工具的子样本中，证券类绿色金融工具对东部地区经济增长的影响更为明显，而信贷类绿色金融工具对中西部地区经济增长的影响较为显著。

最后，由于产业结构生态化和技术吸纳水平在绿色金融的不同发展水平下对经济增长的影响程度可能发生显著变化，所以将产业结构生态化和技术吸纳水平引入面板门限模型以考察绿色金融发展水平对经济增长可能产生的异质性影响。结果表明，在绿色金融发展水平较低（$GF \leq$

0.2518）时，产业结构生态化对经济增长的影响是不显著的；而随着绿色金融的进一步发展（0.2518 < GF ≤ 0.3294），产业结构生态化对经济增长的影响在5%或1%的水平下显著为正；当绿色金融发展水平进一步提高（GF > 0.3294）时，产业结构生态化影响经济增长的显著性明显提高（在1%的水平下显著），影响系数也进一步增加。此外，从技术吸纳水平的角度发现，当绿色金融发展水平较低（GF ≤ 0.3051）时，技术吸纳水平虽然会显著影响经济增长，但其效果要远差于绿色金融得到充分发展时的影响效果。

第九章　以绿色金融推动经济增长的对策建议

通过前文的理论与实证研究发现，绿色金融通过影响企业绿色技术创新活动进而促进我国经济增长质量的提升。企业绿色技术创新活动的影响路径包括融资成本和融资期限结构；产业结构的优化以及绿色技术创新水平的提升是提高我国经济增长质量的关键路径。但在上述作用过程中，绿色金融体系的完备程度、企业与地区的技术吸纳能力，以及地方的环境规制程度等因素影响并决定着绿色金融的作用效果。因此，需要国家、地方政府、金融机构、企业共同完善绿色金融体系以推动区域平衡发展。

本章的内容设计如下：首先，在国家层面，国家统筹设计与完善绿色金融体系，包括完善绿色金融标准体系、政策体系、组织体系、市场体系；其次，在地方政府层面，因地制宜发展绿色金融，具体包括因地制宜制定绿色金融发展规划、制定与完善绿色金融地方支持政策、加强绿色金融基础设施建设；再次，在金融机构层面，发挥金融机构对绿色金融的引导作用，具体包括深化绿色金融发展理念、创新绿色金融产品、完善绿色金融制度建设和运营管理；最后，在企业层面，扩大绿色金融对企业高质量发展的促进作用，企业应主动创新绿色生产方式、提高环境信息披露的主动性与质量、积极发行绿色债券以改善融资期限结构。

第一节　国家统筹设计与完善绿色金融体系

近年来，国家发改委、财政部和生态环境部等政府部门陆续推出了一系列绿色金融改革举措，并取得了一定成效。然而，以现有的绿色金融政策和碎片化措施去实现生态环境保护并兼顾区域经济均衡发展的目标难以实现。为此，需要在国家层面统筹进行绿色金融体系顶层设计，具体从完善绿色金融标准体系、政策体系、组织体系、市场体系等方面有效引导和推进绿色金融发展。

一　完善绿色金融标准体系

绿色金融标准体系是关于绿色产业、绿色金融工具、企业信息披露等一些绿色金融业务的依据和标准。近年来，我国加快了绿色金融标准体系建设，在绿色产业标准、绿色金融产品标准、环境信息披露标准、绿色金融认证和绿色信用评级标准等方面取得了显著成效。在绿色产业标准方面，2019 年，国家发改委等七部委联合印发《绿色产业指导目录（2019 年版）》，清晰地界定了绿色产业的范围，将绿色产业划为 6 项一级分类，并细化为 30 项二级分类和 211 项三级分类。在绿色金融产品标准方面，2012 年，中国证监会就节能环保项目及服务的贷款统计问题，在《绿色信贷统计制度》等文件中进行了详细阐述，并对绿色信贷的具体范围进行了明确的规定。2020 年，中国人民银行等三部委就市场上的各类绿色债券的评判标准起草了《关于印发〈绿色债券支持项目目录（2020 年版）〉的通知（征求意见稿）》，实现了与当今国际绿色安全标准的接轨。在环境信息披露标准方面，进一步优化了环境信息披露管理机制，由 2017 年自愿披露到 2018 年要求重点排污单位强制披露，再到 2020 年底要求全部上市公司强制披露。

上述举措进一步完善了绿色金融机构评价标准、信息披露标准，对绿色金融标准体系的构建起到了推进作用。尽管如此，我国绿色金融标准体系仍然存在诸多问题：首先是标准不全面，虽然在绿色债券、绿色信贷的标准制定上取得了突破性进展，但对绿色证券等绿色金融标准尚未进行界定；其次是标准不统一，不同行业不同部门标准不统一，如绿色债券原则（GBP）和气候债券标准（CBS）都作为绿色项目标准，相互有重合，有区别；再次是信息披露不健全，我国企业环境披露信息仅涉及少量信息，完整的公开信息披露并未形成体系；最后是国内外对绿色金融的标准仍存在差异等。针对上述问题，本书认为应加快我国绿色金融标准体系建设。

（一）构建统一的绿色金融标准体系

在绿色金融产品标准中，首先，需要简化行业标准，制定完备、清晰、统一的绿色金融产业标准，解决绿色金融标准不全面、不统一的问题，加快标准制定的进程，构建通用、统一的绿色金融目录。其次，应扩大绿色金融标准范围，不仅要拓展到绿色保险领域、绿色证券领域、碳市场领域，还应探索新的绿色金融衍生工具，制定以绿色金融基本工具为标准的绿色金融目录，将绿色金融标准运用到更多的绿色金融工具中，通过促进绿色金融产品的创新、增加绿色金融衍生工具进而使绿色金融工具体系更加丰富。最后，建立多部门协调合作的标准制定机制，改变部门单独发布标准的机制，使行业间相互协作，配合相应政策，政府与三方共同监督，加强管理，构建多部门多行业的协调机制。

（二）设定规范的绿色信息披露标准

一是统一细化信息披露标准。为统一企业信息披露标准，需要中国人民银行、中国证监会、生态环境部等相关部门联合发布统一的信息披露模板，制定企业信息披露的具体格式和披露内容，提高企业信息披露的可靠性。二是设立监督机构，完善环境信息强制性披露制度，进行定期披露，保证披露的质量，并对存续期的绿色环保项目进行监督管理。三是鼓励企业进行绿色创新，利用科技消除信息的不对称，减少数据延时带来的信息不真实、不准确、不完整的情况。四是为了鼓励经济主体进行信息披露，支持企业通过经验证后的自我披露、第三方评价机构依程序公开披露等方式主动进行信息披露。五是根据五大试验区的实际情况，结合不同地区的经济环境等因素，制定符合经济发展的通用信息披露制度。

（三）　加速我国绿色金融标准的国际化进程

在制定绿色金融标准体系的同时，要加快我国绿色金融标准的国际化进程，可借助"一带一路"、G20、RCEP 等目前现有的国际合作机制。这些现有的国际合作机制可以有效地促进共建国家经济政策的协调，一是根据 G20 峰会达成的观点，加强国际交流合作，制定有效、全面、系统的绿色金融国际标准体系，促进绿色金融发展全球化；二是运用好"一带一路"宣传我国绿色标准，助力我国绿色标准的国际化；三是增强我国在国际绿色金融体系中的话语权，向国际推行我国的绿色金融产品标准体系，为国际绿色金融治理全球化提供中国方案。

二　完善绿色金融政策体系

绿色金融政策体系包括绿色金融的基本政策与配套支持政策。绿色金融基本政策是绿色金融实施的准则与依据，绿色金融配套支持政策是给予绿色金融的相关财税支持。当前绿色金融政策的主要内容是通过引导资金流向拥有绿色产业的经济主体来促进资源的优化配置和绿色技术水平的提升。虽然我国的相关部门根据绿色金融发展情况制定了一系列绿色金融发展的相关政策法规，但从整体上看，不论是国务院、生态环境部、中国人民银行等部委，还是各地方政府相关部门颁布的涉及绿色金融发展的指导意见，大部分内容仍然停留在指导层面上，符合我国绿色金融实际发展需要的、自上而下的、完备的法律法规体系仍未形成。当前我国绿色金融的健康发展缺乏有效的制度保障和充分的法律依据。因此，我国需要尽快制定与完善绿色金融法律法规体系。

（一）　加快制定绿色金融促进法

绿色金融基本法是保证绿色金融运行的依据。政策制定者可以在实践中将经过实施、修正和完善逐渐成熟的绿色信贷政策转化升级为"绿色金融促进法",将其作为我国推进绿色金融发展的基本法。"绿色金融促进法"应涵盖总则、基本管理制度、发展体系、激励措施、法律责任、附则等内容。在总则中应明确立法目的,明确界定绿色金融、绿色信贷、绿色保险、绿色证券等基本概念,从法律上确定绿色金融在国家经济社会发展中的重要战略地位,明确相关主体(中国人民银行、国务院、金融监管部门、各级地方政府)在促进绿色金融发展中的法律责任。在基本管理制度上,在金融机构的管理制度方面,在保障银行对本银行提供的融资服务项目有法定审查权利和义务的同时,还要让金融机构明白应承担的环境法律责任,如规定金融机构有配合环保部门工作、对污染严重企业实施金融限制措施的责任,有制定包括规划目标、适用范围、主要内容、重点任务和保障措施在内的绿色金融发展规划,并上报相关金融监管部门批准后执行的责任;在企业的管理制度方面,实行按项目对环境的影响程度和影响评价分类管理的制度,为金融机构审批企业贷款申请提供具体的环境审核标准。

(二)完善绿色金融激励政策

绿色金融激励政策是推动绿色金融发展的动力,我国应积极尝试建立财政政策与货币政策相结合的绿色金融激励政策。具体而言,首先,建立绿色贷款贴息及风险补偿机制。绿色贷款贴息及风险补偿机制能够有效利用财政资金引导社会资本流入绿色产业。具体而言,将基准利率的一定比例给予绿色信贷项目进行财政贴息,弥补由利益外溢性问题导致的资本收益率较低的不足;绿色信贷供给属于高风险领域,对此应设立专门的风险资金池,对符合标准但发生风险的绿色企业(项目)按照实际发生的损失给予一定比例的补偿。其次,建立绿色保险行业差别保费补贴制度。由于环境责任保险保费率由保险公司根据不同行业的环境风险系数厘定,所以,政府可以根据参保行业风险系数高低给予不同比例的保费补贴,如给风险系数较高的行业以较高比率的保费补贴,以此增强企业参保积极性,配合强制环责险的试行工作顺利开展。再次,中国人民银行可根据实际需要灵活利用绿色信贷贴息、定向降低存款准备金率、绿色再贷款这三种政策工具扩大绿色信贷规模，还可以创新再贷款品种，专门设立"绿色金融再贷款"业务，定向激励商业银行绿色信贷的发放，利用绿色信贷业务贷款增量奖励、所得税优惠税率、延期纳税、税收豁免、纳税扣除、税收抵免等实质性激励政策手段鼓励商业银行积极开展绿色信贷业务。最后，由银保监会、财政部、地方政府联合建立绿色信贷风险补偿机制并提供所需资金，减少商业银行绿色信贷业务呆坏账风险损失。

三　完善绿色金融组织体系

建立与完善绿色金融组织体系能够推动我国绿色金融体系的跨越式发展。通过开设国家级绿色金融政策性银行、建立专业性的绿色保险机构和绿色金融中介机构，进一步完善绿色金融组织体系，有效强化绿色金融的资金导向等功能，有效化解绿色金融的信息不对称、高成本、高风险等问题，促进绿色项目对接，优化资源配置，强化绿色金融风险监管。

（一）开设国家级绿色金融政策性银行

为推动绿色金融发展，我国应当在国家层面设立绿色金融政策性银行。绿色银行在绿色信贷和绿色投资方面具有专业能力、规模效益和风险防控的天然优势，毫无疑问在绿色金融体系中居于核心位置。政策性银行的特殊性在于不以营利为目的，主要工作和任务是配合政府的经济政策和意图，在绿色金融业务这样的特殊领域内从事直接或间接的融资活动。在具体实施方面，可以考虑通过财政拨款和发行金融债券的方式筹集资金，实行自主化经营、企业化管理、保本微利，将政策性目标和商业性目标有机统一，做到既发挥绿色影响力又能实现盈利。发挥绿色影响力是将绿色金融政策性银行的投资活动限制在绿色项目上，即那些符合政府要求的环境保护和可持续发展目标的项目。实现盈利是为了避免因绿色金融政策性银行出现而导致我国现有三大政策性银行因传统政策性业务受到商业银行竞争大幅萎缩，而商业性业务能力不足导致经营困难的局面，设计上的营利性要求可以保证绿色金融政策性银行运行之初就具有一定的竞争力，能够成为一家独立的可持续运营的金融机构。同时，设立绿色金融政策性银行还可以起到对全社会和资本市场的宣誓效应，充分表明中国政府对治理环境污染、发展绿色经济的决心，提升民间资本对未来政策的信心和对绿色项目的风险偏好，引导更多的资源配置到绿色产业。

（二）建立专业性绿色保险机构

环境污染问题的严峻性是世界面临的一个棘手问题，绿色保险（即环境污染责任保险）是指在企业发生污染事故并对环境造成一定的损害，依据相关规定需要对污染承担一定的资金赔偿时，由保险公司根据保险合同规定进行赔偿的保险。它能有效帮助企业规避和分散环境风险，减少社会经济损失，对加强涉污企业风险管理、维护污染受害者合法权益有重要作用，是发展绿色金融的有力保障。

绿色保险起源于欧美国家并迅速发展，从国际经验看，推动绿色保险发展最重要的是科学组建承保机构，承保机构的不断发展和完善将带动绿色保险的发展。国外的环境保护公司成立时间比较早，经过多年的发展已经逐渐变得成熟和完善，相比之下，我国的环境保险公司尚未专业化。但随着经济的快速发展，我国面临的环境污染问题日益严重。环境问题不仅造成了巨大的成本负担，同时带来巨大的经营风险，设立环境保险和专业结构也是大势所趋。环境保险是能够补偿环境高风险领域污染事故中受害人的经济损失，并通过风险与费率相匹配的市场化费率机制，实现环境污染的外部成本内部化，帮助受保企业分散风险的保险品种。因此，需要建立专门的绿色保险机构，或者在商业保险公司内部设立专门的绿色保险事务部，同时，引导保险公司组建共保体分担环境污染的巨大风险。对于环境污染事故发生频率较低的行业和地区，可直接由商业保险公司负责承保，由政府给予一定的政策和资金支持。

（三）建立与完善绿色金融中介机构

中介机构是提供重要信息的金融市场的"看门人"，对缓解金融市场的信息不对称有重要作用，绿色金融中介机构也不例外，它主要为对绿色金融有需求的供求双方提供咨询信息、评估价值等服务。目前，我国的绿色金融中介机构主要有绿色金融认证机构、征信机构及专业事务性机构等。这些绿色金融中介机构将为供求双方提供专业化和规范化的绿色金融服务，强化绿色金融的信用创造、风险识别与管理等功能，进一步推动绿色金融健康有序的发展。

　　我国绿色金融的专业化发展离不开绿色金融中介机构的建立与完善。首先是绿色金融认证机构的设立。绿色债券认证是由进行认证业务的第三方机构进行的。设立绿色金融体系认证机构既可加强绿色金融产品的强制性认证，推进绿色企业和项目认证工作专业化、社会化、规范化，也能在匹配"赤道原则"的前提下为我国绿色金融产品的国际化提供支持。其次是绿色金融征信机构的建立。绿色金融征信机构或第三方中介组织主要提供保险和资产评估服务（包括环境风险评估、项目绿色属性评估、绿色债券评估认证等服务）、信用评价等与绿色金融相关的征信服务，目的是解决国内绿色企业在成长初期规模小、抵押物不充足的问题，缓解其融资难、融资贵的现状。最后是绿色金融专业事务性机构的建立。其业务范围主要覆盖律师事务、会计事务、咨询业务、知识产权代理、数据服务、上市公司和发债企业环境信息披露服务等。

四　完善绿色金融市场体系

　　从绿色金融工具角度看，绿色金融市场可以分为绿色信贷市场、绿色股票市场、绿色证券市场、绿色基金市场、碳市场等。从融资性质上看，绿色信贷是绿色金融市场主要的间接融资工具，直接融资工具包括绿色股票、绿色企业的商业信用、绿色证券等。从借贷期限看，绿色股票、绿色证券、绿色基金是长期信用工具，属于绿色资本范畴。当前，我国绿色金融市场发展仍然存在较多的问题，比较明显的是发展的单一化所造成的发展比例失衡。为促进绿色金融市场的多元化发展，需要壮大绿色资本市场，构建多层次环境权益类产品交易市场。

（一）壮大绿色资本市场

绿色资本市场是借贷期限在一年以上的绿色金融工具交易市场。绿色资本市场主要包括绿色股票市场、绿色证券市场、绿色基金市场。相对于绿色信贷而言，绿色股票、绿色证券等金融工具具有成本低、借贷时间长等特点，能够有效解决绿色金融中的期限错配问题。

为促进我国绿色金融市场的多元化发展，亟须进一步壮大绿色资本市场。首先，应构建服务绿色金融的多层次资本市场体系和融资机制，各级政府及证监会等政府机构应加大绿色企业上市培育力度，鼓励证券交易所、证券公司，鼓励并重点支持符合条件和国家相关规定的绿色企业的上市和挂牌融资。其次，完善并具体化对绿色企业上市的支持和服务政策，将符合国家绿色标准的企业纳入"新蓝筹"企业名单，有针对性地做好具体的服务计划。鼓励和支持符合条件的绿色企业利用科创板、创业板 IPO 注册制改革，支持符合条件的绿色企业优先注册上市，使绿色企业分享更多金融改革红利。再次，鼓励支持已经上市的绿色企业通过多种方式进行再融资，例如定向增发、配股、非公开增发等；对于在新三板上市的符合条件的挂牌绿色企业，优先开展转板，在选择精选层企业时适当考虑绿色企业期初成本高、收益时间长、融资难的特点，适当降低净利润、加权平均净资产收益率标准，对于在精选层挂牌满一年的企业在转板程序上减少证券公司保荐环节，交易所进行审核时减少非必要审核流程，缩短绿色企业转板时间；政府和绿色金融机构要发挥引导和培育的作用，由绿色金融机构对有能力的投资者进行培育，由政府进行引导，使绿色投资群体的资金及其他长期资金投向绿色企业（项目），政府资金应发挥最大的作用，吸引有实力的投资者和社会资本将资金投向环保、清洁能源、绿色交通等与绿色相关的企业和项目。另外，并购市场的发展是必要的，要保证绿色投资者的权益，建立完善的退市制度。

（二）构建多层次环境权益类产品交易市场

环境权益类产品交易市场是为了环境权益的定价以及为低碳发展融

资而建立的市场，包括水权、用能权、排污权、碳排放权等，其已经成为绿色金融市场的一个重要分支。

目前，我国在试点碳市场省份经验的基础上开展全国性碳市场的制度设计。从行业视角看，我国应在电力行业强制性减排经验的基础上，将其他重污染行业纳入全国性碳市场；从地方视角看，尽快完成全国碳配额的统筹分配工作；从市场发展视角看，协调好强制减排市场与自愿减排市场之间的发展。在碳市场发展经验的基础上，进一步拓展建设环境权益配额市场。借鉴配额碳市场的总体思路、建设框架和管理流程，构建排污权、用能权、水权配额市场。研究设计三类环境权益配额市场统一配额（指标）发放、数据报告核查、审核排放/用能/用水情况、配额（指标）调整、上一年度配额（指标）等关键环节的管理流程及工作安排。制定一体化数据报告核查模板和支撑系统，建设环境权益交易的综合管理与展示平台。在机构设置上，建立跨部门协调机制。明确牵头部门，统筹协调分散在各个部门的排污权、用能权、水权交易市场建设工作，建立跨部门沟通联动机制，共享环境权益交易市场设计内容与实施进展，统筹推进建设工作。最后，构建一体化绿色普惠市场。以示范项目形式启动普惠碳市场。根据城市已有基础，选择低碳交通出行、清洁能源使用、居民垃圾分类、绿色低碳消费等公众熟悉、易于接受且受益面较广的领域，以示范项目形式率先在上述场景开展普惠低碳活动。而建立绿色普惠市场可以扩大普惠碳市场的覆盖面，激励环保行为、节能行为、节水行为，同时引入更加普适的核算方法将碳积分转换为绿色积分，实现从普惠碳市场到绿色普惠市场的拓展，统一激励市场主体的各类绿色行为，提高社会公众对绿色普惠机制的理解度与接受度。

（三）建立全国性绿色金融大数据综合服务平台

全国性绿色金融大数据综合服务系统具备绿色主体认定、绿色项目推送储备、绿色认证评估、绿色金融数据颗粒化采集、绿色金融信息共享、绿色数据动态监测与监管评价等功能，能够有效解决绿色主体和项目认证识别成本高、"信息孤岛"、信息不对称等问题。我国应兼容和统一不同类别的信息共享平台，应用人工智能、大数据、区块链等前沿技术，建立全国性绿色金融大数据综合服务系统。

首先是建立绿色融资主体认定信息查询系统。可以借鉴中国人民银行企业信用信息基础数据库模式，建立企业环境信用信息数据库，对接生态环境部门、税务部门、大数据管理部门、金融部门，将相关企业（项目）的纳税、清洁生产、环境违法违规信息、环境信用、诉讼、资产、科技创新等信息资料进行共享，为金融机构对企业（项目）进行风险审查评估与跟踪分析提供依据。可设立地市、省和全国三级数据库体系，分步建设，第一步实现以地市级数据库为基础的省内数据共享，第二步将三级分布式数据库升级为全国集中统一的企业环境信用信息基础数据库，实现全国联网查询。其次是建立绿色金融信息管理系统。据《中国绿色金融发展研究报告》测算，近年来，我国绿色金融资金缺口会进一步放大。从表面上看，绿色资金供需矛盾突出是供给不能满足需求所致，但从实际运行上看，很大程度是因项目与资金对接困难而产生的。因此，我国亟须建立国家级统一的绿色项目数据库，统一登记系统，统一融资主体标准、项目标准，以匹配供求双方信息，提高绿色项目的融资效率，降低融资成本。另外，通过该系统，也可以全面掌握各机构、各地区、各行业绿色金融发展动态，为财政金融政策的精准扶持、实施监管评价提供重要决策依据，这有助于强化绿色金融监管以及防范化解风险。在金融机构绿色金融产品信息发布系统中，集聚国有银行、股份制银行、城市商业银行、农村商业银行等金融机构，线上发布绿色金融产品或项目信息，提高投资者绿色金融产品投资选择效率；通过企业绿色融资信息发布系统，企业可以发布融资需求，供多家金融机构评估与竞争。通过线上选择＋线下服务模式，提升融资效率和融资服务水平，促进金融资本与企业（项目）对接。

第二节 地方政府因地制宜发展绿色金融

2016 年以来，我国沿着"自上而下"的顶层推动和"自下而上"的基层探索两条路径持续推动绿色金融发展。2016～2019 年，我国境内各级政府部门制定并发布绿色金融相关政策多达 623 条。一方面，党中央、国务院着力完善金融体系框架和激励政策，为绿色金融发展提供良好的政策环境。另一方面，地方政府及市场主体积极配合，充分发挥主观能动性和创新精神，形成了推动绿色金融发展的重要原动力。因此，加大地方政府对绿色金融的支持力度，能够加快绿色金融的发展进程。为此，地方政府可以根据地区情况"自下而上"进行基层探索发展绿色金融，具体可在因地制宜制定绿色金融发展规划、制定与完善绿色金融地方支持政策、加强绿色金融基础设施建设等方面有效引导和推进绿色金融发展。

一 因地制宜制定绿色金融发展规划

地方政府为了促进绿色金融发展，在构建地方绿色金融体系、创新绿色金融服务、推进生态文明建设时，应当积极结合当地的实际情况制定绿色金融发展规划。绿色产业和绿色经济是发展绿色金融的基础和服务对象，因此，地方政府在进行绿色金融发展规划设计时，尤其是设定绿色金融的发展目标时，需要结合本地区的绿色产业发展规划、绿色基础设施建设规划和绿色园区建设规划。

（一）结合地区实际制定绿色金融发展目标

绿色金融是将更多的资金流引向绿色产业。因此，地方政府在制定绿色金融发展规划时，首先需要结合当地绿色产业发展实际及其发展目标。地方政府作为本地绿色产业的规划者，不仅对清洁能源产业、节能环保产业、清洁生产产业、绿色资源产业、绿色农业等进行发展规划，而且在绿色产业的发展过程中，也将积极引导域内企业采用清洁生产技术，采用无害或者较低害的新工艺、新技术，大力降低原材料和能源成本，实现少投入、高产出、低污染。

为促进本地绿色产业发展、推进绿色技术创新，地方政府应当以绿色信贷、绿色保险、绿色基金、绿色债券等绿色金融产品为主导工具，结合当地的经济发展情况和生态文明治理情况来构建与当地社会相匹配的绿色金融体系，支持当地的产业结构优化和生态文明建设。具体可以通过发展当地的绿色信贷和产品体系、推动绿色企业多层次资本市场融资、探索设立绿色发展基金等来促进当地的绿色金融发展。

我国的东中西部地区经济发展水平和生态文明建设都不相同，在制定绿色金融的发展目标时也应从不同的角度加以考虑。东部地区的经济发展水平较高，应当充分利用市场手段促进绿色经济的发展，从使用市场化的刺激手段发展绿色金融的角度制定绿色金融发展目标。对于经济欠发达的中西部地区而言，其在人才、资金、基础设施等方面不具备先天优势，绿色金融要想实现差异化定位和跨越式发展，除了紧扣"绿色"二字外，还要在"新"字上多做文章，重点培育六个"新"，即新政策、新思想、新业态、新中介、新平台、新支撑，在六新模式下制定绿色金融发展目标。

（二）结合地区优势制定绿色金融发展重点

由于东部地区拥有成熟的资本运作、政策环境，绿色金融进入区域后，可以通过成熟的体制机制传导到绿色投资领域，作用于生产要素并持续对区域经济发挥作用，而中西部地区的绿色金融对经济增长的促进作用并不显著。因此，加强绿色金融市场的制度建设，提供更加便利有效的政策支持，对于东部、中部及西部地区而言都是非常必要的。

对于中部及西部地区，虽然近年来区域 GDP 增速一直处于领先地位，但由于其自身经济体量和水平有限，在经济发展过程中绿色产业自我造血能力差。相较于东部地区较为丰富和成熟的绿色金融产品，中西部地区绿色金融产品种类相对单一，主要依托绿色信贷的支持，从实证结果上看绿色信贷对中西部地区经济增长的影响程度显著大于东部地区。因此，对于中西部地区而言，除了充分利用自身资源提升经济体量之外，还需扩展现有绿色金融的融资方式，开展如碳排放权等新形式的绿色金融尝试。

对于东部地区而言，由于其拥有较高的经济发展水平和较为成熟的绿色金融机制体制，以及较为丰富的绿色金融产品和相对充分的绿色金融供给，其在发展绿色金融方面具有其他区域没有的优势。因此，东部地区适宜在探索扩展绿色金融方面进行新的尝试，探索构建以绿色金融为主题的流动性充裕的指数产品，与社会资本开展新形式的业务合作，利用 PPP 模式发挥政企在各自领域的优势以最大限度地提升绿色金融效用。

二 制定与完善绿色金融地方支持政策

绿色金融发展政策作为国家倡导的以金融手段来促进国家和地区生态环境保护与环境可持续发展的重要举措，更加注重的是金融活动与环境保护、区域生态平衡发展之间的关系，以此来实现社会的可持续发展。但是由于我国各地区的经济发展水平及绿色金融发展水平具有明显的空间异质性，有些地方政府还没有认识到绿色金融发展的重要性，地方性绿色金融发展政策不完善。因此需要各地区因地制宜完善绿色金融发展政策，以促进绿色金融服务地方经济高质量增长。

（一）制定绿色金融地方财政支持政策

绿色金融的发展需要综合衡量环境目标、市场目标、金融目标和经济目标等。因此，绿色金融的发展需要一定的政策倾斜。地方政府在发展当地的绿色金融时，需要当地财政的大力支持，发挥财政政策的保障作用。可以通过制定地方性财政支持绿色金融的政策，支持当地的绿色金融发展，具体可制定以下两种政策。一是直接性财政支持政策，统筹用于绿色项目的财政性支出，加大对绿色信贷、绿色债券的贴息力度，拓展贴息手段在给予绿色项目财政补贴中的运用，发挥财政资金的杠杆作用；由财政出资建立绿色风险补偿基金，用于分担部分绿色信贷、绿色债券支持项目的风险损失，并支持绿色担保机构的运作；安排绿色金融改革创新建设专项资金，鼓励绿色金融改革创新；通过持续的政府采购、绿色基础设施投资等方式直接推动绿色经济增长；在加大绿色财政支持力度的同时，配合出台并落实相关考核政策，确保财政资金的高效配置。二是间接性财政支持政策，通过财政补贴、税收减免政策的示范性作用，带动国内外社会资本投资绿色产业与技术；通过提供隐性担保等方式，将政府信用、企业信用和社会信用相结合，间接为绿色产业提供增信服务，带动绿色金融的发展。

（二）制定绿色金融产品与服务创新支持政策

在绿色金融产品和服务的创新实践上，地方政府可以与银行、保险等金融机构合作，利用绿色信贷、绿色保险、绿色企业债券、绿色市政债券、绿色基金、环境权益抵（质）押融资、绿色资产支持类证券等创新型绿色金融产品和工具，拓宽绿色项目融资渠道。但在运作过程中，地方政府应合理界定政府与市场的边界，贯彻以市场化融资方式为绿色增长资金核心来源的原则，综合运用多种手段，为促进更多的私人部门资金进入绿色产业创造有利条件。

在绿色信贷方面，地方政府可以加快推进现有银行体系绿色化，加强对关键指标的监测和评估，引导金融机构优化信贷投向与产品组合，提高银行业绿色信贷服务能力；在绿色债券方面，地方政府可以鼓励当地具备资质的大型绿色企业或小微型企业发行绿色企业债券，支持符合条件的银行业金融机构发行绿色金融债券，对于基础设施、绿色城镇化建设等期限较长、有稳定现金流的绿色项目可以发行地方政府市政债、专项债等；在绿色基金方面，地方政府可以通过适度放宽市场准入条件、灵活公共服务定价，以及实施特许经营权、地方财政和土地政策支持等措施，完善收益和成本共担机制，推动设立市场化运作的绿色基金，吸引社会资本广泛参与支持绿色产业基金投资项目；在绿色保险方面，地方政府可以积极采取措施联合环保部门加大环保检查和惩罚力度，促进环境污染强制责任保险的推广，进一步扩大环境污染强制责任保险的覆盖范围，并联合政府部门进行强制执行，扩大某些政策性保险如农业、森林保险的财政投入规模等。

（三）制定绿色金融配套支持政策

为了发展绿色金融，必须有一些配套的措施和政策来支持绿色金融的发展，地方政府在根据当地的经济发展水平和金融发展程度促进绿色金融发展时，可以根据当地的实际情况制定绿色金融配套支持政策。对于地方政府而言，可以通过政策支持建立绿色项目库，开展绿色项目评级，确定绿色信贷支持项目清单；引导设立各类绿色发展基金，重点投资绿色产业、绿色企业、绿色项目等绿色金融配套领域。地方政府也应该制定绿色金融人才培养和引进的配套政策，加大绿色金融人才引进、培养力度。在人才引进方面，地方政府的政策措施应以经济激励为主，在资金、税收等方面鼓励金融和科研机构加强复合型人才的引进工作，增加绿色金融人才储备；在人才培养方面，地方政府的政策应侧重于深化与金融学会、金融机构、高等院校、科研机构、节能环保部门、第三方智库等机构的合作，加强绿色金融人才联合培养，也可以通过积极与教育机构、高等院校开展合作，加强绿色金融方面从业人员的绿色金融概念普及和知识培训，提高绿色金融从业人员专业素养和业务熟练程度。对于地方金融机构而言，地方政府可以政策性鼓励和支持银行、保险公司、基金公司等金融机构加大对绿色企业和绿色项目的信贷支持，探索开展以碳排放权和排污权等为抵（质）押的绿色信贷业务，政策引导资金流向绿色环保产业和绿色环保项目。地方政府也可以通过制定经营贡献奖励、土地使用、税收优惠等系列绿色金融配套支持政策，鼓励金融机构加大绿色业务的开展力度，降低绿色产业和绿色项目的融资成本。对于绿色产业、绿色企业、绿色项目等，地方政府也应该出台支持政策，如加大税收优惠力度、降低贷款利率、扩大融资渠道等。这些配套支持政策有助于降低绿色产业、绿色企业、绿色项目等的融资成本，增加收益，推动当地的绿色发展。因此，地方政府通过制定绿色金融配套支持政策可以加快地方绿色金融的发展和地区绿色发展。

三　加强绿色金融基础设施建设

绿色金融基础设施的建设有助于绿色金融的发展，地方政府应当根据当地的绿色金融发展状况，加强当地的绿色金融基础设施建设，推进当地的绿色金融发展。可以通过设立地方绿色金融资金平台、打造地方绿色金融协同创新平台、建立绿色金融服务平台等举措加强绿色金融基础设施建设。

（一）设立地方绿色金融资金平台

地方政府可以主导成立地方绿色金融资金平台，由财政、税务、环保、科技等部门协同管理，在财税、金融等政策上给予一定倾斜，支持当地绿色产业发展。在地方绿色金融资金平台的目标定位方面，地方政府可以根据当地实际情况选择支持如当地生态农业、绿色工业、现代服务业、重点节能领域、清洁能源、循环经济、清洁水及清洁空气等绿色产业项目，推动绿色产业和绿色经济的发展，解决绿色产业融资难问题，使地方绿色金融资金平台专注服务当地绿色产业项目，为绿色产业提供专业化、个性化、系统化的绿色金融产品和服务。该资金平台也可以支持本地的金融机构设立绿色金融专营部门，鼓励当地的金融机构进行绿色金融产品创新，对绿色信贷和绿色债券进行贴息等。在资金来源渠道方面，地方绿色金融资金平台的初始资金建议由地方财政资金或政府拨款提供，以后每年由财政给予一定拨款，主体运营资金由公共资金吸引更多的社会资本进入形成。该资金平台也可通过发行绿色债券，获取中国人民银行的再贷款进行债权融资，为绿色贷款提供期限较长、成本较低的资金。比如广州市花都区从 2017 年开始每年会从区财政中安排至少 10 亿元的资金来支持当地绿色金融和绿色产业的发展。地方政府构建的地方绿色金融资金平台在绿色金融产品和服务上，要突出资金平台的自身特色，主要针对节能减排、清洁生产等绿色环保产业，也要加强对新能源汽车、绿色建筑等单个规模较小项目产品的资金支持，拓展绿色金融的服务对象，重点推出针对中小企业、家庭和个人的绿色金融产品，比如针对中小企业在开展新能源项目方面的融资困难，可以提供信用增级等业务。

（二）打造地方绿色金融协同创新平台

地方政府可以通过"政府＋企业＋高校＋科研机构＋金融机构"的模式，形成绿色金融能力的持续增强机制。地方政府提供全方位政策保障体系和财政以引导资金投入，高校及科研机构发挥绿色金融人才培养和学科问题研究的优势，国内大型企业和金融机构发挥实践主体和创新主体优势，多方合力持续推进金融产品开发和高端金融人才培养，为绿色金融的发展提供可持续动力和智慧支持。

地方政府根据实际情况建立起来的绿色金融产学研金一体化协同创新平台应当在金融理论研究、金融数据研究、绿色技术研究、绿色金融产品研究等方面搭建形成，应该聚焦绿色金融理论体系创新研究、绿色金融大数据分析、绿色技术产业化、绿色金融培训及产业投行等方面，不断整合产、学、研以及投融资等多领域专业技术资源，为完善绿色金融体系提供智力支持，为政府、企业及金融机构提供绿色产业、绿色金融领域的调研、规划、咨询、IT系统建设等一揽子管家服务。

（三）建立绿色金融服务平台

地区间的绿色金融发展水平各不相同，绿色金融服务程度也各不相同。各地方政府可以根据地区实际情况加强环境信息披露制度的建设，提高对本地区的绿色金融服务程度，以此来使企业积极进行环境信息披露，提高绿色金融的服务水平，培养企业的环境保护意识。因此，地方政府应积极探索金融科技在绿色金融中的应用，把互联网和大数据中的技术运用到绿色金融中，建立地方性绿色金融服务平台，在绿色金融服务平台上"一站式"发布绿色金融政策、公告新闻、市场相关信息、绿色项目、绿色金融司法保障信息、项目贷款进度等，还可以在该服务平台设置绿色企业、"三农"惠农企业等申请贷款的入口，以此将政府、企业、金融机构联系起来，以降低各方信息不对称的成本，让更多的资金流向绿色环保产业，增强各地区的绿色金融发展效用。如目前湖州利用金融科技搭建了线上绿色产融对接平台——"绿贷通"绿色金融服务平台。这是一个网上绿色信贷超市，宗旨是以金融科技催生新模式，贷款也可网上"贷"。按照"对象、条件、金额、利率、期限"等标准化格式，该平台整理了目前在湖州市的几十家银行和上百款绿色信贷产品，企业也可以选择在该平台发布绿色信贷项目，从而使融资需求者与金融供给者精准对接，有效解决了信息不对称的问题。

第三节　发挥金融机构对绿色金融的引导作用

党的十九大报告第一次明确了发展绿色金融是我国贯彻绿色发展理念、建设美丽中国的重要方式，而伴随国家层面的制度和政策不断完善，绿色金融发展提升到了越来越重要的位置。金融机构作为金融业的支撑力量，在绿色金融体系建设过程中具有不可推卸的责任，金融机构应该深刻意识到发展绿色金融的重要意义。一方面，从社会和整体经济发展角度来讲，金融机构发展绿色金融是其履行社会责任、服务经济和社会可持续发展、配合国家政策合理引导资金去向、服务和引导实体经济绿色发展的重要手段。另一方面，从金融机构自身角度来讲，金融机构发展绿色金融是其落实监管要求、规避产业结构调整和经济转型风险的迫切需要，更是抢先布局绿色金融市场、培育新的利润增长点、增强自身社会影响力、实现可持续发展的重要手段。因此，金融机构要发挥对绿色金融的引导作用，强化绿色金融发展理念；积极创新绿色产品，满足绿色发展中多样化的资金需求；完善机构内部绿色金融制度建设，有效控制绿色金融风险。

一　深化绿色金融发展理念

多数绿色金融产品具有公共产品属性并且具有投资期限长、盈利低的特点。而金融机构以利润最大化为发展的主要目标，这与绿色金融的产品特性有着潜在的矛盾，从而导致金融机构发展绿色金融缺少价值驱动，仅仅考虑经济价值势必会阻碍金融机构发展绿色金融的动力。这一潜在矛盾直接表现为金融机构不能合理地调配资金，比如资金继续流向界定不准确的项目甚至是会对环境造成污染的项目。因此，绿色金融发展的必然趋势是，金融机构应强化自身的绿色金融发展理念，积极改进经营的宗旨和目标，加大对绿色金融的宣传力度，配合国家政策推动绿色金融的发展。

（一）强化绿色金融发展理念

首先，金融机构应保持清醒认识，将绿色金融理念融入机构战略规划愿景，把绿色金融嵌入自身的经营宗旨和目标，在整体业绩考核环节不只追求利润最大化，也应该将发展绿色金融的成果纳入考核标准中，比如在提高激励强度方面，选取绿色信贷作为综合经营计划以及关键业绩（KPI）考核指标。其次，金融机构应加大员工教育方面的投入，强化绿色发展的观念，进而提高执行绿色金融政策的主动性；革新管理理念，活用奖惩制度，将个人绩效融入环保节能目标中，加大对绿色项目的投资力度，提高对绿色企业的服务质量，进而助力绿色金融实现可持续发展。最后，金融机构可以在机构内部各个重要的部门比如风险控制部门、业务销售部门、经营管理部门中选拔出优秀的人才，聘请高校相关教授来为他们授课，提升他们的绿色金融知识储备和个人能力，为今后绿色金融规模扩大做好人才储备工作。

（二）加大对绿色金融发展的宣传力度

随着国家对绿色发展重视程度的提高，法律法规不断健全、绿色政策不断完善，相关标准趋于统一，绿色金融已经深深地影响了各行各业，而金融机构作为金融市场上最重要的中介机构，在强化自身绿色金融发展理念的同时，应该在社会中加大对绿色金融发展的宣传力度。首先，应配合国家相应的宣传教育工作，结合企业之间交流发展经验、调研发展状况，深入了解市场上对相关政策和产品的反应。其次，金融机构应通过线上和线下两种渠道公开宣传绿色金融，在线下定期开展关于绿色金融的企业座谈会和培训会，由金融机构聘请讲师邀请企业管理人

员和投资者参加，讲解当前绿色发展的规模和未来趋势，帮助他们正确
解读绿色发展法规和政策的具体内容、绿色环保企业的发展前景和绿色
产品的相关内容。同时在线上利用互联网平台扩大宣传的覆盖范围，吸
引社会大众，聘请专业的讲师，开设线上的免费普及课程，传播日常绿
色环保理念，讲述绿色金融的未来发展方向，介绍绿色产品，为将来绿
色金融规模扩大打下良好的客户基础。最后，金融机构要紧跟国家出台
的相关法规和政策，及时根据国家政策调整宣传的手段，将绿色环保理
念渗透至各行各业，帮助企业形成低碳环保经营理念，从而推动绿色经
济的发展。

二　创新绿色金融产品

目前我国正在加速发展绿色金融，并已取得一些成果，如在绿色信
贷方面，2020年我国绿色信贷余额超过11万亿元。尽管如此，现有绿
色金融产品的种类仍然较为单一。绿色金融产品是绿色金融发展的载
体，创新绿色金融产品不仅能够促进金融机构的良性发展、提高金融机
构利润和资本绿色化程度、实现自身业务良性发展、保证金融机构获得
相应的财务收益，而且能够满足各类企业的绿色融资需求，给企业和投
资者创造一个新的投资领域，为绿色金融发展提供更加广阔的空间。因
此，金融机构要加大对绿色金融产品的创新力度，主要在绿色金融产品
种类上实现创新突破，进而提高绿色产品资产证券化能力、扩大绿色信
贷抵押担保物的覆盖范围。

（一）创新绿色金融产品种类

目前，绿色信贷仍然是绿色金融的主体，绿色信贷产品也是当前金
融机构的重点创新领域。首先，在绿色信贷现有产品的基础上，积极开
辟新的绿色信贷领域，如拓展清洁能源，主要包括核电、水电、太阳能
和光伏发电项目的光能贷等发电领域贷款产品。同时金融机构要利用金
融科技手段扩大绿色消费信贷发展空间，积极发展新型绿色信贷产品，
包括绿色建筑按揭贷款、绿色汽车消费贷款、绿色标识产品消费贷款、

绿色信用卡、绿色普惠农林贷款和绿色节能贷款等。其次，随着互联网消费金融的兴起，金融机构应加大线上绿色消费信贷产品的开发力度，依托大数据、云计算、人工智能等现代科学技术，搭建互联网交易平台，通过自助设备、移动终端实现线上申请、受理、审批和还款，并且满足绿色客户的余额查询、转账汇款、理财产品交易的需求，实现低成本、优服务的目标。从金融机构风险控制角度来看，可以借助云平台大数据手段，对用户的消费行为、购物偏好、支付习惯等进行画像，运用模型度量用户违约风险，提高风控精准度，进一步促进绿色消费信贷的发展。

（二）扩大绿色产品覆盖范围

以往金融机构的绿色金融产品只面向企业的绿色项目，而没有扩大到个人金融消费，而这对发展和普及绿色金融是至关重要的，所以要充分挖掘广大金融消费者的环保消费需求，以客户需求为重心进行零售型绿色金融产品的开发创新。针对年轻人喜欢探索利用新生事物且普遍环保意识较强的特点，商业银行可以通过分析年轻客户群体的偏好追求，借助客户分层分类管理、精准化营销等途径探索特色化的绿色践行活动，将绿色理念植入年轻客户群体，引导居民参与绿色发展，体验绿色生活带来的环保成就感，促进社会效益和经济效益良性循环。

（三）扩展绿色信贷的抵押担保物

很多新兴绿色企业没有雄厚的资本从金融机构获得抵押贷款，这就限制了绿色产业的发展，因此在风险可控和可持续发展的前提下，金融机构需要积极开发新型的绿色信贷产品抵押担保物。对符合信贷投向要求的环保产业（项目），除了绿色项目贷款外，还可提供林地经营权、林地收益权、碳排放权、排污权、用能权和其他环境权益类抵押贷款，根据企业（项目）特色制定符合该企业（项目）发展的绿色金融服务。如依据碳市场交易价格对碳排放权进行评估，发放碳排放权抵押贷款，使企业的减排量在金融市场顺利流通；为出售排污权和购买排污权企业提供排污权抵押贷款业务，从而帮助企业实现排污权交易，更有效地控制环境污染。

（四）大力促进绿色资产证券化

绿色项目普遍具有规模大与周期长的特性。绿色资产证券化可以在一定程度上减小投资风险，降低融资标准，并将更多资金精准有效地投入绿色企业。因此，金融机构应扩大绿色资产证券化（ABS）的规模。当前，信贷资产证券化（CLO）在 ABS 整体市场上的比重达到 41%，而绿色 CLO 的发行规模非常小，还有很大的发展空间。金融机构可借助绿色 CLO 提高自身资产流动性，提高绿色信贷资产的周转率，减小投资风险。此外，金融机构在扩大绿色资产证券化规模的同时，还可以对其基础资产类型进行创新，2019 年以基础设施及其收费债券为绿色资产证券化的基础资产占比达到 46%，以票据收益为基础资产的占比达到 10%。金融机构可以积极开发新的基础资产来丰富绿色资产证券化，比如汽车贷款、农用光伏发电收益权、绿色建筑信托收益权以及绿色供应链金融应收账款等多个新兴领域。

三　完善绿色金融制度建设与运营管理

建立完善的内控制度和合理的运营管理是金融机构形成自我约束的关键环节，是金融机构实现经营目标、提高经济效益、防范化解风险、确保金融安全的重要措施，在金融机构保护自身稳健运行中发挥着不可替代的作用。目前，绿色金融的发展势不可挡，发展绿色金融是金融机构转型升级、形成自身可持续发展的必经之路，因此在金融机构内部建立完善的绿色金融制度和合理的运营管理十分必要。金融机构可以从绿色金融组织架构、金融机构风险防范能力、银行间信息披露机制等方面完善绿色金融制度建设和运营管理，形成完整的绿色金融服务体系，严格控制信贷环节，防范和降低风险，助力金融机构可持续发展。

（一）构建完善的绿色金融组织架构

考虑到国家对绿色金融的重视程度和绿色金融的发展涵盖了金融机构很多核心业务领域，金融机构应建立专门的绿色金融组织架构和内部控制机制，在销售、同业、预财、资负、风险、授信、人资等部门实施领导责任制，并且应该赋予领导人员多种权利，包括监督权、否决权和决策权等，负责金融机构的绿色金融发展的规划制定、组织推进、部门协调等工作，形成一套完整的业务服务流程体系。

建立绿色金融专项行动资源配置机制，制订绿色金融专项行动计划，提高专项资金的投入额度，鼓励相关单位发展核心业务，从个体到整体，实现绿色金融机构持续发展绿色金融的长远目标。建立业务实施制度和严格的内部控制管理机制，在加强对绿色项目贷前审查评估的同时，定期对已放贷项目进行环境保护、绩效指标等方面的抽查，有效防范项目风险，保证其资产的流动性、安全性以及收益性。逐步加大对各经营单位绿色金融业的考核力度，以考核引领业务发展。

（二）提高金融机构风险防范能力

金融机构需要加强自身防范风险的能力，建立具有环境、社会、治理等授信指标的全流程风险管理体系。首先，在尽职调查环节，明确环境风险监测职责并将其纳入各级银行风险监测岗位职责中，重点考察不同行业的风险程度，特别是污染严重、环境违法违规问题突出的区域和行业，精准定位环保问题"黑天鹅"，充分了解借款签约企业或项目的环境、社会和公司治理（ESG）风险。其次，在授信审批环节，综合考察企业信用风险及 ESG 风险，确定相应的授信额度，积极应用环保科技成果，加强对环境敏感区域和环境敏感行业的识别，主动调整信贷结构，对高风险领域设置行业限额。再次，在贷后管理环节，充分利用大数据工具，动态监测贷款对象是否涉及重大环境污染、企业经营、社会责任风险事故，并建立风险预警机制，及时根据贷款分类标准调整处理风险资产。最后，在风险处置环节，除了针对高风险项目进行收贷、压贷外，还应提出解决方案，帮助客户及时纠正、改善和提升 ESG 风险管理能力。一旦发生风险事故，在明确岗位职责的基础上除尽职免责情况外，其他风险发生后均需明确追责机构，并将其纳入内控合规部门的责任认定系统进行处理。

（三）建立银行间信息披露机制

在银行间建立环保信息披露机制，不仅能够缓解金融机构间的信息不对称，还能提高银行等金融机构决策的有效性，为开展绿色信贷创造良好的发展条件。具体而言，金融机构可以自组团队整合环保企业信息，并与其他金融机构共同建立企业信息库，各自发挥优势，精诚合作，在数据库中共享自身拥有的环保信息与环保数据。通过这种方式，可以减少外部信息披露不完善时做出的错误决策，为绿色金融的有效实施提供更多的保障。可以通过外聘环保技术专家的方法解决发生在评估企业环境信息过程中由知识局限性引起的信贷工作人员未能做出独立的信贷决策的问题。另外，金融机构可以通过主动向社会披露之前和现在的绿色信贷使用情况、意外情况所引起的风险以及解决措施，让社会大众对金融机构的绿色信贷进行监督，使绿色金融能够更加公开透明，以此推动绿色金融的健康发展。

第四节　扩大绿色金融对企业高质量发展的促进作用

当前社会已经对绿色发展达成了共识，我国经济可持续发展必然要通过绿色金融实现。绿色金融通过改变融资成本、调节融资期限结构以及提升绿色技术创新水平等途径对不同类型企业产生了不同的作用效果：绿色金融通过抑制污染企业融资降低了污染企业生产绩效，通过优化绿色企业融资期限结构提升了绿色企业生产绩效；与此同时，绿色金融通过提高所有企业的绿色技术创新水平进而提升了企业生产绩效。基于此，企业应主动通过创新绿色生产方式、加强环境信息披露、优化融资结构等方式提升绿色金融对企业高质量发展的促进作用。

一　创新绿色生产方式

绿色生产方式是实现绿色发展的基础支撑与主要载体，绿色生产要求企业在产品设计、生产开发到产品包装、产品分销的整个价值链实现绿色化，以促进生态系统和经济系统的良性循环。企业可以通过引入生态设计理念、创新清洁生产过程、提高绿色技术创新水平等方式，提升企业绿色声誉、获取关键领域竞争力，以赢得更多的绿色资金支持。

（一）引入生态设计理念

随着环境污染问题的日益严峻，生态保护俨然成为全世界关注的焦点，生态设计被称为"工业生产的又一次效率革命"，并已经成为未来产品设计的主要趋势。产品生态设计是将绿色环保理念贯穿产品生命周期的各个阶段，主要在产品开发的各个环节考虑生态与环境因素，尽可能避免其对环境产生的负面影响，在降低产品环境成本的同时提高产品的市场竞争力。企业引入生态设计理念是实现生态平衡与人类可持续发展的关键举措。

企业要在产品设计中引入生态设计理念，增强产品的绿色环保属性，应从以下两个层面考虑。首先在产品设计层面，要优先选用绿色工艺、技术和设备，在"环保、安全、质量、技术、成本"的经营要素价值排序中，把环保放在优先位置。在材料选择上，要着重考虑材料的天然性、环保性以及可再生性。在功能设计上，要提高重复使用率和再循环利用率。通过这些方法尽可能降低产品的使用能耗，延长生命周期。其次在企业组织结构层面，要强化绿色生态设计部门的建设，建立由企业主要领导负责，以技术人员为核心，涵盖质量、工艺、生产、环保等部门成员在内的生态设计组织结构，为生态设计长期持续开展提供组织和技术支持。同时，在企业内部开展产品绿色生态设计评价，为新产品和新技术研发、生产工艺优化等提供有效信息，从而提高技术人员的生态设计能力。

（二）创新清洁生产过程

清洁生产技术基于一种先进的生产理念，强调在生产过程中减少资源浪费与污染物排放。创新清洁生产过程，可以有效提高资源的利用效率，进而节约原材料成本，这样还能够减少污染治理对末端建设的需求，减少末端治理设施、设备的成本投入。在环境效益和经济效益共同实现的基础上，改善社会生活的基本环境，并为社会公共建设提供更有力的经济与资源支持。

企业若想通过创新清洁生产过程的方式促进产品生产和消费过程与环境相容，减小整个生产活动对人类和环境的危害，可以从以下几个方面着手。首先，在生产方面，企业除了要注意传统的绿色生产内容——减少废物、污染物的产生和排放，通过资源的有效利用和短缺资源的代用、再利用，以及节能、省料、节水，实现资源的合理利用，减缓资源的耗竭等，还应结合飞速更新的现代技术，加大资金在数据和软件等方面的核心要素投入，以物联网为支撑，实现设计制造、使用维修、回收利用全生命周期的绿色化，构建涵盖智能产品、智能生产、智能服务和智能回收等内容的绿色智能制造过程。其次，在管理方面，高层团队要有深刻的环保意识，认识到清洁生产的重要性，在持续完善环境教育培训管理机制的同时，要优化员工绩效考核制度，将环境绩效与员工的个人绩效联系起来，激发员工在环保生产中的积极性，以提高企业环境管理水平，同时加大资金、技术、设备等要素的投入，在对排放污染物进行治理的同时加强技术研发。最后，在战略目标方面，企业可以借鉴消费领域的共享概念，通过共享制造任务和制造资源的方式绿色利用企业闲置的生产资源以实现资源的循环再利用，并逐步完善清洁生产过程。

（三）提高绿色技术创新水平

我国绿色产业体系不断完善、科技水平逐渐提高，这就要求企业加大对绿色技术创新的投入力度。绿色技术是低耗能、降污染、促生态的新兴技术。而企业加大绿色技术创新方面的投入正是增强其竞争力、生存力及可持续发展力的核心环节之一。通过对绿色技术的创新和改进，实现"创新补偿"，最直接的方式是改变生产成本，并且通过提高技术研发能力与生产高科技产品，构筑"技术护城河"，在不断带来经济效益的同时增强可持续竞争力。

技术水平不同的企业可以考虑不同的策略。首先，以技术为主导的企业可以更多地关注国家开展的绿色技术创新活动。在财政资金方面，可以通过参与国家级项目，提高企业的技术研发能力，从而实现企业的跨越式发展。其次，部分企业技术基础薄弱，需要政策方面的支持，应与高校、科研院所等机构的科研人员进行"产学研"深度融合，承接机制改革后高校、科研机构外溢的"技术红利"，加强对绿色技术科研人才的延揽、筛选与融合工作，补齐企业技术短板，提升自主研发能力。总体而言，绿色企业都应结合自身实际发展情况，合理运用国家政策，划清企业主业，明确企业核心技术升级方向，制定长远发展的战略目标，打造企业核心竞争力，实现可持续发展。

二　加强环境信息披露

绿色金融的本质是通过环境信息判断污染企业与绿色环保企业，从而将更多的资金引入绿色环保企业，但这种资金配置机制的有效性需要通过环境信息披露的真实性和有效性实现。当前，证券监督部门和环保部门对企业环境信息披露实行的监管尚不完善，从目前企业环境信息披露工作的实际执行情况看，仍然存在披露主体数量少、披露内容不够全面、格式不够规范、信息可靠性不足等问题。因此，企业必须通过提高环保信息披露程度和信息披露质量来促进绿色金融的发展。

（一）提高环境信息披露的主动性

随着生态文明建设的重要性日益凸显，国家层面对企业环境信息披露的重视程度在逐渐提高，环保部门自 2007 年起相继颁布了一系列法律法规和政策，用来规范企业环境信息的披露。因此，为适应信息披露法律强制性的要求，企业必须提前做好准备，提高自身环境信息披露的主动性，进而对财务绩效增长起到正向驱动作用，以便促进绿色金融的发展，推动实现高质量发展的经济效果。

企业为提高环境信息披露的主动性，可以从以下角度考虑。首先，应改变企业对主动进行环境信息披露的消极态度，不应把环境信息披露作为一种被动应对制度压力的工具，要更多地将自身环境信息披露的益处传递给利益相关者，树立企业重环保、担责任的良好社会形象，给投资者留下良好的企业印象，进而使更多投资资金流入企业。其次，企业应及时准确地了解并灵活运用环境信息披露政策，例如规定评级机构的评判标准中需要着重考虑信息披露的情况。此时，企业就应严格按照评判标准积极披露高质量环境信息以获得有利评级，进而获得以较低利率发行绿色债券或以优惠利率获得绿色贷款等政策红利。企业要积极协同政府部门提高公司在投资者心中的信誉，培养"道德投资者"群体，改变投资者偏好，进而利用资本市场获得更多的资金支持。此外，企业应积极主动参保环境污染责任保险，它可以补偿环境高风险领域污染事故中受害人的经济损失，并通过风险与费率相匹配的市场化费率机制，实现环境污染的外部成本内部化，帮助受保企业分散风险。企业通过这种方式即便主动披露环境信息，也能够对外传递有利讯号，增强投资者的信心，有助于其保证生产经营的延续性。

（二）提高环境信息披露的质量

实质重于形式是信息披露的重要原则，企业主动披露高质量环境信息并处理成公众易于获取和理解的形式，能够使金融机构和投资者根据披露内容准确衡量企业所承担的环境责任，进而做出准确的投资决策，引导资金配置，形成一条自发缓解信贷歧视、创造可持续发展条件的有效路径。提高环境信息披露质量，不仅能扩大企业融资规模、降低融资成本，还可以通过绿色金融创新产品分散企业投资风险、提高企业投资激励水平。

在信息披露的内容和质量方面，企业应坚持经济利益与社会责任相统一的原则，提供反映其环境风险实际状况和真实水平的关键、可靠信息，例如反映企业环境管理成效的正负面关键指标，负面指标包括二氧化碳排放、污染物排放和能耗指标；正面指标包括绿色业务规模、绿色收入、绿色投资和研发规模及其增长率等。此外，企业要完善供应链中的信息披露环节，以提高环境信息披露质量。在国家加快推进绿色供应链工作的背景下，企业应在创造自身价值的全流程供应链中贯彻环境信息披露理念，并添加到采购、生产、物流、销售、回收等各个环节，形成完整的环境信息披露链条，积极主动适应环境信息披露政策体系和披露水平评价体系，最终实现以供应链为中心的环境责任系统。另外，针对污染较重企业披露高质量环境信息后面临的公关问题，企业应自建公关团队或聘请专业公关机构，及时有效地解决由此带来的不利影响，减轻社会压力。

三　优化融资结构

绿色金融助力环保企业高质量发展，是我国推动经济社会健康发展的基本条件。目前针对我国不同产权性质、规模及类型的环保企业，绿色金融的作用效果有所差别。因此，企业应结合自身发展情况，借助绿色金融的发展契机，优化其融资结构，主要从调整融资规模结构、改善融资期限结构角度出发，有效提高企业融资效率。

（一）调整融资规模结构

环保企业普遍具有前期投资大、回报周期长的特点，当企业的内部留存收益难以维持高额的研发投入时，就需要通过外部渠道获取资金支持。目前我国环保企业主要通过股权融资与债权融资两大渠道实现融资目标，合理的债权与债务配比是影响企业创新活动和可持续发展的重要因素，因此，环保企业应动态调整融资规模结构，使财务杠杆的正面效应最大化。

企业为借助绿色金融的发展，应提高融资效率，首先要结合自身发展阶段，灵活调整债务融资规模。不同的企业有其独特的发展阶段与生命周期，环保企业亦是如此。无论处于哪个发展阶段，企业都会以不同的财务状况适应不同的经济环境，这就会对其融资成本与融资渠道产生影响。例如在快速发展阶段，企业可以凭借其高效的资金流转速度以及较高的市场占有率来化解相对较大的债务风险。如果站在大型企业的角度考虑，股权融资是其扩大融资规模的重要渠道，提高资本结构中股权融资的占比是一种有效的方式。在股权融资方面，企业可以在德国等环保技术水平较高和资本市场较完善的国家主板市场上进行上市融资。一方面，能够借助有利的市场环境，引进其环保技术，并在吸收国外先进技术的同时进行本土化改良，从而促进国内环保项目的高效运行。另一方面，可以与优秀的大型跨国公司在项目研发、产品销售、资本投入等领域进行合作，助力企业开拓国际市场。

（二）改善融资期限结构

企业只有投入大量的资金，才能进行绿色转型和技术创新以满足未来市场对环境保护方面的要求。但清洁能源开发、环保技术研发等绿色企业投资项目普遍具有投资回收期长的特点，而目前企业所获得的信贷又多以中短期信贷为主，这种融资偿付期限与投资回报期限的错配问题往往导致企业无法通过项目产生的现金流来偿还到期融资，对企业构成极大的融资约束。相较于绿色信贷，债权融资方式更能为企业提供长期融资与风险分散渠道，改善企业债务融资期限结构，缓解期限错配带来的融资约束问题。

首先，企业若想通过发行绿色债券提高融资效率，应提升融资项目绿色性质的市场认可度。当前的相关法律法规在债券发行人提供第三方绿色认证方面没有强制要求，但企业可以在国际惯例的要求下，进行绿色评级，由独立专业认证机构出具"第二意见"报告，对企业拟发行的绿色债券的绿色程度进行量化评级，对募集资金的拟投资项目进行绿色项目资质评审。通过这种方式，不仅可以获得更高的市场认可度、提高融资效率，还能够在一定程度上消除企业因产权性质、规模及类型的异质性而在金融资源获取方面存在的差异。其次，企业在认定项目的绿色属性后，应依据项目特征和企业自身情况选择绿色企业债券、绿色公司债券、资产证券化产品等不同绿色债券发行方案。从发行门槛的角度来看，发行额的限制对绿色债券的要求较为宽松，绿色企业负债可突破一般企业负债关于企业资产负债率不得超过 75% 的上限要求。再如一般债券只能发行企业净资产 40% 的规模，绿色债券则不受此限制。一些绿色债券品种对发行主体的评级要求也相对优惠，比如有些绿色资产支持票据通过剥离企业中部分合格的资产，将未来的现金流变成企业的偿债资金，从而将企业的评级主体和资产的信用进行分离，而不是将企业作为债务主体，这一系列关于绿色债券的优惠条件都能够提高企业持续进行融资的能力。

结　语

经济蓬勃发展的同时，环境问题日益突出，绿色发展成为我国经济可持续发展的必然选择。绿色金融也因其"扶绿抑污"的特性成为我国绿色经济增长的主要动力。绿色金融对经济增长的影响机理成为摆在我们面前的重要课题。

本书通过梳理国内外绿色金融与经济增长的相关文献，分别对绿色金融、绿色产业、污染产业、产业结构及经济增长等概念进行了详细界定，并对绿色金融理论、绿色发展理论、经济增长理论进行了详细介绍，将其作为本书研究的基础理论。在理论分析部分，以绿色金融的外部性为前提，分别从资金积聚、投资导向、信息传递和要素整合四个层面分析绿色金融的基本功能，并通过构建成本—收益函数解析绿色金融影响企业的生产决策，以及构建 DSGE 模型分析绿色金融对经济增长的冲击，在此基础上，剖析绿色金融影响经济增长的传导路径以及区域异质性。在现状分析部分，分别对绿色金融和经济增长的发展现状及水平测度进行了细致分析，其中采用指标体系构建和熵权法相结合的方法对绿色金融发展水平进行测度，采用索洛余值法对经济增长效率进行测度。在实证分析中，紧紧围绕三条线展开分析，在微观机理层面，主要通过调节效应和中介效应模型分析绿色金融对企业经营绩效的影响，以融资约束和绿色技术创新作为调节变量和中介变量，实证比较分析了绿色金融对不同性质的企业经营绩效的影响效果和影响路径；在传导路径层面，主要采用系统 GMM 模型和中介效应模型分析绿色金融通过产业结构生态化和绿色技术创新两条路径对经济增长的影响效果；在区域异质性层面，主要采用固定效应模型和门限效应模型分析绿色金融影响各区域经济增长的异质性，以及不同绿色金融工具对各区域经济增长影响的异质性。最后，根据前文的理论分析与实证检验，分别从国家、地方政府、金融机构及企业四个层面提出以绿色金融推动经济增长的对策建议。

本书的研究目的是通过构建绿色金融体系，逐步降低金融市场内的融资费用，并积极引导资金从高污染领域转移至绿色领域，从根源上解决高污染、高能耗的问题，通过运用各类绿色金融工具使市场资金流向绿色产业，最终形成新的经济增长点，促进地区经济高质量增长。书中难免存在一些不足之处，欢迎广大读者批评指正。

参考文献

A. 普通图书

［1］〔英〕阿尔弗雷德·马歇尔：《经济学原理：上卷》，朱志泰译，商务印书馆，1983。

［2］安虎森主编《区域经济学通论》，经济科学出版社，2004。

［3］〔美〕保罗·萨缪尔森、威廉·诺德豪斯：《经济学》，萧琛等译，华夏出版社，1999。

［4］〔英〕大卫·李嘉图：《政治经济学及赋税原理》，周洁译，华夏出版社，2005。

［5］李晓西、夏光：《中国绿色金融报告2014》，中国金融出版社，2014。

［6］〔英〕马尔萨斯：《人口原理》，朱泱、胡企林、朱和中译，商务印书馆，1992。

［7］苏东水：《产业经济学》，高等教育出版社，2000。

［8］王桂新：《中国人口分布与区域经济发展》，华东师范大学出版社，1997。

［9］魏后凯：《现代区域经济学》，经济管理出版社，2006。

［10］〔英〕亚当·斯密：《国富论：上卷》，郭大力、王亚南等译，商务印书馆，2014。

［11］〔英〕亚当·斯密：《国富论：下卷》，郭大力、王亚南等译，商务印书馆，2014。

［12］赵细康:《环境保护与产业国际竞争力——理论与实证分析》,中国社会科学出版社,2003。

［13］Daly, H. E. , and Cobb, Jr. J. B. *For the Common Good*: *Redirecting the Economy toward Community*, *the Environment*, *and a Sustainable Future* (Boston: Beacon Press, 1994), pp. 443 – 507.

［14］Hammer, S. , Kamal-Chaoui, L. , Robert, A. , et al. *Cities and Green Growth*: *A Conceptual Framework* (Paris: OECD Publishing, 2011).

［15］Hueting, R. *New Scarcity and Economic Growth*: *More Welfare through Less Production?* (North-Holland Publishing Company Amsterdam, 1980).

［16］Lindlein, P. *Mainstreaming Environmental Finance into Financial Markets—Relevance*, *Potential and Obstacles* (Springer Berlin Heidelberg, 2012).

［17］Meadows, D. H. , Meadows, D. L. , Randers, J. , and Behrens, W. W. *The Limits to Growth* (New York: Universe Books, 1972).

［18］Myrdal, G. *Against the Stream*: *Critical Essays on Economics* (New York: Pantheon Books, 1973).

［19］Pearce, D. , Barbier, E. , and Markandya, A. *Sustainable Development*: *Economics and Environment in the Third World* (Routledge, 2013).

［20］Pearce, D. , Markandya, A. , and Barbier, E. *Blueprint for a Green Economy* (London: Earthscan Publications, 1989).

［21］Sustainable Development Strategy Research Group of Chinese Academy of Science (SDSRG) . *China Sustainable Development Strategy of Green Development and Green Innovation* (Beijing: Science Press, 2010).

B. 科技报告

[1] 国务院:《关于积极发展环境保护产业的若干意见》（国发办〔1990〕64 号）。

[2] 国务院:《"十二五"节能环保产业发展规划》（国办发〔2012〕19 号）。

[3] 普华永道:《〈国际财报准则第 8 号——经营分部〉再审视（二）》,《财会信报》2015 年 7 月 27 日, 第 3 版。

[4] Allen, C., and Clouth, S. "A Guidebook to the Green Economy." UNDESA Discussion Paper, New York, 2012.

[5] Cowan, E. "Topical Issues in Environmental Finance." Economy and Environment Program for Southeast Asia, 1998.

[6] Gilbert, S., and Zhou, L. "The Knowns and Unknowns of China's Green Finance." The Global Commission on the Economy and Climate, ed., *The Sustainable Infrastructure Imperative*: *Financing for Better Growth and Development* (London and Washington, D. C.: New Climate Economy, 2017).

[7] Grossman, G. M., and Krueger, A. B. "Environmental Impacts of a North American Free Trade Agreement." National Bureau of Economic Research, 1991.

[8] Low, P., and Yeat, A. "Do Dirty Industries Migrate? International Trade and the Environment." World Bank Discussion Papers, 1992.

[9] Lucas, R., Wheeler, D., and Hemamala, H. "Economic Development, Environmental Regulation, and the International Migration of Toxic Industrial Pollution 1960 – 1988." Washington D. C.: World Bank Working Paper, 1992, No. 1062.

[10] OECD. "Green Growth and Sustainable Development: Towards Green Growth." Meeting of the Council, Paris, 2011.

［11］ Panayotou, T. "Empirical Tests and Policy Analysis of Environmental Degradation at Different Stages of Economic Development. " International Labor Organization, 1993.

［12］ Salazar, J. "Environmental Finance: Linking Two World. " A Workshop on Financial Innovations for Biodiversity Bratislava, 1998.

C. 学位论文

［1］陈超逸：《绿色金融对宏观经济的影响及碳税合理性水平研究》，硕士学位论文，华东理工大学商学院，2017。

［2］王康仕：《工业转型中的绿色金融：驱动因素、作用机制与绩效分析》，博士学位论文，山东大学经济研究院，2019。

［3］郑立纯：《中国绿色金融政策的质量与效应评价》，博士学位论文，吉林大学经济学院，2020。

D. 期刊中析出文献

［1］安同信、侯效敏、杨杨：《中国绿色金融发展的理论内涵与实现路径》，《东岳论丛》2017年第6期，第92~100页。

［2］巴曙松、杨春波、姚舜达：《中国绿色金融研究进展述评》，《金融发展研究》2018年第6期，第3~11页。

［3］白云朴、李辉：《资源型产业结构优化升级影响因素及其实现路径》，《科技管理研究》2015年第12期，第116~122页。

［4］蔡海静：《我国绿色信贷政策实施现状及其效果检验——基于造纸、采掘与电力行业的经验证据》，《财经论丛》2013年第1期，第69~75页。

［5］柴晶霞：《绿色金融影响宏观经济增长的机制与路径分析》，《生态经济》2018年第9期，第56~60页。

［6］车明好、邓晓兰、陈宝东：《产业结构合理化、高级化与经济增长：基于门限效应的视角》，《管理学刊》2019年第4期，第12~20页。

［7］陈栋生：《理所当然，势所必然——论社会主义市场经济的抉择》，《中国物资经济》1993 年第 3 期，第 3～4、7 页。

［8］陈金勇、舒维佳、牛欢欢：《区域金融发展、融资约束与企业技术创新投入》，《哈尔滨商业大学学报》（社会科学版）2020 年第 5 期，第 38～54 页。

［9］陈琪、张广宇：《绿色信贷对企业债务融资的影响研究——来自重污染企业的经验数据》，《财会通讯》2019 年第 8 期，第 36～40 页。

［10］陈琪：《中国绿色信贷政策落实了吗——基于"两高一剩"企业贷款规模和成本的分析》，《当代财经》2019 年第 3 期，第 118～129 页。

［11］陈伟光、胡当：《绿色信贷对产业升级的作用机理与效应分析》，《江西财经大学学报》2011 年第 4 期，第 12～20 页。

［12］陈向阳：《环境库兹涅茨曲线的理论与实证研究》，《中国经济问题》2015 年第 3 期，第 51～62 页。

［13］陈艳春、韩伯棠、岐洁：《中国绿色技术的创新绩效与扩散动力》，《北京理工大学学报》（社会科学版）2014 年第 4 期，第 50～56 页。

［14］丁杰：《绿色信贷政策、信贷资源配置与企业策略性反应》，《经济评论》2019 年第 4 期，第 62～75 页。

［15］董晓红、富勇：《绿色金融与绿色经济耦合发展空间动态演变分析》，《工业技术经济》2018 年第 12 期，第 94～101 页。

［16］董昕：《绿色金融：现存问题及体系构建》，《当代经济管理》2015 年第 9 期，第 94～97 页。

［17］杜莉、韩丽娜：《论碳金融体系及其运行架构》，《吉林大学社会科学学报》2010 年第 5 期，第 55～61 页。

［18］杜莉、张鑫：《绿色金融、社会责任与国有商业银行的行为选择》，《吉林大学社会科学学报》2012 年第 5 期，第 82～89 页。

［19］杜莉、郑立纯：《我国绿色金融政策体系的效应评价——基于试点运行数据的分析》，《清华大学学报》（哲学社会科学版）2019

年第 1 期，第 173～182 页。

［20］ 杜莉、郑立纯：《中国绿色金融政策质量评价研究》，《武汉大学学报》（哲学社会科学版）2020 年第 3 期，第 115～129 页。

［21］ 杜清源、龚六堂：《带"金融加速器"的 RBC 模型》，《金融研究》2005 年第 4 期，第 16～30 页。

［22］ 樊明太：《建立绿色金融评估机制》，《中国金融》2016 年第 24 期，第 85～94 页。

［23］ 范丹、孙晓婷：《环境规制、绿色技术创新与绿色经济增长》，《中国人口·资源与环境》2020 年第 6 期，第 105～115 页。

［24］ 傅春、王宦水、李雅荣：《节能环保产业创新生态系统构建及多中心治理机制研究》，《科技管理研究》2019 年第 3 期，第 129～135 页。

［25］ 傅亚平、彭政钦：《绿色金融发展、研发投入与区域经济增长——基于省级面板门槛模型的实证》，《统计与决策》2020 年第 21 期，第 120～124 页。

［26］ 高宏霞、杨林、付海东：《中国各省经济增长与环境污染关系的研究与预测——基于环境库兹涅茨曲线的实证分析》，《经济学动态》2012 年第 1 期，第 52～57 页。

［27］ 高锦杰、张伟伟：《绿色金融对我国产业结构生态化的影响研究——基于系统 GMM 模型的实证检验》，《经济纵横》2021 年第 2 期，第 105～115 页。

［28］ 高晓燕、王治国：《绿色金融与新能源产业的耦合机制分析》，《江汉论坛》2017 年第 11 期，第 42～47 页。

［29］ 古小东：《绿色信贷制度的中外比较研究》，《生态经济》2012 年第 8 期，第 49～52 页。

［30］ 郭付友、佟连军、刘志刚、赵海杰、侯爱玲：《山东省产业生态化时空分异特征与影响因素——基于 17 地市时空面板数据》，《地理研究》2019 年第 9 期，第 2226～2238 页。

[31] 郭庆旺、贾俊雪：《中国全要素生产率的估算：1979—2004》，《经济研究》2005 年第 6 期，第 51～60 页。

[32] 韩伯棠、丁韦娜、于敏、赵欣：《绿色技术存量经济吸引力与经济增长关系实证研究》，《科技进步与对策》2015 年第 19 期，第 7～12 页。

[33] 韩立岩、尤苗、魏晓云：《政府引导下的绿色金融创新机制》，《中国软科学》2010 年第 11 期，第 12～18 页。

[34] 韩永辉、黄亮雄、王贤彬：《产业政策推动地方产业结构升级了吗？——基于发展型地方政府的理论解释与实证检验》，《经济研究》2017 年第 8 期，第 33～48 页。

[35] 何立峰：《深入贯彻发展理念，推动中国经济迈向高质量发展》，《宏观经济管理》2018 年第 4 期，第 4～5 页。

[36] 何凌云、吴晨、钟章奇：《绿色信贷、内外部政策及商业银行竞争力——基于 9 家上市商业银行的实证研究》，《金融经济学研究》2018 年第 1 期，第 91～103 页。

[37] 何小钢：《能源约束、绿色技术创新与可持续增长——理论模型与经验证据》，《中南财经政法大学学报》2015 年第 4 期，第 30～38、158～159 页。

[38] 黄建欢、吕海龙、王良健：《金融发展影响区域绿色发展的机理——基于生态效率和空间计量的研究》，《地理研究》2014 年第 3 期，第 532～545 页。

[39] 简志宏、李霜、鲁娟：《货币供应机制与财政支出的乘数效应——基于 DSGE 的分析》，《中国管理科学》2011 年第 2 期，第 30～39 页。

[40] 李广子、刘力：《债务融资成本与民营信贷歧视》，《金融研究》2009 年第 12 期，第 137～150 页。

[41] 李海婴、董岚：《生态产业系统的管理理念剖析》，《生态经济》2006 年第 3 期，第 82～85 页。

[42] 李健、陈传明：《企业家政治关联、所有制与企业债务期限结构——基于转型经济制度背景的实证研究》，《金融研究》2013 年第 3 期，

第 157～169 页。

[43] 李晓西：《绿色金融盈利性与公益性关系分析》，《金融论坛》2017年第 5 期，第 3～11 页。

[44] 李晓西：《绿色经济与绿色发展测度》，《全球化》2016 年第 4 期，第 110～111 页。

[45] 李晓西、夏光、蔡宁：《绿色金融与可持续发展》，《金融论坛》2015 年第 10 期，第 30～40 页。

[46] 李妍、马丽斌、薛俭：《基于绿色发展理念下开发区 PPP 项目的关键成功因素研究》，《科技管理研究》2018 年第 22 期，第 245～253 页。

[47] 李毓、胡海亚、李浩：《绿色信贷对中国产业结构升级影响的实证分析——基于中国省级面板数据》，《经济问题》2020 年第 1 期，第 37～43 页。

[48] 连莉莉：《绿色信贷影响企业债务融资成本吗？——基于绿色企业与"两高"企业的对比研究》，《金融经济学研究》2015 年第 5 期，第 83～93 页。

[49] 林春艳、宫晓蕙、孔凡超：《环境规制与绿色技术进步：促进还是抑制——基于空间效应视角》，《宏观经济研究》2019 年第 11 期，第 131～142 页。

[50] 林毅夫、刘明兴、章奇：《政策性负担与企业的预算软约束：来自中国的实证研究》，《管理世界》2004 年第 8 期，第 81～89、127～156 页。

[51] 凌欣、鲍文改：《环境金融与生态城市建设》，《中国金融》2016年第 8 期，第 89～91 页。

[52] 刘斌：《我国 DSGE 模型的开发及在货币政策分析中的应用》，《金融研究》2008 年第 10 期，第 1～21 页。

[53] 刘海英：《企业环境绩效与绿色信贷的关联性——基于采掘服务、造纸和电力行业的数据样本分析》，《中国特色社会主义研究》

2017 年第 3 期，第 85 ~ 92 页。

［54］刘海英、王殿武、尚晶：《绿色信贷是否有助于促进经济可持续增长——基于绿色低碳技术进步视角》，《吉林大学社会科学学报》2020 年第 3 期，第 96 ~ 105、237 页。

［55］刘景林、隋舵：《绿色产业：第四产业论》，《生产力研究》2002 年第 6 期，第 15 ~ 18 页。

［56］刘婧宇、夏炎、林师模、吴洁、范英：《基于金融 CGE 模型的中国绿色信贷政策短中长期影响分析》，《中国管理科学》2015 年第 4 期，第 46 ~ 52 页。

［57］刘力、郑京淑：《产业生态研究与生态工业园开发模式初探》，《经济地理》2001 年第 5 期，第 620 ~ 623 页。

［58］刘莎、刘明：《绿色金融、经济增长与环境变化——西北地区环境指数实现"巴黎承诺"有无可能?》，《当代经济科学》2020 年第 1 期，第 71 ~ 84 页。

［59］刘曙光、王璐、尹鹏：《中国地级以上城市产业结构生态化时空特征及其驱动因素研究》，《资源开发与市场》2018 年第 11 期，第 1488 ~ 1493 页。

［60］龙云安、陈国庆：《"美丽中国"背景下我国绿色金融发展与产业结构优化》，《企业经济》2018 年第 4 期，第 11 ~ 18 页。

［61］鲁晓东、连玉君：《中国工业企业全要素生产率估计：1999 ~ 2017》，《经济学》（季刊）2012 年第 2 期，第 541 ~ 558 页。

［62］鲁政委、方琦、钱立华：《促进绿色信贷资产证券化发展的制度研究》，《西安交通大学学报》（社会科学版）2020 年第 3 期，第 1 ~ 6 页。

［63］吕明元、孙献贞、吕清舟：《生态化中的产业结构内生于其要素禀赋结构的实证分析——基于中国 30 个省份的数据》，《软科学》2018 年第 10 期，第 49 ~ 53 页。

［64］马彪、林琳、吴俊锋：《供给侧结构性改革中产能、金融支持与经

济波动关系研究》，《产业经济研究》2017 年第 5 期，第 12 ~ 24 页。

[65] 马骏：《论构建中国绿色金融体系》，《金融论坛》2015 年第 5 期，第 18 ~ 27 页。

[66] 马骏：《中国绿色金融的发展与前景》，《经济社会体制比较》2016 年第 6 期，第 25 ~ 32 页。

[67] 马林：《内蒙古绿色产业体系构建的基本思路》，《中国人口·资源与环境》2004 年第 6 期，第 5 ~ 10 页。

[68] 马妍妍、俞毛毛：《绿色信贷能够降低企业污染排放么？——基于双重差分模型的实证检验》，《西南民族大学学报》（人文社科版）2020 年第 8 期，第 116 ~ 127 页。

[69] 麦均洪、徐枫：《基于联合分析的我国绿色金融影响因素研究》，《宏观经济研究》2015 年第 5 期，第 23 ~ 37 页。

[70] 毛蕴诗、Korabayev Rustem、韦振锋：《绿色全产业链评价指标体系构建与经验证据》，《中山大学学报》（社会科学版）2020 年第 2 期，第 185 ~ 195 页。

[71] 宁金辉、苑泽明：《环境污染责任保险对企业投资效率的影响——基于绿色信贷的研究》，《大连理工大学学报》（社会科学版）2020 年第 4 期，第 48 ~ 57 页。

[72] 宁伟、佘金花：《绿色金融与宏观经济增长动态关系实证研究》，《求索》2014 年第 8 期，第 62 ~ 66 页。

[73] 牛海鹏、张夏羿、张平淡：《我国绿色金融政策的制度变迁与效果评价——以绿色信贷的实施研究为例》，《管理评论》2020 年第 8 期，第 3 ~ 12 页。

[74] 逄锦聚、林岗、杨瑞龙、黄泰岩：《促进经济高质量发展笔谈》，《经济学动态》2019 年第 7 期，第 3 ~ 19 页。

[75] 裴庆冰、谷立静、白泉：《绿色发展背景下绿色产业内涵探析》，《环境保护》2018 年第 Z1 期，第 86 ~ 88 页。

[76] 裴育、徐炜锋、杨国桥：《绿色信贷投入、绿色产业发展与地区

经济增长——以浙江省湖州市为例》，《浙江社会科学》2018 年第 3 期，第 45 ~ 53、157 页。

[77] 戚湧、王明阳：《绿色金融政策驱动下的企业技术创新博弈研究》，《工业技术经济》2019 年第 1 期，第 3 ~ 10 页。

[78] 钱水土、王文中、方海光：《绿色信贷对我国产业结构优化效应的实证分析》，《金融理论与实践》2019 年第 1 期，第 1 ~ 8 页。

[79] 钱水土、周永涛：《金融发展、技术进步与产业升级》，《统计研究》2011 年第 1 期，第 68 ~ 74 页。

[80] 仇方道、顾云海：《区域经济与环境协调发展机制——以徐州市为例》，《经济地理》2016 年第 6 期，第 1022 ~ 1025 页。

[81] 任保平：《后改革时代的主要矛盾、改革趋向及其重点》，《西北大学学报》（哲学社会科学版）2010 年第 2 期，第 14 ~ 17 页。

[82] 单豪杰：《中国资本存量 K 的再估算：1952 ~ 2006 年》，《数量经济技术经济研究》2008 年第 10 期，第 17 ~ 31 页。

[83] 邵川：《绿色信贷、风险管理与产业结构调整优化》，《江汉论坛》2020 年第 10 期，第 12 ~ 19 页。

[84] 斯丽娟：《环境规制对绿色技术创新的影响——基于黄河流域城市面板数据的实证分析》，《财经问题研究》2020 年第 7 期，第 41 ~ 49 页。

[85] 苏冬蔚、连莉莉：《绿色信贷是否影响重污染企业的投融资行为?》，《金融研究》2018 年第 12 期，第 123 ~ 137 页。

[86] 孙焱林、陈微：《研发强度与战略性新兴产业成长性研究——基于门限面板模型》，《工业技术经济》2017 年第 5 期，第 30 ~ 35 页。

[87] 孙志红、李娟：《经济新常态下我国金融发展质量的测度与分析》，《数学的实践与认识》2017 年第 12 期，第 38 ~ 48 页。

[88] 谭小波、符淼：《产业结构调整背景下推行绿色信贷政策的思考》，《经济研究导刊》2010 年第 29 期，第 94 ~ 97 页。

［89］唐湘博、刘长庚：《湘江流域重污染企业退出及补偿机制研究》，《经济纵横》2010 年第 7 期，第 107～110 页。

［90］天大研究院课题组：《中国绿色金融体系：构建与发展战略》，《财贸经济》2011 年第 10 期，第 38～46、135 页。

［91］涂永前：《碳金融的法律再造》，《中国社会科学》2012 年第 3 期，第 95～113 页。

［92］涂永前、田军华：《我国碳金融发展的障碍与出路》，《南方金融》2012 年第 11 期，第 89～91 页。

［93］王凤荣、王康仕：《"绿色"政策与绿色金融配置效率——基于中国制造业上市公司的实证研究》，《财经科学》2018 年第 5 期，第 1～14 页。

［94］王昊：《绿色信贷的甘肃实践与政策建议》，《西部金融》2017 年第 3 期，第 84～87 页。

［95］王洪盾、岳华、张旭：《公司治理结构与公司绩效关系研究——基于企业全要素生产率的视角》，《上海经济研究》2019 年第 4 期，第 17～27 页。

［96］王健秋：《绿色技术创新对产业经济增长的影响研究——以湖北省为例》，《特区经济》2020 年第 1 期，第 36～38 页。

［97］王君斌、王文甫：《非完全竞争市场、技术冲击和中国劳动就业——动态新凯恩斯主义视角》，《管理世界》2010 年第 1 期，第 23～35、43 页。

［98］王康仕、孙旭然、王凤荣：《绿色金融发展、债务期限结构与绿色企业投资》，《金融论坛》2019 年第 7 期，第 9～19 页。

［99］王丽萍、李淑琴、李创：《环境信息披露质量对企业价值的影响研究——基于市场化视角的分析》，《长江流域资源与环境》2020 年第 5 期，第 1110～1118 页。

［100］王懋雄：《基于碳足迹的绿色金融发展路径探索》，《西南金融》2018 年第 12 期，第 64～68 页。

[101] 王修华、刘娜：《我国绿色金融可持续发展的长效机制探索》，《理论探索》2016 年第 4 期，第 99～105 页。

[102] 王遥、潘冬阳、张笑：《绿色金融对中国经济发展的贡献研究》，《经济社会体制比较》2016 年第 6 期，第 33～42 页。

[103] 王勇、俞海、张永亮、杨超、张燕：《中国环境质量拐点：基于 EKC 的实证判断》，《中国人口·资源与环境》2016 年第 10 期，第 1～7 页。

[104] 危平、舒浩：《中国资本市场对绿色投资认可吗？——基于绿色基金的分析》，《财经研究》2018 年第 5 期，第 23～35 页。

[105] 魏丽莉、杨颖：《西北地区绿色金融与产业结构耦合协调发展的历史演进》，《兰州大学学报》（社会科学版）2019 年第 5 期，第 24～35 页。

[106] 魏学文：《黄河三角洲产业结构生态化发展路径研究》，《生态经济》2012 年第 6 期，第 106～112 页。

[107] 温忠麟、张雷、侯杰泰、刘红云：《中介效应检验程序及其应用》，《心理学报》2004 年第 5 期，第 614～620 页。

[108] 谢地：《坚持和完善社会主义基本经济制度推动我国经济高质量发展》，《政治经济学评论》2020 年第 1 期，第 81～88 页。

[109] 谢乔昕、张宇：《绿色信贷政策、扶持之手与企业创新转型》，《科研管理》2021 年第 1 期，第 124～134 页。

[110] 谢婷婷、刘锦华：《绿色信贷如何影响中国绿色经济增长？》，《中国人口·资源与环境》2019 年第 9 期，第 83～90 页。

[111] 徐胜、赵欣欣、姚双：《绿色信贷对产业结构升级的影响效应分析》，《上海财经大学学报》2018 年第 2 期，第 59～72 页。

[112] 严成樑：《产业结构变迁、经济增长与区域发展差距》，《经济社会体制比较》2016 年第 4 期，第 40～53 页。

[113] 严湘桃：《对构建我国"绿色保险"制度的探讨》，《保险研究》2009 年第 10 期，第 51～55 页。

[114] 杨丹辉、张艳芳、李鹏飞：《供给侧结构性改革与资源型产业转型发展》，《中国人口·资源与环境》2017 年第 7 期，第 18 ~ 24 页。

[115] 杨林、高宏霞：《经济增长是否能自动解决环境问题——倒 U 型环境库兹涅茨曲线是内生机制结果还是外部控制结果》，《中国人口·资源与环境》2012 年第 8 期，第 160 ~ 165 页。

[116] 杨汝岱：《中国制造业企业全要素生产率研究》，《经济研究》2015 年第 2 期，第 61 ~ 74 页。

[117] 姚耀军：《中国金融发展与全要素生产率——基于时间序列的经验证据》，《数量经济技术经济研究》2010 年第 3 期，第 68 ~ 80、161 页。

[118] 衣保中、高锦杰：《金融集聚对区域经济增长的影响》，《税务与经济》2021 年第 1 期，第 37 ~ 46 页。

[119] 殷剑峰、王增武：《中国的绿色金融之路》，《经济社会体制比较》2016 年第 6 期，第 43 ~ 50 页。

[120] 余丹：《绿色技术离不开绿色金融的有效支撑》，《人民论坛》2018 年第 18 期，第 86 ~ 87 页。

[121] 余冯坚、徐枫：《空间视角下广东省绿色金融发展及其影响因素——基于固定效应空间杜宾模型的实证研究》，《科技管理研究》2019 年第 15 期，第 63 ~ 70 页。

[122] 余泳泽、杨晓章、张少辉：《中国经济由高速增长向高质量增长的时空转换特征研究》，《数量经济技术经济研究》2019 年第 6 期，第 3 ~ 21 页。

[123] 俞岚：《绿色金融发展与创新研究》，《经济问题》2016 年第 1 期，第 78 ~ 81 页。

[124] 宇文晶、王振山、李丽：《财务报告质量、债务期限结构与过度投资分析——基于中国上市公司的实证研究》，《统计与信息论坛》2016 年第 1 期，第 46 ~ 54 页。

［125］袁润松、丰超、王苗、黄健柏：《技术创新、技术差距与中国区域绿色发展》，《科学学研究》2016 年第 10 期，第 1593 ~ 1600 页。

［126］袁晓玲、李浩、邸勍：《环境规制强度、产业结构升级与生态环境优化的互动机制分析》，《贵州财经大学学报》2019 年第 1 期，第 73 ~ 81 页。

［127］臧传琴、吕杰：《环境库兹涅茨曲线的区域差异——基于 1995 ~ 2014 年中国 29 个省份的面板数据》，《宏观经济研究》2016 年第 4 期，第 62 ~ 69、114 页。

［128］张成思、刘贯春：《中国实业部门投融资决策机制研究——基于经济政策不确定性和融资约束异质性视角》，《经济研究》2018 年第 12 期，第 51 ~ 67 页。

［129］张峰、任仕佳、殷秀清：《高技术产业绿色技术创新效率及其规模质量门槛效应》，《科技进步与对策》2020 年第 7 期，第 59 ~ 68 页。

［130］张红霞、李猛、王悦：《环境规制对经济增长质量的影响》，《统计与决策》2020 年第 23 期，第 112 ~ 117 页。

［131］张建华、刘仁军：《保罗·罗默对新经济理论的贡献》，《经济学动态》2004 年第 2 期，第 77 ~ 81 页。

［132］张军、施少华：《中国经济全要素生产率变动：1952 ~ 1998》，《世界经济文汇》2003 年第 2 期，第 17 ~ 24 页。

［133］张莉莉、肖黎明、高军峰：《中国绿色金融发展水平与效率的测度及比较》，《中国科技论坛》2018 年第 9 期，第 100 ~ 112、120 页。

［134］张庆杰、申兵、汪阳红、袁朱、贾若祥、欧阳慧：《推动区域协调发展的管理体制及机制研究》，《宏观经济研究》2009 年第 7 期，第 9 ~ 19 页。

［135］张伟伟、汪陈：《低碳经济发展的投融资体系建设研究》，《经济纵横》2012 年第 6 期，第 68 ~ 71 页。

[136] 张欣、廖岚琪、唐赛：《我国环境库兹涅茨曲线检验与影响因素分析》，《统计与决策》2020 年第 13 期，第 72 ~ 76 页。

[137] 张学海、郑现伟：《河北省绿色金融促进产业转型升级的问题与对策》，《经济论坛》2017 年第 6 期，第 24 ~ 25、46 页。

[138] 张媛媛、袁奋强、刘东皇、陈利馥：《产业结构生态化水平的测度及其影响因素研究》，《长江流域资源与环境》2019 年第 10 期，第 2331 ~ 2339 页。

[139] 张云辉、赵佳慧：《绿色信贷、技术进步与产业结构优化——基于 PVAR 模型的实证分析》，《金融与经济》2019 年第 4 期，第 43 ~ 48 页。

[140] 张忠杰：《环境规制对产业结构升级的影响——基于中介效应的分析》，《统计与决策》2019 年第 22 期，第 142 ~ 145 页。

[141] 张佐敏：《财政规则与政策效果——基于 DSGE 分析》，《经济研究》2013 年第 1 期，第 41 ~ 53 页。

[142] 赵少飞、赵鑫、陈翔：《基于改进密切值法的区域工业绿色技术创新能力评价》，《工业技术经济》2020 年第 7 期，第 152 ~ 160 页。

[143] 赵文军、葛纯宝：《我国经济增长方式变化特征及其成因》，《财贸研究》2019 年第 11 期，第 14 ~ 25 页。

[144] 赵玉民、姚树荣：《环境问题实质的社会、经济分析》，《西南民族大学学报》（人文社科版）2009 年第 1 期，第 131 ~ 135 页。

[145] 周晶淼、赵宇哲、肖贵蓉、武春友：《污染控制下导向性技术创新对绿色增长的影响机理研究》，《科研管理》2017 年第 3 期，第 38 ~ 51 页。

[146] 周兴云、刘金石：《我国区域绿色金融发展的举措、问题与对策——基于省级政策分析的视角》，《农村经济》2016 年第 1 期，第 103 ~ 107 页

[147] 周于靖、罗韵轩：《金融生态环境、绿色声誉与信贷融资——基于 A 股重污染行业上市公司的实证研究》，《南方金融》2017 年

第 8 期，第 21～32 页。

[148] 朱靖、黄寰：《自然灾害与经济增长之辨析》，《西南民族大学学报》（人文社会科学版）2014 年第 6 期，第 135～140 页。

[149] 朱磊：《负债期限结构对企业投资行为影响的实证研究》，《软科学》2008 年第 7 期，第 128～133 页。

[150] 朱平辉、袁加军、曾五一：《中国工业环境库兹涅茨曲线分析——基于空间面板模型的经验研究》，《中国工业经济》2010 年第 6 期，第 65～74 页。

[151] 朱易捷：《我国绿色股票指数发展的研究与思考》，《金融纵横》2018 年第 7 期，第 59～64 页。

[152] 诸大建：《绿色经济新理念及中国开展绿色经济研究的思考》，《中国人口·资源与环境》2012 年第 5 期，第 40～47 页。

[153] 邹小芃、胡嘉炜、姚楠：《绿色证券投资基金财务绩效、环境绩效与投资者选择》，《上海经济研究》2019 年第 12 期，第 33～44 页。

[154] Acemoglu, D., Aghion, P., Bursztyn, L., and Hemous, D. "The Environment and Directed Technical Change." *The American Economic Review* 102 (2012): 131 – 166.

[155] Allet, M., and Hudon, M. "Green Microfinance: Characteristics of Microfinance Institutions Involved in Environmental Management." *Journal of Business Ethics* 126 (2015): 395 – 414.

[156] Amores-Salvadó, J., De Castro, G. M., and Navas-López, J. E. "Green Corporate Image: Moderating the Connection between Environmental Product Innovation and Firm Performance." *Clean* (2014): 356 – 365.

[157] Andreoni, J., Levinson, A. "The Simple Analytics of the Environmental Kuznets Curve." *Journal of Public Economic* 80 (2001): 269 – 286.

[158] Bai, Y., Faure, M., and Liu, J. "The Role of China's Banking Sector in Providing Green Finance." *Duke Environmental Law & Policy Forum* (2014): 89 – 101.

[159] Banga, J. "The Green Bond Market: A Potential Source of Climate Finance for Developing Countries." *Journal of Sustainable Finance & Investment* 9 (2019): 17 – 32.

[160] Barro, R. J., and Sala-I-Martin, X. "Technological Diffusion, Convergence, and Growth." *Journal of Economic Growth* 2 (1997) : 1 – 26.

[161] Bartik, T. J. "The Effects of Environmental Regulation on Business Location in the United States." *Growth and Change* 19 (1988): 22 – 44.

[162] Beckerman, W. "Economic Growth and the Environment: Whose Growth? Whose Environment?" *World Development* 20 (1992): 481 – 496.

[163] Berensmann, K., and Lindenberg, N. "Green Finance: Actors, Challenges and Policy Recommendations." *German Development Institute Briefing Paper* (2016): 34 – 57.

[164] Bhagwati, J., and Srinivasan, T. N. "Trade and the Environment: Does Environmental Diversity Detract from the Case for Free Trade?" *The American Enterprise* 4 (1995): 42 – 49.

[165] Blanchard, O. J., and Kahn, C. M. "The Solution of Linear Difference Models under Rational Expectations." *Econometrica: Journal of the Econometric Society* 30 (1980): 1305 – 1311.

[166] Brandt, L., Biesebroeck, J. V., and Zhang, Y. "Creative Accounting or Creative Destruction? Firm-level Productivity Growth in Chinese Manufacturing." *Journal of Development Economics* 97 (2012): 339 – 351.

[167] Che, Y., Lu, Y., Tao, Z., and Wang, P. "The Impact of Income on Democracy Revisited." *Journal of Comparative Economics* (2013): 159 – 169.

[168] Clark, R., Reed, J., and Sunderland, T. "Bridging Funding Gaps for Climate and Sustainable Development: Pitfalls, Progress and Po-

tential of Private Finance. " *Land Use Policy* 71 (2018): 335 –346.

[169] Coase, R. H. "The Problem of Social Cost. " *Journal of Law & Economics* 3 (1960): 1 –44.

[170] Cole, M. A. , Rayner, A. J. , and Bates, J. M. "The Environmental Kuznets Curve: An Empirical Analysis. " *Environment and Development Economics* 2 (1997): 401 –416.

[171] Daly, H. E. "Toward Some Operational Principles of Sustainable Development. " *Ecological Economics* 2 (1990): 1 –6.

[172] Diamond, P. "A National Debt in a Neoclassical Growth Model. " *The American Economic Review* 5 (1965): 1126 –1150.

[173] Dinda, S. "Atheoretical Basis for Green Growth. " *International Journal of Green Economics* 8 (2014): 177 –189.

[174] Farhani, S. , Chaibi, A. , and Rault, C. "CO_2 Emissions, Output, Energy Consumption, and Trade in Tunisia. " *Economic Modelling* 38 (2014): 426 –434.

[175] Forster, B. A. "A Note on Economic Growth and Environmental Quality. " *The Swedish Journal of Economics* 74 (1972): 281 –285.

[176] Ghisetti, C. , Mancinelli, S. , Mazzanti, M. , et al. "Financial Barriers and Environmental Innovations: Evidence from EU Manufacturing Firms. " *Climate Policy* 17 (2017): 131 –147.

[177] Glemarec, Y. , and Oliveira, J. A. P. D. "The Role of the Visible Hand of Public Institutions in Creating a Sustainable Future. " *Public Administration and Development* 32 (2012): 200 –214.

[178] Grossman, G. M. , and Krueger, A. B. "Economic Growth and the Environment. " *The Quarterly Journal of Economics* 110 (1995): 353 –377.

[179] Hadlock, C. J. , Pierce, J. R. "New Evidence on Measuring Financial Constraints: Moving Beyond the KZ Index. " *The Review of Financial Studies* 23 (2010): 1909 –1940.

［180］He, L. Y. , and Liu, L. "Stand by or Follow? Responsibility Diffu-
sion Effects and Green Credit. " *Emerging Markets Finance and Trade*
54 （2018）: 1740 – 1760.

［181］He, Z. , Liu, Z. K. , Wu, H. , Gu, X. M. , Zhao, Y. J. , and Yue,
X. G. "Research on the Impact of Green Finance and Fintech in
Smart City. " *Complexity* （2020）: 1 – 10.

［182］Janicke, M. "'Green Growth': From a Growing Eco-industry to
Economic Sustainability. " *Energy Policy* 48 （2012）: 13 – 21.

［183］Jeucken, M. H. A. "The Changing Environment of Banks. " *Greener
Management International* 27 （2013）: 24 – 38.

［184］Jiang, Z. J. , Lyu, P. J. , Ye, L. , and Zhou, Y. W. "Green Inno-
vation Transformation, Economic Sustainability and Energy Consump-
tion during China's New Normal Stage. " *Journal of Cleaner Produc-
tion* 10 （2020）: 2 – 23.

［185］Klein, P. "Using the Generalized Schur Form to Solve a Multivariate
Linear Rational Expectations Model. " *Journal of Economic Dynamics
and Control* 24 （2000）: 1405 – 1423.

［186］Kuznets, S. "Economic Growth and Income Inequality. " *American E-
conomic Review* 45 （1955）: 1 – 28.

［187］Kydland, F. E. , and Prescott, E. C. "Time to Build and Aggregate
Fluctuations. " *Econometrica: Journal of the Econometric Society* 50
（1982）: 1345 – 1370.

［188］Lee, C. M. , and Chou, H. H. "Green Growth in Taiwan—An Appli-
cation of the OECD Green Growth Monitoring Indicators. " *The Singa-
pore Economic Review* 63 （2018）: 249 – 274.

［189］Li, W. , and Hu, M. "An Overview of the Environmental Finance
Policies in China: Retrofitting an Integrated Mechanism for Environmen-
tal Management. " *Frontiers of Environmental Science & Engineering* 8

(2014): 316 – 328.

[190] Long, Jr. J. B. , and Plosser, C. I. "Real Business Cycles. " *Journal of Political Economy* 91 (1983): 39 – 69.

[191] Lucas, R. E. "On the Mechanics of Economic Development. " *Journal of Monetary Economics* 22 (1988): 3 – 42.

[192] MacAskill, S. , Roca, E. , Liu, B. , Stewart, R. A. , and Sahin, O. "Is there a Green Premium in the Green Bond Market? Systematic Literature Review Revealing Premium Determinant. " *Journal of Cleaner Production* 280 (2021): 1 – 12.

[193] Mumtaz, M. Z. , and Smith, Z. A. "Green Finance for Sustainable Development in Pakistan. " *IPRI Journal* 19 (2019): 1 – 34.

[194] Nordhaus, W. D. "World Dynamics: Measurement without Data. " *The Economic Journal* 83 (1973): 1156 – 1183.

[195] Porter, M. E. "America's Green Strategy. " *Scientific American* 264 (1991): 1 – 5 + 68.

[196] Randy, B. , and Henderson, V. "Effects of Air Quality Regulations on Polluting Industries. " *The Journal of Political Economy* 18 (2000): 379 – 421.

[197] Romer, P. M. "Increasing Returns and Long-Run Growth. " *Journal of Political Economy* 94 (1986): 1002 – 1037.

[198] Sinclair, D. B. "The Environmental Goods and Services Industry. " *International Review of Environmental & Resource Economics* 2 (2008): 69 – 99.

[199] Solow, R. M. "A Contribution to the Theory of Economic Growth. " *Quarterly Journal of Economics* 70 (1956): 65 – 94.

[200] Solow, R. M. "Technical Change and the Aggregate Production Function. " *The Review of Economics and Statistics* 39 (1957): 312 – 320.

[201] Soundarrajan, P. , and Vivek, N. "Green Finance for Sustainable

Green Economic Growth in India. " *Agricultural Economics* 62 （2016）:
35 – 44.

[202] Stigler, G. J. "The Economics of Information. " *Journal of Political Economy* 69 （1961）: 213 – 225.

[203] Stiglitz, J. "Growth with Exhaustible Natural Resources: Efficient and Optimal Growth Paths. " *The Review of Economic Studies* 41 （1974）: 123 – 137.

[204] Tobey, J. "The Effects of Domestic Environmental Policies on Patterns of World Trade: An Empirical Test. " *Kyklos* 43 （1990）: 191 – 209.

[205] Tolliver, C. , Fujill, H. , Keeley, A. R. , and Managi, S. "Green Innovation and Finance in Asia. " *Asian Economic Policy Review* （2021）: 67 – 87.

[206] Venkatesh, J. , and Lavanya, M. R. K. "Enhancing SMES Access to Green Finance. " *International Journal of Marketing , Financial Services & Management Research* 1 （2012）: 22 – 37.

[207] Volz, U. "Fostering Green Finance for Sustainable Development in Asia. " *ADBI Working Paper* 10 （2018）: 814 – 839.

[208] Wang, E. , Liu, X. , Wu, J. , et al. "Green Credit, Debt Maturity, and Corporate Investment—Evidence from China. " *Sustainability* 11 （2019）: 583 – 602.

[209] Xingyuan, W. , Hongkai, Z. , and Kexin, B. "The Measurement of Green Finance Index and the Development Forecast of Green Finance in China. " *Environmental and Ecological Statistics* （2021）: 1 – 23.

[210] Yang, X. "Environmental Risk Management of Bank in America. " *World Market* 1 （1997）: 32 – 33.

[211] Zhang, B. , Wang, B. , and Wang, Z. "Role of Renewable Energy and Nonrenewable Energy Consumption on EKC: Evidence from Pakistan. " *Journal of Cleaner Production* 156 （2017）: 855 – 864.

[212] Zhang, H. , Wu, S. , and Tian, Y. "Does Green Credit Matter in the Effect of Payments for Ecosystem Services on Economic Growth? Evidence from Xin'anjiang River Basin. " *Journal of Coastal Research* 106 (2020): 435 – 439.

[213] Zhang, M. , Li, Z. H. , Huang, B. R. et al. "A Characteristic Analysis of the Emergence, Evolution and Connotation of Green Urban Development. " *Ecological Economics* 5 (2016): 205 – 210.

后　记

　　本书是国家社会科学基金项目"绿色金融对我国区域平衡发展的作用机理"（项目号18BJY080）的研究成果之一，本书受到长春理工大学省级人文社会重点研究基地"吉林省企业经济研究中心"的资助。

　　2008年以来，笔者开始关注低碳经济发展问题，并将主要研究方向定位在碳金融领域。随着绿色发展理念的提出，绿色金融受到各界的广泛关注和热议。除碳金融以外，绿色信贷、绿色债券、绿色保险、绿色基金、绿色股票等绿色金融工具在实践领域得到了广泛应用。与此同时，笔者也拓宽了研究领域，开始重点关注绿色金融问题。在吉林大学经济学院丁一兵教授、王倩教授的指导和帮助下，经过深入调研、反复推敲确定了本书的选题。在写作过程中，也得到了长春理工大学诺敏老师、王洪会老师的帮助，同时也感谢滕婉琦、刘瑞等硕士研究生对数据的搜集与整理。社会科学文献出版社皮书研究院执行院长吴丹、文稿编辑陈丽丽对著作初稿进行反复校对与修正，提高了写作的规范性。

　　笔者对以上提供过帮助的师长、好友、学生，在此一并感谢！

张伟伟
2021 年

图书在版编目（CIP）数据

绿色金融对中国经济增长的影响机理 / 张伟伟，高
锦杰著. -- 北京：社会科学文献出版社，2021.12
　　ISBN 978 - 7 - 5201 - 9416 - 7

　　Ⅰ.①绿…　Ⅱ.①张…②高…　Ⅲ.①金融业 - 影响
- 绿色经济 - 经济增长 - 研究 - 中国　Ⅳ.①F124

　　中国版本图书馆 CIP 数据核字（2021）第 239531 号

绿色金融对中国经济增长的影响机理

著　　者 / 张伟伟　高锦杰

出 版 人 / 王利民
责任编辑 / 吴　丹
文稿编辑 / 陈丽丽
责任印制 / 王京美

出　　版 / 社会科学文献出版社（010）59367235
　　　　　　地址：北京市北三环中路甲 29 号院华龙大厦　邮编：100029
　　　　　　网址：www. ssap. com. cn
发　　行 / 社会科学文献出版社 （010）59367028
印　　装 / 三河市龙林印务有限公司

规　　格 / 开　本：787mm × 1092mm　1/16
　　　　　　印　张：20.25　字　数：289 千字
版　　次 / 2021 年 12 月第 1 版　2021 年 12 月第 1 次印刷
书　　号 / ISBN 978 - 7 - 5201 - 9416 - 7
定　　价 / 98.00 元

读者服务电话：4008918866